主　　编　孙晓勇　国家法官学院院长
　　　　　　　　　最高人民法院司法案例研究院院长
副 主 编　彭永和　最高人民法院司法案例研究院副院长
　　　　　刘　畅　最高人民法院司法案例研究院规划部主任
　　　　　黄　斌　国家法官学院科研部负责人
主编助理　边疆戈　国家法官学院科研部编辑
　　　　　赵文轩　最高人民法院司法案例研究院规划部编辑
　　　　　刘丽媛　最高人民法院司法案例研究院规划部编辑

《中国法院年度案例》编辑人员（按姓氏笔画）
刘　畅　朱建伟　朱　琳　李晓果　杨小利
罗胜华　胡　岩　赵文轩　唐世银　袁登明
曹海荣　梁　欣　程　瑛

本书编审人员　曹海荣

中国法院

2021年度案例

国家法官学院
最高人民法院司法案例研究院◎编

买卖合同纠纷

中国法制出版社
CHINA LEGAL PUBLISHING HOUSE

《中国法院年度案例》通讯编辑名单

序

党的十八大以来，以习近平同志为核心的党中央高度重视法治在推进国家治理体系和治理能力现代化中的重要作用，中央全面依法治国工作会议更是明确习近平法治思想在全面依法治国中的指导地位，为全面依法治国提供了根本遵循和行动指南。近年来，人民法院始终将加强司法案例研究作为推进全面依法治国的重要途径，通过发布具有普遍指导意义的典型案例，统一法律适用、提高审判质量，不断推进人民法院严格公正司法。《中国法院年度案例》丛书，旨在完善中国特色案例指导制度，总结提炼典型案例的裁判规则和裁判方法，发挥司法规范、指导、评价、引领的重要作用，大力弘扬社会主义核心价值观，增强全民法治意识和法治素养，展现新时代我国法治建设新成就。

《中国法院年度案例》丛书自2012年编辑出版以来，已连续出版9套，受到读者广泛好评。近年来，为更加全面地反映我国司法审判执行工作的发展进程，顺应审判执行实践需要，响应读者需求，丛书2014年度新增金融纠纷、行政纠纷、刑事案例3个分册，2015年度将刑事案例调整为刑法总则案例、刑法分则案例2个分册，2016年度新增知识产权纠纷分册，2017年度新增执行案例分册，2018年度将刑事案例扩充为4个分册。自2020年起，丛书由国家法官学院与最高人民法院司法案例研究院共同编辑，每年年初定期出版。在全国各级人民法院的大力支持下，丛书编委会现编辑出版《中国法院2021年度案例》系列丛书，共23册。

《中国法院年度案例》丛书以开放务实的态度、简洁明快的风格，在编辑中坚持以下方法，努力把案例书籍变得“好读有用”：一是高度提炼案例内容，控制案例篇幅，每个案例基本在3000字以内；二是突出争议焦点，剔除无效信息，尽可能在有限的篇幅内为读者提供有效、有益的信息；三是注重对裁判文书的再加工，大多数案例由案件的主审法官撰写“法官后语”，高度提炼、总结案例的指导价值，力求引发读者思考，为司法工作提供借鉴，为法学研究提供启迪。

《中国法院年度案例》丛书编辑工作坚持以下原则：一是广泛选编案例。国家法官学院和最高人民法院司法案例研究院每年通过各高级人民法院从全国各地法院汇集上一年度审结的典型案例近万件，使该丛书有广泛的精选基础，优中选优，可提供给读者新近发生的全国各地多种类型的典型性案例。二是方便读者检索。为体现以读者为本，丛书分卷细化，每卷下还将案例主要根据案由分类编排，每个案例用一句话概括裁判规则、裁判思路或焦点问题作为主标题，让读者一目了然，迅速找到目标案例。

中国法制出版社始终全力支持《中国法院年度案例》丛书的出版，给了作者和编辑们巨大的鼓励。2021年，丛书将继续提供数据库增值服务。购买本书，扫描前勒口二维码，即可在本年度免费查阅往年同类案例数据库。我们在此谨表谢忱，并希望通过共同努力，逐步完善，做得更好，真正探索出一条编辑案例书籍、挖掘案例价值的新路，更好地服务社会主义法治国家建设、服务法治社会建设、服务学习研究法律的读者。

《中国法院年度案例》丛书既是法官、检察官、律师等法律工作者的办案参考和司法人员培训的实用教材，也是社会大众学法用法的经典案例读本，同时是教学科研机构案例研究的良好系列素材。当然，案例作者和编辑在编写过程中也难以一步到位实现最初的编写愿望，客观上会存在各种不足甚至错误，欢迎读者批评指正。我们愿听取各方建议，不断扩宽深化司法案例研究领域，实现中国特色案例研究事业的新发展。

国家法官学院

最高人民法院司法案例研究院

2021年2月22日

目　录

Contents

一、标的物质量

1. 非食药同源中药材不适用《中华人民共和国食品安全法》，存在欺诈行为的可另行解决 …… 1
——王某力诉优禾公司买卖合同案

2. 标的物隐蔽瑕疵的认定及违约责任范围的厘清 …… 4
——金玛瑙公司诉华普公司买卖合同案

3. 买卖合同中买受人提出的质量异议超过检验期间的不予支持 …… 9
——建工公司诉巨星公司买卖合同案

4. 买受人应合理选择产品质量瑕疵责任的承担方式 …… 13
——苏华公司诉日昌公司买卖合同案

5. 未经许可生产的食品能否认定为不符合食品安全标准 …… 16
——富某诉斛中酒公司网络购物合同案

6. 出卖人分批交付标的物的，可采取前后批次对比的方法认定质量合格与否 …… 20
——古猿人公司诉建工公司买卖合同案

7. 隐性瑕疵质量及适用标准认定 …… 25
——康盛公司诉吉鑫公司买卖合同案

8. 买方按惯例将货款打入卖方业务员指定账户无过错时应由卖方承担法律后果 …… 29
——林某美诉武鑫公司、林某买卖合同案

二、买卖合同的订立

9. 合同相对方的认定 …… 33
——宝爵理文厂诉周某等买卖合同案
10. 对合同订立有过失情形下过错责任的分配 …… 37
——特彩公司诉艾可陶公司买卖合同案
11. 对买卖合同中“待收款后付款”约定的理解问题 …… 40
——星海公司诉宝杰公司买卖合同案
12. 违约责任与缔约过失责任的区分与适用 …… 44
——沈飞公司诉弘联石材厂买卖合同案
13. 线上宠物交易行为的特点及规制问题 …… 48
——宋某明诉心宠公司买卖合同案
14. 单位占有、使用买卖合同标的物应视为对无权代理人签订买卖合同行为的追认 …… 50
——付某军诉强力公司买卖合同案
15. 通过电子邮件沟通的“合作方案”，能否认定成立新的合作协议 …… 55
——龙驰公司诉福达公司买卖合同案

三、买卖合同的效力

16. “显失公平”的认定标准 …… 63
——卓溥公司诉宏图公司买卖合同案
17. 同一经营场所内存在多份格式条款的效力认定 …… 67
——张某诉家乐福通州店买卖合同案
18. 公墓买卖合同的效力认定 …… 71
——高某诉玉案山公司买卖合同案
19. 欺诈、诱导未成年人大额消费的交易行为效力认定 …… 75
——珍珠服装店诉司某情等买卖合同案

20. 以行贿手段促成合同的效力问题 …… 80
——中众公司诉双叶公司买卖合同案

21. 以向卖方出具欠条方式促成交易买卖合同当事人的认定 …… 83
——方圆公司诉王某买卖合同案

22. 代理人加盖伪造印章对外签订的合同效力认定 …… 87
——金立方公司诉三江公司买卖合同案

23. 二手车覆盖假铭牌，经营者构成欺诈 …… 90
——李某玉诉锦锋公司、光讯公司买卖合同案

24. 闭合性融资性买卖是否属于买卖合同关系 …… 94
——人和尚邦公司诉广博公司等买卖合同案

25. 以不作为的事实行为进行意思表示构成权利的放弃 …… 98
——徐某诉陆某东、陆某平买卖合同案

26. 超越代理权范围权益不受法律保护 …… 102
——黎某霞诉李某雄、长芦汉沽公司买卖合同案

27. 擅自转让已被法院查封的车辆被判无效 …… 106
——郑某宏诉罗某能买卖合同案

四、买卖合同的履行

28. 合同履行有瑕疵后一方仍可解除合同 …… 110
——段某申等诉杨某兵、杨某鹏买卖合同案

29. 卖方可以在未约定货款履行期限时主张“钱货两清” …… 114
——博固建材部诉伟昊公司买卖合同案

30. 管辖权异议中合同履行地的认定 …… 117
——联众公司诉德华公司买卖合同案

31. 仅以他人转账凭证无法认定已履行债务 …… 120
——冠辰商贸诉薛某朋、柳某买卖合同案

32. 网店卖家以工作人员标价错误为由拒不发货案件的处理 …… 124
——李某丹诉孙某买卖合同案
33. 限时免单规则系合同的附条件履行条款 …… 127
——张某新诉周某华网络购物合同案
34. 以虚拟号码获取电子优惠券行为法律性质的认定 …… 131
——李某桥诉中石化桂林分公司、中石化销售公司买卖合同案
35. 因他国禁止性规定而履行不能的买卖合同之准据法确定 …… 134
——冯某驰诉吕某兴、黄某峰买卖合同案

五、买卖合同的变更、转让和终止

36. 无法办理车辆过户手续能否解除买卖合同 …… 140
——黄某邦诉吴某兴、黄某源买卖合同案
37. 当事人应对其主张的法律关系变更消灭或权利受到妨害承担举证证明责任 …… 144
——中车公司诉中铁联合公司买卖合同案
38. 合同一方违反从合同义务和附随义务的，对方可以解除合同 …… 148
——魏某诉范某刚、热冠公司买卖合同案
39. 以格式合同变更原合同约定的效力认定 …… 152
——宇日公司诉蒋某林买卖合同案
40. 买卖合同形成债权及转让 …… 156
——邦瑞奇公司诉威格尔公司买卖合同案
41. 混凝土买卖合同中单价变更协议能否撤销 …… 159
——欣达公司诉企润公司买卖合同案
42. 出售不能上牌农用车，支持购车者返款还车主张 …… 163
——曾某均诉叙业公司买卖合同案
43. 协议终止，结算条款未成就，不必然阻却支付剩余货款义务 …… 167
——中厦公司诉博奥公司买卖合同案

44. 买卖合同双方可根据交易习惯补充合同条款 …… 171
——丰新福公司诉建星经营部、陈某林买卖合同案

45. 区分法定代表人的职务行为与个人行为，应当结合个案情况综合考量 …… 176
——陈某宏诉盛博公司、冯某榕买卖合同案

46. 对非因不可抗力、情势变更致合同目的不能实现的认定需以一方当事人存在违约行为为前提 …… 181
——江某诉和某买卖合同案

六、买卖合同的违约责任

47. 违约后如何适用定金罚则 …… 187
——建工一建公司诉威玻公司买卖合同案

48. 一方当事人本可在不违约情况下主动避免标的物毁损却拒绝采取措施的应该承担标的物毁损的主要后果 …… 191
——田某怀诉汪某召买卖合同案

49. 违约损失的认定 …… 195
——顺业公司诉中天公司买卖合同案

50. 违约金过高的认定标准及法院如何调整 …… 201
——港中旅公司诉快捷公司、叁壹捌公司买卖合同案

51. 出卖人未证明实际损失的，可将逾期付款违约金利率调整至贷款基准利率或贷款市场报价利率的 1.69 倍至 1.95 倍 …… 205
——宏远公司诉白某汝买卖合同案

52. 汽车经销商在销售时未向消费者披露车辆原厂瑕疵隐患，消费者是否有权要求汽车经销商更换新车 …… 210
——白某雷诉骏宝威公司买卖合同案

53. 钢材买卖逾期加价条款的性质为违约金 …… 214
——盛泰兴公司诉闽南建筑公司买卖合同案

54. 专业性合同当事人双方的注意义务对违约责任的影响 …………………… 218
——鑫绿源公司诉明峰公司买卖合同案

55. 预期违约的构成及法律后果 ……………………………………………… 222
——张某孝诉王某买卖合同案

56. 违约金请求权与损害赔偿请求权可同时适用 ………………………… 225
——嘉信公司诉顺荣公司买卖合同案

57. 买卖双方采取非正规方式交易导致损失的行为定性及责任承担 ……… 229
——齐某东诉周某斌买卖合同案

58. 违约金过高的认定及调整 ………………………………………………… 232
——一定好公司诉美霖公司买卖合同案

七、证据与时效

59. 关于买卖合同中货物是否交付的举证责任承担 ………………………… 237
——李某泽诉桂标石场、卢某彬买卖合同案

60. 买卖合同出具没有还款日期欠条诉讼时效的起算 ……………………… 242
——张某诉孟某林买卖合同案

61. 买卖合同中诉讼时效起算点的认定 ……………………………………… 244
——鑫世进公司诉雍大公司买卖合同案

八、其他

62. 买卖合同纠纷管辖权如何确定 …………………………………………… 249
——明鑫公司诉中铁十五局、揭惠高速公路管理中心买卖合同案

63. 配偶在送货单上签收货物对夫妻债务的认定 …………………………… 251
——杜某松诉陈某金、陈某东买卖合同案

一、标的物质量

1

非食药同源中药材不适用《中华人民共和国食品安全法》，存在欺诈行为的可另行解决

——王某力诉优禾公司买卖合同案

【案件基本信息】

1. 裁判书字号

北京市第三中级人民法院（2019）京03民终7041号民事判决书

2. 案由：买卖合同纠纷

3. 当事人

原告（被上诉人）：王某力

被告（上诉人）：优禾公司

【基本案情】

2017年10月25日，王某力在优禾公司处购买“鹿茸（血片精选）”四盒共计5032.1元，优禾公司向王某力开具发票载明货物名称为食品，上有手写“鹿茸”及“梅花鹿茸”字样，手写部分加盖优禾公司发票专用章。

后王某力向北京市通州区食品药品监督管理局（以下简称食药监局）投诉涉案商品属于“三无食品”。2018年5月10日，食药监局出具举报登记单回复，载明鹿茸列在《中国药典》2015年版目录中，且不属于食药同源物品，举报的鹿茸片未违反《中华人民共和国食品安全法》《预包装食品标签通则》的相关规定，故

不予立案。此外，该登记单还就退赔请求、举报奖励等内容进行了回复。

2018年6月26日，食药监局再次出具调查结果，载明：（1）涉案“鹿茸（血片精选）”，由优禾公司自供货商菊花缘公司购入；（2）经“鹿茸（血片精选）”上级供货商所在属地食品药品监督管理部门核查，该“鹿茸（血片精选）”为新西兰进口马鹿鹿茸，属于中药材；（3）该“鹿茸（血片精选）”系中药材，不适用《中华人民共和国食品安全法》和《预包装食品标签通则》的规定，该鹿茸合格证、标签上已标明产地，但产地标注错误，不符合规定；（4）根据《对北京市人民政府法制办公室〈关于在非药品柜台销售滋补保健类中药材有关法律适用问题的请示〉的答复》（以下简称《答复意见》）以及《食品药品监督管理总局办公厅关于非药品经营单位销售中药材有关问题的复函》的规定，优禾公司销售中药材无须取得药品经营许可证。故王某力举报的内容，违法事实不成立，食药监局对优禾公司标签不符合规定的行为已经进行立案处罚。

案件审理中，优禾公司对发票的手写内容不认可，称当时开发票的系统只能开具食品或保健品，故开具了名称为食品的发票，其认为鹿茸属于食药同源物品，销售鹿茸不需要取得药品经营许可证。王某力认为优禾公司将案涉鹿茸当食品出售，不标注用法用量及注意事项，且属于三无产品。故诉至法院要求优禾公司赔偿王某力货款10倍的赔偿金50321元并承担诉讼费用。

【案件焦点】

涉案商品是否应适用《中华人民共和国食品安全法》的规定以及优禾公司是否应承担货款10倍的赔偿责任。

【法院裁判要旨】

北京市通州区人民法院经审理认为：王某力从优禾公司处购买鹿茸，并提交购物小票及发票予以证明，双方之间成立事实上的买卖合同关系。虽然发票显示为食品，但其上有手写的“鹿茸”“梅花鹿茸”字样，并加盖了优禾公司的发票专用章。食药监局在调查结果及举报登记单回复中认定，虽然发票写明涉案商品为“鹿茸”“梅花鹿茸”，实为新西兰进口马鹿鹿茸，属于中药材。鹿茸不属于食药同源物品，优禾公司的行为违反了《中华人民共和国食品安全法》关于食品中不得添加药品的相关规定，故根据《中华人民共和国食品安全法》第三十八条、第一百四十八条之规定，作出如下判决：

优禾公司给付王某力10倍赔偿金50321元并承担诉讼费用。

优禾公司不服一审判决，提起上诉。

北京市第三中级人民法院经审理认为：首先，根据相关规定，在商超、超市等非药品经营单位销售未实行批准文号管理的人参、鹿茸等滋补保健类中药材，不需要领取药品经营许可证；其次，根据食药监局调查结果，涉案商品并不属于三无食品，有合法的进货来源及手续；最后，涉案商品虽发票载明为食品，但手写标明为鹿茸，且根据食药监局认定结果，鹿茸列在《中国药典》2015年版目录中，系中药材，且不属于食药同源物品，故涉案商品不属于食品，不应当适用《中华人民共和国食品安全法》及《预包装食品标签通则》的相关规定，亦不应当以“食品中不得添加药品”为由认定涉案商品违反《中华人民共和国食品安全法》的相关规定。故王某力以优禾公司将鹿茸当食品出售，不标注用法用量及注意事项，且属于“三无”产品，违反了《中华人民共和国食品安全法》的相关规定为由要求优禾公司给付10倍赔偿金的诉讼请求，缺乏依据。如王某力认为优禾公司将马鹿鹿茸作为梅花鹿茸出售存在欺诈行为，其可另行解决。

北京市第三中级人民法院依照《中华人民共和国民事诉讼法》第一百七十条第一款第二项之规定，作出如下判决：

一、撤销北京市通州区人民法院（2019）京0112民初1745号民事判决；

二、驳回王某力的诉讼请求。

【法官后语】

食品是指各种供人食用或者饮用的成品和原料，以及按照传统既是食品又是中药材的物品，但是不包括以治疗为目的的物品，只有属于食品的才应纳入《中华人民共和国食品安全法》的质量安全管理。在本案处理中，首先要确定涉案产品是食品还是食药同源中药材抑或仅作为药品的中药材。

我国民间习惯将鹿茸作为滋补保健品进食，但在《中国药典》中鹿茸属于中药材，并不属于食药同源物品，也不属于食品。根据《中华人民共和国食品安全法》第三十八条及第一百五十条的相关规定，食药同源的物品属于食品，食品中可以添加食药同源物质，不可添加药品，相关物质目录由国务院卫生行政部门会同国务院食品安全监督管理部门制定公布。本案中，优禾公司售卖涉案“鹿茸（血片精选)”，系售卖鹿茸，并非将鹿茸作为食品原料添加到普通食品中，故不能认为优禾公司违反了上述规定。此外，优禾公司售卖的鹿茸并未改变鹿茸作为中药材的性状，虽然优禾公司开具的发票种类上载明是食品，但不能改变鹿茸作为中药材的本质。

根据《中华人民共和国药品管理法》第一百条第一款的规定，中药材属于药品。该法第七条及第十四条分别规定了药品生产和经营实行药品生产许可证制度和药品经营许可证制度。但根据第三十一条第一款的规定，除实施批准文号管理的中药材外，中药材的生产和经营并不实行许可证制度。故认定商家售卖非食药同源中药材是否违法并不以其取得药品经营许可证为前提。认定商家售卖非食药同源中药材是否违法，首先，要确定该中药材是否属于实施批准文号管理的中药材。药品批准文号是表明药品法律属性的身份证，目前中药材未强制实施文号管理，对于无须批准文号的中药材，药品经营许可证并非经营者所必需的，除此之外的中药材售卖需要取得药品经营许可证。此外，需要查明涉案中药材是否符合包装上注明了品名、规格、产地、批号、包装日期、生产单位，并附有质量合格的标志的规定。最后，要举证证明涉案中药材存在质量问题。故在本案中，优禾公司售卖的鹿茸系中药材，王某力不能以优禾公司售卖鹿茸违反《中华人民共和国食品安全法》要求优禾公司进行赔偿，优禾公司将马鹿鹿茸当成梅花鹿鹿茸进行售卖，其中的欺诈行为，王某力可另行解决。

编写人：北京市通州区人民法院　刘紫微

2

标的物隐蔽瑕疵的认定及违约责任范围的厘清

——金玛瑙公司诉华普公司买卖合同案

【案件基本信息】

1. 裁判书字号

北京市第一中级人民法院（2019）京01民终6396号民事判决书

2. 案由：买卖合同纠纷

3. 当事人

原告（上诉人）：金玛瑙公司

被告（上诉人）：华普公司

【基本案情】

2013 年 12 月 10 日，金玛瑙公司与华普公司签订《产品供货合同》一份，约定购买惠普品牌 QR482A 存储主机设备十套等货物，标的物适用产品制造商制定的质量技术标准，该合同还对合同价款、价款的支付、货物的签收、验收标准及书面异议期间等事项作出了明确约定。关于合同设备的保修情况，双方当事人均认可三年保修期，保修政策为提供惠普 3 年技术支持加 24 小时服务，具体以惠普产品保修卡载明事项为准，即产品的保修起始日为发票购机日期，但如果发票购机日期晚于惠普系统发货日期加该类产品的宽限期，则以惠普系统发货日期加产品的宽限期作为产品的保修起始日期，宽限期最长不超过 3 个月。合同签订后，华普公司向金玛瑙公司交付了合同约定的货物，金玛瑙公司支付了全部合同价款。

经查明，本案涉及的十套 QR482A 存储主机设备在惠普支持中心查询的基本保修期起始日期在 2013 年 1 月 29 日至 2013 年 4 月 28 日，结束日期在 2016 年 2 月 27 日至 2016 年 7 月 26 日。金玛瑙公司认为华普公司提供的十套合同设备保修期均不足三年，构成缺保，不符合合同约定，存在质量瑕疵，导致其下游客户退货。2015 年 1 月至 10 月，金玛瑙公司与华普公司就 QR482A 存储主机设备的延保问题及相应费用负担情况进行了邮件沟通，邮件往来提及标的物入库时不足保的情形及每套 2.4 万元/年的保修费用承担问题。金玛瑙公司就上述十套 QR482A 存储主机设备自行向案外人购买了原厂保修结束日期起维护一年的服务，合同总价款为 28 万元；并将 QR482A 存储主机设备进行了折价销售。金玛瑙公司认为华普公司在明知惠普相关售后政策的情况下提供了产品保修期不足的合同设备，故起诉至法院要求判令华普公司减少收取合同价款 28 万元、赔偿经济损失 22.6 万元。

【案件焦点】

1. 华普公司向金玛瑙公司供应的 QR482A 存储主机设备是否存在保修期不足三年的质量瑕疵；2. 华普公司是否应该就相应质量瑕疵承担违约责任以及需要承担

何种违约责任。

【法院裁判要旨】

北京市海淀区人民法院经审理认为：金玛瑙公司与华普公司签订的《产品供货合同》系各方当事人真实意思表示，应属合法有效，各方当事人均应按照合同约定及相关法律规定严格遵守并履行各自的义务。惠普产品支持中心对QR482A存储主机设备保修期限的记录情况属于上述设备的客观状态，标的物这一客观状态是否符合合同约定、能否实现合同目的，则需要结合合同条款及相关法律规定予以认定。从《产品供货合同》有关保修条款约定看，金玛瑙公司与华普公司之间并未针对合同设备明确约定保修期的起止日期，亦未就此达成补充协议，在此种情况下，应当结合行业惯例和双方的交易习惯予以确定。依据双方当事人的邮件往来记录可以判断，华普公司作为合同设备的专业代理商，在其与包括金玛瑙公司在内的下游客户交易过程中，已有确定的行业惯例并形成了相对固定的交易习惯，即正常交付的货物保修期的起始时间与合同的签订及履行时间应当保持大致一致，从而确保设备在合理的期限内交付给下游客户或最终用户时能够享受到惠普3年技术支持的保修服务，不应存在保修期不足的质量瑕疵。而本案中，华普公司发货时，合同设备的保修期即已经超过近八个月到一年不等，显然不能满足合同中有关惠普3年技术支持加24小时服务的保修条款约定，因此，法院认定华普公司交付的十套QR482A存储主机设备存在隐蔽质量瑕疵，华普公司的瑕疵担保责任不因金玛瑙公司未在合同约定的期间内完成检验而免除。华普公司作为卖方，向金玛瑙公司提供存在质量瑕疵的合同设备，其行为已经构成违约，应当承担相应的违约责任。

华普公司供应的合同货物存在质量瑕疵，但由于《产品供货合同》并未明确约定相应违约责任，双方亦未达成补充协议，金玛瑙公司可依据法律规定结合合同实际履行情况提出违约责任主张。本案中，金玛瑙公司要求华普公司减少价款的前提是让步接受瑕疵设备从而核减商品价值，但其同时又要求赔偿以设备原价为基数进行折价销售的损失，显然缺乏合理依据；另外，如减少价款可以弥补产品瑕疵，则设备的后续销售问题应属金玛瑙公司自担风险的商业行为。综上，法院依法支持金玛瑙公司减少价款的诉讼请求，对于其要求支付折价销售产生的实际损失的诉讼请求，予以驳回。

北京市海淀区人民法院依照《中华人民共和国民法通则》[①] 第一百三十五条等规定，作出如下判决：

一、华普公司于本判决生效之日起十日内向金玛瑙公司返还货款24万元；

二、驳回金玛瑙公司的其他诉讼请求。

金玛瑙公司、华普公司不服一审判决，提出上诉。华普公司在二审审理期间申请撤回上诉。北京市第一中级人民法院经审理后判决如下：

驳回上诉，维持原判。

【法官后语】

标的物质量问题是引发买卖合同纠纷的主要诱因，而标的物瑕疵性质的认定以及出卖方瑕疵担保责任的厘清，一直是买卖合同纠纷案件审理中的重点及难点所在。

依据《最高人民法院关于审理买卖合同纠纷案件适用法律问题的解释》的规定，标的物瑕疵的类型明确包括数量瑕疵、外观瑕疵和隐蔽瑕疵。在司法实践中，判断买卖合同标的物是否构成质量瑕疵以及构成何种质量瑕疵，是法律事实认定层面的问题。当诉争标的物是专业属性较强、科技含量较高的产品时，对于专业知识相对欠缺的法官来说，瑕疵的认定无疑是个难题，即便其能够借助司法鉴定程序辅助判断，也难保万无一失。因此，需要法官在法庭调查过程中对于产品的性质、合同订立的背景以及交易习惯、行业惯例等内容进行全面审查，最终结合合同订立时双方当事人的地位、合同目的，合同条款的具体约定等方面进行分析，从而判断出标的物的使用效果是否能够达到出卖人承诺的效果。

本案中，双方在买卖合同中约定货物质保期限为“提供惠普3年技术支持加24小时服务，具体保修政策以惠普产品保修卡载明事项为准”，且惠普产品保修卡中载明“产品的保修起始日为发票购机日期，但如果发票购机日期晚于惠普系统发货

---

① 《中华人民共和国民法典》于2021年1月1日起实施，《中华人民共和国婚姻法》《中华人民共和国继承法》《中华人民共和国民法通则》《中华人民共和国收养法》《中华人民共和国担保法》《中华人民共和国合同法》《中华人民共和国物权法》《中华人民共和国侵权责任法》《中华人民共和国民法总则》同时废止。最高人民法院对相关司法解释也进行了废止或修改。本书收录的案例均裁判于《中华人民共和国民法典》生效前，适用的是当时有效的法律法规及司法解释，下文将不再对此进行提示。

日期加该类产品的宽限期，则以惠普系统发货日期加产品的宽限期作为产品的保修起始日期。宽限期是指机器从工厂发货之日起，至产品被最终交货或安装的一段时间，最长不超过3个月”。而涉案产品有关保修期的客观状态是，在惠普支持中心查询的保修期起始日期早于发货日期近八个月到一年不等。双方在沟通过程中对于“缺保”情形的补足以及相应费用的评估问题协商得出了明确的解决方案。因此，可以认定被告作为合同设备的专业代理商，在其与包括金玛瑙公司在内的下游客户交易过程中，已有确定的行业惯例并形成了相对固定的交易习惯，应当保证正常交付的货物保修期的起始时间与合同的签订及履行时间保持大致一致，从而确保合同设备在合理的期限内交付给下游客户或最终用户时能够享受惠普3年技术支持的保修服务，不应存在保修期不足的“缺保”情形。而涉案产品有关保修期的客观状态显然不符合上述情形，应当认定该产品存在质量瑕疵。由于该瑕疵的检验需要依托产品的序列号以及第三方提供的信息服务方能确定，通过感官检验显然无法发现，因此应将其定性为隐蔽瑕疵。

现实生活中出卖人往往以质量异议期的约定为由规避对标的物隐蔽瑕疵的瑕疵担保责任，由于隐蔽瑕疵难以被发现，合同约定的检验期间只能作为数量和外观瑕疵的质量异议期而不应作为隐蔽瑕疵的质量异议期。

对于相应违约责任的承担，《中华人民共和国合同法》第一百一十一条规定，质量不符合约定的，应当按照当事人的约定承担违约责任。对违约责任没有约定或者约定不明确，又没有达成补充协议的，受损方有权依据标的的性质以及损失的大小合理选择对方承担修理、更换、重作、退货、减少价款或报酬等违约责任，还有其他损失的，应当赔偿损失。上述违约救济方式可以单独适用，也可以合并适用，但应基于守约方的实际损失，厘定违约责任的合理范围。本案中，金玛瑙公司既主张减少价款以弥补其自行购买延保服务产生的费用，又主张赔偿因产品缺保导致其降价销售产生的差价损失。上述请求是否合理，两项救济方式是否有并行的必要，则应以标的物价值实际减少的范围，或守约方为修复标的物瑕疵而支出的费用为标准进行判断。金玛瑙公司要求华普公司减少价款，其请求基础是已自行购买延保服务修复产品瑕疵，从而以减少价款的形式要求华普公司承担修复费用。此时，减少价款已经足以修复产品瑕疵，使产品相应性能符合合同约定，则金玛瑙公司后续对合同设备的折价销售行为应属自担风险的商业行为。因此，法院以弥补金玛瑙公司的损失为限，参照双方认可的购买一年延保服务的合理金额，确定了华普公司违约责任的具体范围。

编写人：北京市海淀区人民法院 陈聪慧 陈玲玉

3

买卖合同中买受人提出的质量异议超过检验期间的不予支持

——建工公司诉巨星公司买卖合同案

【案件基本信息】

1. 裁判书字号

重庆市第五中级人民法院（2019）渝05民终5004号民事判决书

2. 案由：买卖合同纠纷

3. 当事人

原告（上诉人）：建工公司

被告（被上诉人）：巨星公司

【基本案情】

2014年11月，建工公司与巨星公司签订《产品订购合同砌块（GBF蜂巢芯）》，约定：建工公司向巨星公司采购渝兴产业基地拓展区A标段全部蜂巢芯产品，双方按照合同条款及具体数量进行卸货并验收，如有异议，当场提出（如因叠装无法验收的质量有瑕疵的产品除外）。蜂巢芯产品质量符合企业标准Q/OKDC008－2014要求，买方如发现不符，可拒绝收货。

合同签订后，2014年12月2日至2015年7月20日，巨星公司向建工公司供应了货款总金额为1432861元的蜂巢芯产品，建工公司于2015年7月24日安装完蜂巢芯。

2014年12月5日，建工公司委托重庆市建设工程质量检验测试中心对2万个送样基数的顶面局部抗压荷载和侧向局部抗压荷载进行检测，符合质量标准。

2016年7月13日，巨星公司曾以建工公司未付清货款为由提起诉讼，建工公司在该案中曾以产品存在质量问题提出反诉，请求巨星公司承担损失，其后又撤回反诉，另行提起本案诉讼。

2016年9月7日，重庆市两江新区建设管理局向建工公司发出《工程质量整改通知书》，称涉案工程6号楼7F、8F、9F的部分空心楼盖芯模底板不密实，存在开裂现象，部分模芯与肋梁底部平整度不符合要求。2017年5月4日，再次向建工公司发出《工程质量整改通知书》，称6号楼25层部分空心楼盖芯模存在开裂、漏筋和蜂窝麻面的情况。

2016年10月31日，建工公司委托重庆市建设工程质量检验测试中心对涉案工程6号楼4F、20F、24F空心楼盖板中蜂巢芯底板外观质量进行鉴定，检测结论为6号楼4F、20F、24F空心楼盖板中蜂巢芯底板存在裂缝（部分为贯通性裂缝）、表面蜂窝麻面，其外观质量不符合有关规范要求。

建工公司分别于2016年9月30日、2017年5月10日两次向巨星公司发函要求其对所供应的有产品质量缺陷的空心楼盖芯模进行整改，并于2017年5月24日发送律师函，要求接函后5日内进行整改，否则建工公司将自行整改，费用由巨星公司承担。

【案件焦点】

建工公司提出的质量异议是否超出检验期间。

【法院裁判要旨】

重庆市渝中区人民法院经审理认为：建工公司与巨星公司签订的《产品订购合同砌块（GBF蜂巢芯）》系双方当事人真实意思表示，未违反法律、行政性法规的强制性规定，合法有效。合同约定交货时验收，如有异议当场提出（因叠装无法验收的质量有瑕疵的除外），并且其可拒绝收货。合同签订后，巨星公司于2014年12月2日至2015年7月20日向建工公司供应了GBF蜂巢芯，建工公司于2015年7月24日安装完毕。本案中，建工公司提出的“裂缝”“风窝”和“麻面”“露筋”等缺陷，均属产品外观质量方面的问题，应当是显而易见的，如存在问题，建工公司在收货时就应当发现，即使是因为产品叠装不能被及时发现，也能够在安装时发现，但建工公司在收货和安装时均未提出异议，而是在所有产品均安装完成，在巨星公司提起关于支付货款的诉讼后，才提出关于产品质量的异议。建工公司怠于通知，应视为巨星公司提供的产品质量符合约定。建工公司提交的检测报告、工程质量整改通知、现场照片不足以证明产品交付时即存在质量问题。

重庆市渝中区人民法院依照《中华人民共和国合同法》第一百五十八条，《最高人民法院关于审理买卖合同纠纷案件适用法律问题的解释》第十七条，《中华人民共和国民事诉讼法》第六十四条、第一百四十二条之规定，作出如下判决：

驳回建工公司的诉讼请求。

建工公司不服一审判决，提起上诉。

重庆市第五中级人民法院经审理认为：建工公司并未举示证据证明其曾在收货和安装完毕之后的合理期间内就巨星公司供应的产品存在质量问题向巨星公司提出过异议。根据本案现有证据，并不足以认定巨星公司供应的产品不符合双方合同约定的产品质量标准，也不足以认定建工公司的损失是因为巨星公司供应的产品不符合双方合同约定而造成的，故建工公司要求巨星公司进行赔偿的诉讼请求不能成立。

重庆市第五中级人民法院依照《中华人民共和国民事诉讼法》第一百七十条第一款第一项之规定，作出如下判决：

驳回上诉，维持原判。

【法官后语】

在现代买卖法瑕疵担保责任制度框架下，出卖人负有瑕疵担保义务，买受人也因此对产品瑕疵享有救济权利，但该权利并非无限制地存在，并且在未及时履行检验义务及通知义务的情况下，买受人的瑕疵权利将受到限制甚至被排除行使。买受人的检验义务及通知义务正是法律为了平衡买卖双方的利益，防止买受人受到过度倾斜的保护从而给出卖人造成不利益，危及商品交易秩序稳定的规范手段。对于买受人超出检验期间未履行检验通知义务的法律后果，理论界有“丧失合同权利救济说”与“初步证据说”两种观点，前者是指买受人不得再以标的物的数量或质量不符合约定向出卖人主张合同救济权利，后者是指初步认定标的物的数量或质量符合约定，当买受人有证据证明标的物于出卖人交付时确有数量或质量瑕疵的，可以推翻前面的初步认定。我国现行法律采用的是“丧失合同权利救济说”。

本案的争议焦点在于，买受人是否及时履行了检验义务及通知义务。而这一争议焦点的核心又在于检验期间的认定。本案中，买受人主张的质量瑕疵属于蜂巢芯的底部，双方合同中未对底部的外观瑕疵检验作出约定。如此，如何准确把握买受人检验的“合理期间”是困扰审判实践的主要难题之一。个别法院不再适用或最小化适用“合理期间”标准来确定检验期间，而统一适用两年的最长时间规定，司法实践中部分法院在认定“合理期间”时倾向于作出对买受人有利的解释，将审查的重点放在产品是否存在质量瑕疵、瑕疵程度及违约责任等方面，这类做法不仅不利于保护善意出卖人的权益，也违背了以“合理期间”的瑕疵通知制度加快经济流转、迅速解决纷争的立法目的。合理期间是一个非常难以确定的期间，根据《最高人民法院关于审理买卖合同纠纷案件适用法律问题的解释》，应综合当事人之间的交易性质、交易目的、交易方式、交易习惯、标的物的种类、数量、性质、安装和使用情况、瑕疵的性质、买受人应尽的合理注意义务、检验方法和难易程度、买受人或者检验人所处的具体环境、自身技能以及其他合理因素，依据诚实信用原则进行判断。本案属于分批次的大宗商品买卖，历时较长，买受人主张的“裂缝”“风窝”和“麻面”“露筋”等缺陷属于外观质量瑕疵，易于发现，但直到买卖标的物已经全部实际使用，买受人才在出卖人提起关于支付货款的诉讼后提出关于产品质量的异议，此时离第一批标的物的交付已经过了2年多，离最后一批标的物的交付和安装完毕也已经过去了1年，应认定超过合理期间。

编写人：重庆市渝中区人民法院　张威

4

买受人应合理选择产品质量瑕疵责任的承担方式

——苏华公司诉日昌公司买卖合同案

【案件基本信息】

1. 裁判书字号

北京市第二中级人民法院（2019）京02民终7241号民事判决书

2. 案由：买卖合同纠纷

3. 当事人

原告（上诉人）：苏华公司

被告（被上诉人）：日昌公司

【基本案情】

2017年11月19日，苏华公司与日昌公司签订《输配电设备销售合同》，合同标的物系2台SCB10－1600kVA箱式变电站和1台SCB10－1000kVA箱式变电站。质量要求以国家标准及双方约定的图纸为准。出卖人对标的物质量负责的期限为自产品出厂之日起质保期1年。该合同后附图纸中载明变压器的型号为SCB10－1600kVA和SCB10－1000kVA，未载明材质为铜箔或铝箔。2017年12月24日，日昌公司向苏华公司交付了涉案设备。苏华公司认为，按照合同载明的型号，变压器应当为铜箔，但日昌公司提供的变压器系铝箔，造成变压器在使用过程中升温异常，升温快、温度高，不能满负荷运行，故诉至法院要求日昌公司提供全站设备国家级产品检验试验合格报告并更换变压器，同时承担更换期间的损失，另向苏华公司支付违约金50万元。

【案件焦点】

1. 涉案变电站中的变压器应当为铜箔还是铝箔；2. 如果涉案变压器质量有瑕

疵，日昌公司是否应当承担更换责任。

【法院裁判要旨】

北京市大兴区人民法院经审理认为：关于涉案3台变压器应为铝箔或是铜箔，由于涉案合同和设计图纸中都未以文字形式对此作出明确约定，在双方存在争议的情况下，按照《变压器类产品型号编制方法》（JB/T3878－2010）的规定，涉案3台变压器应为铜箔。日昌公司交付苏华公司的涉案变压器均为铝箔，不符合约定。

涉案变压器以铝箔代替铜箔确实不符合约定，日昌公司因此构成违约。《中华人民共和国合同法》第一百一十一条规定："质量不符合约定的，应当按照当事人的约定承担违约责任。对违约责任没有约定或者约定不明确，依照本法第六十一条的规定仍不能确定的，受损害方根据标的的性质以及损失的大小，可以合理选择要求对方承担修理、更换、重作、退货、减少价款或者报酬等违约责任。"从质量问题上说，涉案变压器主要表现在升温方面，而国家亦未禁止变压器使用铝箔。从使用状态来说，箱式变电站投入使用至今已超过1年时间，而且目前仍在使用中。从相关费用来说，如果更换变压器，必然产生停电、拆卸、安装等高昂费用。基于以上因素，在当事人未作出特别约定、合同亦未解除的情况下，更换变压器不属于解决本案纠纷的合理方式。苏华公司可通过减少价款等合理方式另行主张权利。因此，法院对苏华公司要求更换变压器的诉讼请求不予支持。

由于变电站已经处于使用中，对苏华公司要求提供全站设备国家级产品检验试验合格报告的诉讼请求，法院不予支持。日昌公司履行了供货义务，只是该履行行为属于不完全给付，与合同约定的违约金责任的情形不符，对苏华公司的违约金请求不予支持。

北京市大兴区人民法院依照《中华人民共和国合同法》第六十二条、第一百一十一条，《最高人民法院关于适用〈中华人民共和国民事诉讼法〉的解释》第九十条之规定，作出如下判决：

驳回苏华公司的全部诉讼请求。

苏华公司不服一审判决，提出上诉。

北京市第二中级人民法院经审理认为：原审法院认定日昌公司提供的产品与合同约定不符并无不当。但因涉案标的物质量问题主要体现在升温方面，且根据箱式变电站已投入使用，更换标的物成本亦较高。综合本案情况，原审法院认定更换变压器不属于解决本案纠纷的合理方式亦无不妥。另外，变电站已经处于使用过程中，苏华公司要求日昌公司提供全站设备国家级产品检验试验合格报告，还要求日昌公司给付50万元违约金，没有合同依据，法院均不予支持。原审判决认定事实清楚，适用法律正确，应予维持。

北京市第二中级人民法院依照《中华人民共和国民事诉讼法》第一百七十条第一款第一项之规定，作出如下判决：

驳回上诉，维持原判。

【法官后语】

关于质量是否合格的判断，应遵循以下顺序：首先，出卖人应当按照约定的质量要求交付标的物。出卖人提供有关标的物质量说明的，交付的标的物应当符合该说明的质量要求。其次，如果当事人对标的物的质量要求没有约定或者约定不明确，则可以签订补充协议；不能达成补充协议的，按照合同有关条款或者交易习惯确定。最后，通过以上方式仍不能确定质量标准的，则按照国家标准、行业标准履行；没有国家标准、行业标准的，按照通常标准或者符合合同目的的特定标准履行。

如果标的物质量不符合约定，从而构成质量瑕疵，那么，买受人享有以下法律救济方式：第一，根据《中华人民共和国合同法》第一百四十八条的规定，因标的物不符合质量要求，致使不能实现合同目的的，买受人可以拒绝接受标的物或者解除合同。第二，买受人要求出卖人按照合同约定承担违约责任。第三，如果买受人没有解除合同，而且合同也没有约定质量不合格时违约责任的承担方式，则买受人可以根据标的的性质以及损失的大小，合理选择要求对方承担修理、更换、重作、退货、减少价款或者报酬等违约责任。所谓“合理选择”，是指综合考虑质量瑕疵的程度、不同补救方式的成本等确定相应的责任承担方式。具体来说，能通过修理解决的，应当避免更换或重作；能通过外部方式加以改善的，应当通过减少价款、赔偿损失等方式予以解决，以贯彻权利救济中的比例原则。

本案中，关于箱式变电站中的变压器应当系铜箔还是铝箔的问题，双方并未作出约定。《变压器类产品型号编制方法》（JB/T3878－2010）属于《中华人民共和国合同法》第六十二条规定的行业标准，可以作为认定质量是否合格的依据。虽然涉案箱式变压器未采用铜箔，但其所采用的铝箔亦为国家所允许，而由此导致的发热问题，实际上可以通过在变电站内容增加降温设备（如空调、风扇）等方式予以解决，这也不影响苏华公司要求日昌公司承担减价责任或赔偿损失。如果采取更换的方式，将会带来高昂的成本，不利于各方利益的最大化，因此，更换变压器不属于解决本案纠纷的合理方式，法院不予支持。

编写人：北京市大兴区人民法院　马超雄

5

未经许可生产的食品能否认定为不符合食品安全标准

——富某诉斛中酒公司网络购物合同案

【案件基本信息】

1. 裁判书字号

北京市第二中级人民法院（2019）京02民终6779号民事判决书

2. 案由：网络购物合同纠纷

3. 当事人

原告（上诉人）：富某

被告（被上诉人）：斛中酒公司

【基本案情】

2018年5月8日，原告在被告微信平台开设的公众号“斛中液铁皮石斛酒”中下订单，购买铁皮石斛酒（蓝瓶）10盒，每盒798元，每盒2瓶，共计付款7980元。收货后，原告发现涉案商品没有商品标签标识，在国家食品药品监督管理总局网站查询食品生产许可获证企业（SC）和食品生产许可获证企业（QS），输入被告名称，均无查询结果，在特殊食品—国产保健食品栏目输入被告名称，亦无查询结果。涉案产品说明书记载“斛中酒公司是一家专业的铁皮石斛培育及铁皮石斛相关产品技术研发的公司。经浙江省医学科学院检测，本品铁皮石斛多糖含量为61.6mg/100ml，铁皮石斛多糖含量是普通浸泡酒的3倍至5倍，是名副其实的保健佳品。本公司正申请保健产品生产许可证和一对一的产品保健号，自主研发生产的铁皮石斛酒仅供圈内好友及有缘人品尝”。原告饮用了1瓶，剩余19瓶未使用。经原告查询得知，“铁皮石斛”为非普通食品原料，被告在未依法取得相应的生产许可资质的情况下，生产销售不符合法律规定的商品，应当承担相应责任。故要求被告退还货款7980元，依《中华人民共和国食品安全法》第一百四十八条的规定判令被告支付10倍惩罚性赔偿。被告未到庭参加诉讼，亦未提交书面答辩状。

【案件焦点】

未经许可生产的食品能否认定为不符合食品安全标准。

【法院裁判要旨】

北京市房山区人民法院经审理认为：双方对于网络购买产品的事实没有争议，法院予以确认。关于原告主张铁皮石斛原料问题，石斛可以用于保健食品，被告在涉案产品附随的说明书中亦称涉案产品属于保健品。关于保健食品生产许可证问题。原告主张被告生产涉案产品系无证生产，根据《中华人民共和国食品安全法》的相关规定，国家对食品生产经营实行许可制度，并对于未取得许可从事食品生产经营活动的规定了行政处罚措施。生产许可制度是管理制度，不是国家标准，原告依据《中华人民共和国食品安全法》第一百四十八条第二款主张十倍赔偿的请求权基础不能成立。因涉案产品违背了法律规定，故原告主张退货退款，法院予以支持。因原告饮用1瓶，可退还19瓶，原告将涉诉商品退还被告后，被告不得再将该商品上架销售。被告经法院公告送达未到庭参加诉讼，视为放弃相关诉讼权利，法院依法缺席判决。

综上，北京市房山区人民法院依照《中华人民共和国食品安全法》第二十七条第一款、第一百四十八条第二款，《中华人民共和国民事诉讼法》第一百四十四条规定，作出如下判决：

一、被告斛中酒公司于本判决生效后十日内退还原告富某价款7980元，原告富某退还被告斛中酒公司“铁皮石斛酒（蓝瓶）”19瓶；

二、驳回原告富某的其他诉讼请求。

富某不服一审判决，提起上诉。

北京市第二中级人民法院经审理认为：本案中，富某主张涉案产品不符合食品安全标准，根据《中华人民共和国食品安全法》第三十四条的规定及国家质检总局及卫生部的有关规定，石斛作为原料仅能用于保健食品，本案涉案产品未标明保健食品批号，且在涉案产品说明书中亦标明“本公司正申请保健产品生产许可证和一对一的产品保健号”，综上可以认定涉案产品不属于保健食品。涉案产品将铁皮石斛作为食品原料，违反了食品安全标准。

此外，涉案产品未标注生产日期、保质期、生产者信息、生产许可证编号等基本信息，违反《中华人民共和国食品安全法》第六十七条第一款的规定，不符合食品安全标准，亦不属于标签瑕疵。

综上，斛中酒公司作为涉案产品的销售者，向富某销售不符合食品安全标准的涉案产品，富某据此要求斛中酒公司退货退款并进行十倍赔偿符合法律规定。一审法院认定涉案产品违反法律规定，对富某退货退款的主张予以支持并无不当，法院予以维持。但一审判决关于富某主张十倍赔偿的请求权基础不能成立的认定有误，法院予以纠正。

综上所述，富某的上诉请求成立，予以支持。北京市第二中级人民法院依照《中华人民共和国食品安全法》第三十四条、第六十七条、第一百十八条，《中华人民共和国民事诉讼法》第一百七十条第一款第二项之规定，作出如下判决：

一、维持北京市房山区人民法院（2018）京0111民初13799号民事判决第一项；

二、撤销北京市房山区人民法院（2018）京0111民初13799号民事判决第二项；

三、斛中酒公司于本判决生效之日起十日内向富某支付赔偿金7.98万元。

【法官后语】

本案争议之处在于，食品生产许可与食品安全标准之间的关系如何界定；未经许可生产经营的食品能否直接认定为不符合食品安全标准。

1. 食品生产许可与食品安全标准之间的区别

《中华人民共和国食品安全法》（以下简称《食品安全法》）第三十五条规定，对食品生产经营实行许可制度，从事食品生产应当依法取得食品生产许可。食品生产许可属于行政管理的范畴，与食品安全标准性质不同，二者不能偷换概念。至于认定食品是否属于无证生产，属于行政机关的职权范围，法院不得对此作出裁量。

未经许可从事食品经营活动与生产不符合食品安全标准的食品所应承担的法律

责任不同。民事侵权领域以损害填补为原则，以惩罚性赔偿为例外，惩罚性赔偿的适用应严格囿于法定。食品生产者未经许可从事食品经营活动，确系违反法律强制性规定的行为，应承担相应的法律责任，但应承担何种法律责任，则应严格依法认定。《食品安全法》第一百二十二条规定了行政处罚措施，但并未将消费者可主张的惩罚性赔偿纳入其中，其他法律亦未作此规定。而对于生产不符合食品安全标准的食品的行为，消费者则可依据《食品安全法》第一百四十八条第二款的规定，要求生产者支付十倍价款的赔偿金。一审判决就是基于这一思路作出的。

2. 未取得食品生产许可对认定食品不符合安全标准有何影响

既然食品生产许可与食品安全标准性质不同，所对应的法律责任也不同，因此不宜简单地以食品生产者是否取得食品生产许可为依据断定食品是否符合食品安全标准，即未取得食品生产许可而生产的食品未必都是不安全的食品，反之亦然，取得食品生产许可的食品也未必都是符合食品安全标准的食品。因此在审理此类案件时要做综合考量，《食品安全法》第三章专门规定了“食品安全标准”，其中第二十六条列举了7类，并用兜底条款对未明文列举的食品安全标准作出弹性规定，可见我国《食品安全法》的规定采纳的食品安全标准并非狭义的“食品安全标准”，即并非只要是“无毒、无害、有营养”食品就是符合食品安全标准的食品，而是一个广义的概念，包括卫生标准、营养标准、标签标准等多个方面的强制性标准，只有符合全部强制性标准的食品才属于符合《食品安全法》规定的安全食品，而这也符合《食品安全法》和《中华人民共和国消费者权益保护法》的立法本意。

生产许可证是食品符合食品安全标准的一项重要表征，是从事食品生产和流通的前提和门槛，与食品安全密切相关，在涉及食品安全问题上须坚持适度从严的考量。对于食品未经过生产许可即生产并销售的，生产、经营者应对未取得食品生产许可的理由进行合理说明，并对食品实质上符合食品安全标准承担举证证明责任。本案中，涉案产品未标注保健食品生产许可证号、保健食品批准文号，虽然实质上未必属于不安全食品，但斛中酒公司始终未能证明涉案产品实质上是安全的并符合获得生产许可的安全生产要求，故其应承担不利后果。

而且纵观本案，涉案产品不属于保健食品，却将仅能用于保健食品中的石斛作为原料，违反了国家质检总局及卫生部的相关规定，属于违反《食品安全法》第三十四条之禁止性规定的情形，且未标注生产日期、保质期、生产者信息、生产许可证编号等基本信息，违反了《食品安全法》第六十七条第一款关于预包装食品的标签规定，从形式上违反了食品安全标准，故涉案产品属于《食品安全法》规定的不符合食品安全标准的食品。消费者除要求赔偿损失外，还可以向生产者或者销售者要求支付商品价款十倍的赔偿金。因此原告要求生产者退还货款并进行十倍赔偿的诉讼请求，于法有据，应予以支持。

编写人：北京市房山区人民法院　安蔚

6

出卖人分批交付标的物的，可采取前后批次对比的方法认定质量合格与否

——古猿人公司诉建工公司买卖合同案

【案件基本信息】

1. 裁判书字号

北京市第一中级人民法院（2019）京01民终4359号民事判决书

2. 案由：买卖合同纠纷

3. 当事人

原告（上诉人）：古猿人公司

被告（被上诉人）：建工公司

【基本案情】

2013年，建工公司承包了由恒康公司发包的爱晚康城部分地块、别墅及商业工程，并从恒康房地产公司指定的供应商古猿人公司处采购外墙文化砖、文化石。

2013年11月1日，建工公司与古猿人公司签订《采购合同》，双方约定，建工公司从古猿人公司处采购文化砖、文化石、文化砖（拐角）、文化石（拐角），总价为143.5万元；古猿人公司应保证产品符合国家及行业相关的强行标准，产品

质量标准为合格，是全新、未使用过的原装合格正品，并完全符合合同规定或建工公司事前封样的质量、规格和性能要求，产品质量标准为合格；中标材料应符合现行国家规范标准、本行业规范标准以及本合同约定的技术参数；质保期1年。其后，古猿人公司在《采购合同》项下分多次向建工公司交付了价值共计1111707.48元的货物（其中的文化砖简称旧砖）。

2015年4月30日，由于工程进度需要，建工公司与古猿人公司签订《补充合同》，补充采购文化砖、文化石、文化砖（拐角）、文化石（拐角）。其后，古猿人公司在《补充合同》项下分多次向建工公司交付了价值共计541422.9元的货物（其中的文化砖简称新砖）。

2015年6月1日，建工公司发现新砖存在质量问题，并通知古猿人公司召开会议，会议记载：2015年5月19日后进场7批砖共计8660.4平方米，背面有膜状物，凹凸感不明显，滴水后吸水缓慢，外墙粘结后脱落，粘结剂大部分仍附着外墙，砖背留存很少。

2015年6月3日至6月9日，双方在施工现场进行新旧文化砖对比试验并拍摄录像。6月3日至4日，由相同的两名工人进行文化砖铺贴操作，在施工工艺一致的情况下，使用同一种粘结剂将新砖和旧砖在工地外墙上进行铺贴。6月9日，由同一名工人进行墙砖验证，对于新砖墙面，仅徒手拍打即出现砖头脱落现象，且脱落的新砖背面几乎无粘结剂，而对于旧砖墙面，徒手拍打及使用木棍敲打均无砖头脱落，使用钢筋撬掉一块旧砖，砖背面附有大量粘结剂。

诉讼中，建工公司申请对新砖的质量是否符合国家相关标准进行鉴定，但因质保期已过，故鉴定未能进行。经询，古猿人公司与建工公司均称《采购合同》未约定产品的技术参数，双方亦未于事前封存样品。

【案件焦点】

1. 如何认定新砖质量是否合格；2. 能否以建工公司所做的墙砖对比试验来评价。

【法院裁判要旨】

北京市海淀区人民法院经审理认为：在《补充合同》项下，双方的争议焦点在于古猿人公司供应的文化砖是否存在质量问题。本案中，双方对于《采购合同》项下文化砖的质量并无异议，建工公司亦是基于此向古猿人公司订购了第二批文化砖并签订了《补充合同》，因此，古猿人公司应当保证其所提供的第二批文化砖与第一批文化砖的质量具有一致性和稳定性。通过对比试验可以看出，在同一时间、地点，由相同的人员使用同种粘结剂，采用同样的铺贴手法和施工工艺进行铺贴，几日后由同一名工人使用相同的方法进行敲打，试验结果出现显著差异，新、旧文化砖在墙砖脱落的难易程度以及墙砖与粘结剂的结合度方面存在较大差异，新砖的质量标准较旧砖已出现显著降低。因此，对于建工公司称新砖存在质量问题的抗辩意见，法院予以采纳。扣除不合格的新砖以及配套拐角的货款，建工公司应向古猿人公司支付货款328075.12元。北京市海淀区人民法院依照《中华人民共和国合同法》第八条、第一百零七条、第一百五十九条、第一百六十一条，《最高人民法院关于审理买卖合同纠纷案件适用法律问题的解释》第二十四条第四款，《最高人民法院关于适用〈中华人民共和国民事诉讼法〉的解释》第一百零八条第一款之规定，作出如下判决：

一、建工公司于判决生效之日起十日内向古猿人公司支付货款328075.12元并赔偿逾期付款损失（以328075.12元为计算本金，自2016年1月1日至判决生效之日，按照年利率6%的标准计算）；

二、驳回古猿人公司的其他诉讼请求。

古猿人公司不服一审判决，提出上诉。

北京市第一中级人民法院经审理认为：同意一审法院关于认定新砖（平面）存在质量问题的裁判意见，但认为建工公司未对新砖（拐角）的质量提出异议，故该部分货款的价值应计入建工公司应向古猿人公司支付的货款数额中。一审法院认定事实清楚，适用法律正确，处理结果部分有误，二审法院予以纠正。

北京市第一中级人民法院依照《中华人民共和国民事诉讼法》第一百七十条第一款第三项之规定，作出如下判决：

一、撤销北京市海淀区人民法院（2015）海民（商）初字第42690号民事判决；

二、建工公司于判决生效之日起十日内支付古猿人公司货款333874.87元；

三、建工公司于判决生效之日起十日内赔偿古猿人公司逾期付款利息损失（以333874.87元为基数，自2016年1月1日起至判决生效之日止，按照年利率6%的标准计算）；

四、驳回古猿人公司的其他诉讼请求。

【法官后语】

货物质量问题系买卖合同纠纷中常见的争议焦点，亦为审判实务中的难点问题。本案中，买受人自出卖人处采购了用于铺贴别墅外立面的墙砖，现其主张后一批次的墙砖质量不合格，并拒绝支付货款。一般而言，认定货物质量合格与否的裁判路径主要有：

首先，检索质量条款。本案中，买卖双方之间签订的《采购合同》载明，货物应符合约定的技术参数，应符合事前封样的质量、规格和性能要求，但双方在诉讼中均表示合同并未约定产品的技术参数，双方亦未于事前封存样品。案涉交易是由业主指定供应商的交易，虽然业主与买受人签订的《甲指乙供通知单》中记载了墙砖应当满足的抗压强度、抗冻性、吸水率等技术性能指标，但因出卖人并非该合同的当事人，故不能以《甲指乙供通知单》列明的技术条款约束出卖人。

其次，启动司法鉴定。对产品质量的判断属于事实查明的“专门性问题”，可由鉴定人运用科学技术或者专门知识对质量问题进行鉴别和判断。本案中，因墙砖的质保期只有1年，而买受人在诉讼中提起鉴定申请时已过产品质保期，且鉴定机构仅能针对现状材料进行分析，即使相关数据不符合国家标准和行业标准，亦不能推断产品在质保期内存在质量问题。

再次，尊重双方合意。争议发生后，若双方同意采取试验的方式判断产品质量是否合格，则法院可依据试验结论直接作出评判，但该前提是试验的时间、地点、程序、步骤、方法等环节均得到了双方的确认。本案中，买受人称其所做的墙砖试验已征得出卖人的同意，但提交的会议记录并无出卖人的签字确认，并不能由此推定出卖人认可相关内容，继而不能直接将试验结果与墙砖质量相关联。

最后，参考行业惯例。即使买受人在争议发生后所做试验未得到出卖人的认可，但若该试验符合行业技术规范，也可以作为产品质量的认定标准。据了解，行业内一般采取拉拔试验检测外墙砖的粘贴强度。该试验要求铺贴墙砖后进行勾缝，而且需等28天之后进行拉拔测试。本案中的试验并无勾缝环节，且在铺贴后一周（买受人解释称工期紧张不允许等待28天）即对墙砖进行敲打验证。因此，此次试验并不符合业界普遍认可的取样标准、施工工序和时间要求，即使争议墙砖存在大面积脱落，也不能据此认定墙砖存在质量问题。

那么，本案中买受人所做试验是否可以作为评判产品质量的依据？笔者认为，如果采取对比的视角，即比较合格墙砖与争议墙砖的试验结果，能够看出两者存在显著差异。即在相同的施工环境和试验条件下，试验结果出现了显著差异，后一批次墙砖的质量较前批次墙砖出现了显著下降。如果站在普通公众的视角，后一批次墙砖的脱落情况可称之为“豆腐渣工程”。此时，社会效果和法律效果产生了冲突，此种冲突促使裁判者进一步审视该证据是否已达到证明标准。

本案一审判决驳回了出卖人关于不合格墙砖及其配套拐角的货款主张，二审判决则认为仅应驳回不合格墙砖的货款主张，买受人还需支付配套拐角的货款，但是，一、二审判决都作出了争议墙砖的质量不符合合同约定的认定。这是因为本案买卖合同具有其特殊性，与一次性交易的买卖合同不同，本案双方之间的合同系持续供货合同，出卖人向买受人分批交付标的物。基于该特点，在双方对前一批次标的物质量无异议的情况下，前一批次标的物的功能和效用已为后批次标的物的质量评判提供了标准和参照。出卖人应当保证其所提供的不同批次标的物的质量具有一致性和稳定性，相较前一批次标的物而言，后一批次标的物的功能和效用不应出现明显下降或偏差，否则可以认定后批次标的物不符合双方约定。此种裁判思路即为本案所采用，买受人已举证证明后一批次货物的质量明显劣于前批次货物的质量，可据此认定争议货物的质量不合格。此后举证责任发生转移，在出卖人仍有异议的情况下，应由出卖人承担产品质量符合合同约定的举证责任。

编写人：北京市海淀区人民法院　王哲

7

隐性瑕疵质量及适用标准认定

——康盛公司诉吉鑫公司买卖合同案

【案件基本信息】

1. 裁判书字号

江苏省盐城市中级人民法院（2019）苏09民终4024号民事判决书

2. 案由：买卖合同纠纷

3. 当事人

原告（反诉被告、被上诉人）：康盛公司

被告（反诉原告、上诉人）：吉鑫公司

【基本案情】

2018年11月26日，康盛公司与吉鑫公司两公司法定代表人商定瓦楞纸买卖事宜，约定瓦楞纸价格为现金价3675元/吨（承兑价3750元/吨），货到付款。2018年11月27日，康盛公司向吉鑫公司运送瓦楞纸32.901吨，并于次日送达。2018年12月7日，吉鑫公司通过中国工商银行网上银行申请向康盛公司转账货款120911.18元。嗣后，吉鑫公司电话通知银行止付，使得前述网银转账未获成功。康盛公司多次向吉鑫公司催要货款无果后，故起诉至法院，请求法院判决被告立即给付原告货款120911.18元，并支付该款自起诉之日起至给付之日止按中国人民银行同期贷款基准利率1.5倍计算的利息，本案诉讼费用和保全费由被告承担。

在本案审理过程中，吉鑫公司认为康盛公司供应的瓦楞纸存在质量问题，向法院提出反诉，请求康盛公司赔偿吉鑫公司损失103168.29元，并支付从反诉之日2019年1月14日起至实际给付之日止按中国人民银行同期贷款基准利率1.5倍计算的利息；反诉原告将目前库存17.89吨的瓦楞纸全部退回反诉被告；本案诉讼费用由反诉被告承担。

【案件焦点】

1. 案涉瓦楞纸是否存在质量问题；2. 质量鉴定是否适用欧盟标准。

【法院裁判要旨】

江苏省盐城市大丰区人民法院经审理认为：康盛公司与吉鑫公司间的买卖合同，是双方当事人的真实意思表示，内容不违反法律、法规的强制性规定，对双方均具有法律约束力。吉鑫公司为证明瓦楞纸存在质量问题，申请对案涉瓦楞纸的气味及重金属含量进行鉴定。双方当事人对标的物质量要求不明确的，按照国家标准、行业标准履行；没有国家标准、行业标准的，按照通常标准或者符合合同目的的特定标准履行。据查，现行的瓦楞芯（原）纸《中华人民共和国国家标准 GB/T13023－2008》，未对瓦楞芯（原）纸的气味及重金属含量进行规定。另外，双方当事人均未能举证存在相关行业标准，也未有证据证明约定产品质量须符合欧盟标准，吉鑫公司对此亦未提供相关理由和依据，故其要求参照欧盟标准进行鉴定，应当不予支持，相关鉴定程序予以终结。综上，吉鑫公司关于案涉瓦楞纸存在质量问题的抗辩理由，不予采信，其述称的损失由其自理。关于本诉，根据双方的约定，康盛公司交付了瓦楞纸，吉鑫公司应当支付相应的货款。康盛公司主张吉鑫公司支付货款120911.18元，予以支持。关于利息，由于吉鑫公司的违约，造成康盛公司损失，吉鑫公司应当予以赔偿。康盛公司主张货款自起诉之日起至给付之日止按中国人民银行同期贷款基准利率1.5倍计算，酌定支持其按年利率6%计算的利息。关于反诉，吉鑫公司抗辩案涉瓦楞纸存在质量问题，不予采信。吉鑫公司的反诉请求，亦不予支持，其述称的损失由其自理。

江苏省盐城市大丰区人民法院依照《中华人民共和国合同法》第八条、第六十条、第六十一条、第六十二条、第一百零七条，《中华人民共和国民事诉讼法》第一百四十二条之规定，作出如下判决：

一、被告吉鑫公司于本判决生效之日起十日内支付原告康盛公司货款120911.18元及利息（计息期间及标准：从2018年12月14日起至实际支付之日止，按照年利率6%标准计算）；

二、驳回反诉原告吉鑫公司的诉讼请求。

吉鑫公司不服一审判决，提起上诉。

江苏省盐城市中级人民法院经审理认为：本案二审争议焦点为：（1）康盛公司

向吉鑫公司提供的瓦楞纸有无质量问题，吉鑫公司要求康盛公司退回全部瓦楞纸并赔偿损失有无事实和法律依据；（2）一审法院审理程序是否存在违法之处。关于争议焦点一，现有证据不足以证明康盛公司向吉鑫公司提供的瓦楞纸存在质量问题，吉鑫公司要求康盛公司拖回全部瓦楞纸并赔偿损失的请求不能得到支持。首先，本案双方当事人未签订书面合同对产品质量进行约定，根据《中华人民共和国合同法》的规定，当事人在订立合同时就产品质量要求约定不明确的，应当符合国家标准、行业标准。而从瓦楞纸的国家标准来看，并不涉及吉鑫公司提出的气味及重金属含量这些指标内容。故吉鑫公司主张案涉瓦楞纸存在质量问题，依法不能成立。其次，虽然吉鑫公司在2018年12月9日才通过微信向康盛公司提出了产品质量问题，但其法定代表人陈述在12月7日就被工人告知产品有异味，在双方就该质量异议能否成立未达成一致意见的情况下，其在12月7日当天晚上通过网银向康盛公司支付全部款项（后被其撤回），又于12月10日、12月11日仍向相关客户发货，其行为无法令人确信康盛公司的瓦楞纸存在质量问题。最后，吉鑫公司主张客户退货造成损失的问题，虽然有仓库照片及吉鑫公司在2018年12月7日至12月11日的送货单，但上述证据并不足以证明案涉瓦楞纸存在质量问题而退货，且吉鑫公司在二审中明确表示没有退货的手续，故其主张的造成损失103168.29元的事实，也无充足证据予以证明。综上，对吉鑫公司提出的康盛公司所供瓦楞纸存在质量问题，应当全部退货并赔偿其损失103168.29元的上诉理由，证据不足，应不予采纳。关于争议焦点二，如前所述，由于双方当事人未对产品质量进行约定，根据《中华人民共和国合同法》的规定，产品应当符合国家标准、行业标准。而就瓦楞纸的国家标准，并无吉鑫公司在一审申请鉴定的气味及重金属含量标准内容，司法鉴定机构退回鉴定，并无不当。吉鑫公司主张按欧盟标准进行质量鉴定，缺乏事实与法律依据，故一审法院在鉴定机构表示无法鉴定后，不再进行质量鉴定，并无程序违法之处。

江苏省盐城市中级人民法院依照《中华人民共和国民事诉讼法》第一百七十条第一款第一项之规定，作出如下判决：

驳回上诉，维持原判。

【法官后语】

买卖合同纠纷案件买受人不给付货款，大部分原因系因为货物质量存在问题引起的，买受人据此抗辩不予支付货款。一般情况下，对于数量瑕疵和外观瑕疵等显性瑕疵，买受人应当在收货的同时检验并通知出卖人，并根据《最高人民法院关于审理买卖合同纠纷案件适用法律问题的解释》第十五条，当事人对标的物的检验期间未作约定的，买受人签收的送货单、确认单等载明标的物数量、型号、规格的，人民法院应当认定买受人已对数量和外观瑕疵进行了检验，但有相反证据足以推翻的除外。此时，由买受人自行承担相应的责任。《最高人民法院关于审理买卖合同纠纷案件适用法律问题的解释》第十七条规定，人民法院具体认定《中华人民共和国合同法》第一百五十八条第二款规定的“合理期间”时，应当综合当事人之间的交易性质、交易目的、交易方式、交易习惯、标的物种类、数量、性质、安装和使用情况、瑕疵的性质、买受人应尽的合理注意义务、检验方法和难易程度、买受人或者检验人所处的具体环境、自身技能以及其他合理因素，依据诚实信用原则进行判断。该法律条款虽然有相应规定，但实践中仍有很多问题不能解决，也并未对表面瑕疵和隐性瑕疵予以区分。本案中，买卖双方未签订书面买卖合同，也未对货物质量标准进行约定，而本案的特殊性在于，买受人辩称出卖人供应的瓦楞纸存在气味、重金属含量等隐性瑕疵问题，只有在买受人生产进行高温加热时才会出现相应的隐性瑕疵问题。而对于这类隐性瑕疵，其是需要进行必要的鉴定或经过安装运转才能发现的瑕疵。本案讼争的货物瓦楞纸本身是有国家质量标准的，但对于瓦楞纸的气味、重金属含量等隐性性能的质量标准既无合同予以明确约定，也无可供参考的国家标准、行业标准时，致使第三方鉴定机构无法进行鉴定予以退回。人民法院经过审查认为从瓦楞纸的国家标准看，并不涉及买受人提出的气味及重金属含量这些指标内容，买受人主张瓦楞纸存在质量问题，依法不能成立。同时，买受人在发现质量问题后仍向相关客户发货，其行为也无法令人确信瓦楞纸存在质量问题。

编写人：江苏省盐城市大丰区人民法院　孙静

8

买方按惯例将货款打入卖方业务员指定账户无过错时应由卖方承担法律后果

——林某美诉武鑫公司、林某买卖合同案

【案件基本信息】

1. 裁判书字号

湖南省湘西土家族苗族自治州中级人民法院（2019）湘31民终531号民事判决书

2. 案由：买卖合同纠纷

3. 当事人

原告（被上诉人）：林某美

被告（上诉人）：武鑫公司

被告（被上诉人）：林某

【基本案情】

被告林某及池某、张某平等系被告武鑫公司某片区的销售人员。林某是武鑫公司主要负责人的亲戚。原告林某美先后通过池某、林某向武鑫公司购买钢材，钢材购买款都是通过汇款至武鑫公司员工银行账号的方式交付给该公司。林某美购买钢材时，未与武鑫公司、林某签订过书面买卖合同，都是微信联系。

2018年，林某美与林某通过微信联系，向武鑫公司订购钢材。同年10月31日，林某美收到价值81670元的钢材，林某通过微信向林某美出具销货单。武鑫公司其他业务员向林某美提供的销货单样式，与林某向林某美提供的销货单样式一致。

林某美于11月1日向林某的银行账号转入41670元，又于11月2日向林某的银行账号转入17万元。林某美主张41670元转账款系支付10月31日货物的部分货

款，转账款17万元中的4万元系支付10月31日货物的剩余货款，剩余13万元系向武鑫公司购买钢材的货物预付款。

林某美于同年11月10日通过池某发送的微信信息，收到武鑫公司群发的《通知函》，其主要内容如下：林某因个人原因，已离开公司，所有业务往来单位与他个人的生意往来以及与他个人资金账户往来所产生的经济纠纷，一概与本公司无关。落款时间为11月1日。

林某美以武鑫公司、林某既不向其供应剩余预付款项的钢材，也不将多余款项退还等为由，诉请判令武鑫公司、林某退还货款人民币13万元及利息。

武鑫公司认为，货款没有打入武鑫公司指定账户，且武鑫公司提供的销货单均有三个不同人签名，但林某给林某美提供的销货单只有林某签名，故这是原告与林某个人业务往来。原告起诉的货款实际上是林某与原告之间的借款关系，武鑫公司不存在欠林某美的货款。

林某既未出庭，也未发表答辩意见。

【案件焦点】

林某美按照以往惯例将货款打入武鑫公司销售人员林某指定的个人账户的法律后果，应否由武鑫公司承担。

【法院裁判要旨】

湖南省湘西土家族苗族自治州花垣县人民法院经审理认为：武鑫公司销售单的署名系其内部管理问题，购买方收到武鑫公司的销售单应视为是与该公司发生交易。武鑫公司主张的指定账号，并非固定的账号，由公司销售人员告知。武鑫公司未能证明在林某美转账汇款之前，就已向林某美发送了《通知函》。林某美按照以往惯例，按照林某的要求将货款交付至其私人银行账号，并无过错。林某与林某美通过微信联系钢材买卖业务、使用个人账号收取货款的行为，系履行其作为武鑫公司销售人员的职务行为。武鑫公司应该对林某的行为承担民事责任。综上，依照《中华人民共和国民法总则》第五十七条，《中华人民共和国合同法》第九十四条第一款第二项、第九十七条、第一百三十条，《中华人民共和国民法通则》第四十三条，《中华人民共和国民事诉讼法》第六十四条、第一百四十四条、第二百五十三条以及《最高人民法院关于适用〈中华人民共和国民事诉讼法〉的解释》第九十条之规定，作出如下判决：

一、武鑫公司退还林某美货物预付款 13 万元；

二、驳回林某美的其他诉讼请求。

武鑫公司不服一审判决，持原审答辩意见提起上诉。

湖南省湘西土家族苗族自治州中级人民法院经审理认为：林某系武鑫公司的销售人员，入职期间一直为该公司销售钢材。林某美有理由相信林某的行为是武鑫公司的行为。武鑫公司的交易方式一般为公司销售人员与买方直接联系业务，由销售人员到公司报计划，公司发货，买方打款到销售人员告知的账户。林某美曾多次与武鑫公司销售人员购买钢材，货款都是打到销售人员指定的账户。武鑫公司指定的打款账户并不是唯一的，大多数情形是销售人员指定打款账户。林某亦是按上述模式与林某美进行交易。林某美根据林某的告知，将款项打入其账户，并无过错。武鑫公司称该 13 万元系林某向林某美借入的私人欠款，但无其他证据佐证，对该观点不予采纳。武鑫公司对林某的职务行为，应承担相应民事责任。本案《通知函》发送时间在林某美给林某打款之后，一审判决武鑫公司对《通知函》发送之前林某的行为承担相应责任，并无不当。综上，依据《中华人民共和国民事诉讼法》第一百七十条第一款第一项之规定，作如下判决：

驳回上诉，维持原判。

【法官后语】

《中华人民共和国民法通则》第四十三条规定："企业法人对它的法定代表人和其他工作人员的经营活动，承担民事责任。"《中华人民共和国民法总则》第一百七十条规定："执行法人或者非法人组织工作任务的人员，就其职权范围内的事项，以法人或者非法人组织的名义实施民事法律行为，对法人或者非法人组织发生效力。法人或者非法人组织对执行其工作任务的人员职权范围的限制，不得对抗善意相对人。"两法条的规定一脉相承，含义明确。林某在从武鑫公司离职并经该公司正式通知之前，与林某美通过微信联系钢材买卖业务、使用个人账号收取货款的行为，系其作为武鑫公司销售人员的职务行为，并不是个人行为。但本案的要货、发货及打款行为，时间上跨越林某在从武鑫公司离职之前和之后，诉争的 13 万元打入了林某的个人账户。因此，处理本案，不应简单地径行适用上述两法条，应该审查判断林某美按照以往惯例和武鑫公司业务员林某要求，将货款打入林某个人账户的行为，是否善意且无过错；如能肯定，则应该用上述两法条。

对此，应该主要从以下几个方面来分析把握：

第一，参照适用《最高人民法院关于当前形势下审理民商事合同纠纷案件若干问题的指导意见》第十四条的规定。该条规定，虽然是在合同相对人主张对方构成表见代理，人民法院在判断合同相对人主观上是否属于善意且无过失时，应当综合考虑的各种因素，但对于我们判断林某美的行为是否善意且无过错，也有很大参考价值。

第二，林某美是按以往惯例打款。这个惯例，不仅发生在林某美与林某之间，也曾发生在林某美与池某之间，还发生在其他客户与武鑫公司其他销售人员之间。这个惯例，具有相当的普遍性。

第三，武鑫公司关于销售人员出具销货单的内部管理规定，在没有充分证据证明买方明知时，对买方没有直接约束力。直接依据就是《中华人民共和国民法总则》第一百七十条第二款的规定。

第四，林某美打款行为均发生在收到武鑫公司《通知函》之前。这是本案无争议的事实。

第五，林某美关于第二次打款的辩解，应认为合情合理。在武鑫公司无充分的相反证据时，应认为该辩解能够成立。

第六，林某美要货、武鑫公司发货、林某美打款等行为不应该割裂，应该作为一个整体来认识和处理。要货、发货、打款等行为是一个买卖行为的几个必经环节，如果将其割裂，势必出现“只见树木，不见森林”的认识误区，进而必然导致处理错误。

总之，综合分析判断以上6个方面，应该明确认定林某美按照以往惯例和武鑫公司业务员林某要求，将货款打入林某指定的个人账户的行为，是善意的，且无过错。根据《中华人民共和国民法通则》第四十三条及《中华人民共和国民法总则》第一百七十条之规定，武鑫公司应对其销售人员林某的行为，对外向林某美承担法律责任。

武鑫公司采取或者认可的交易方式，虽然便利，但也带有相当大的商业风险和财务风险。从经济学角度看，武鑫公司在享受其便利的同时，也应该承担可能的风险。武鑫公司在对林某美承担法律责任后，可以依法向林某追偿。

编写人：湖南省湘西土家族苗族自治州花垣县人民法院 吴安荣
湖南省湘西土家族苗族自治州中级人民法院 彭俊

二、买卖合同的订立

9

合同相对方的认定

——宝爵理文厂诉周某等买卖合同案

【案件基本信息】

1. 裁判书字号

江苏省无锡市中级人民法院（2019）苏02民终4198号民事判决书

2. 案由：买卖合同纠纷

3. 当事人

原告（上诉人）：宝爵理文厂

被告（被上诉人）：周某、陈某、夏某文、陈某波

【基本案情】

2016年4月15日，宝爵理文厂（经营者为顾某明）（卖方）与陈某（买方）签订买卖合同，双方就固废纸浆料的颗粒购销事宜约定：卖方每天供货40吨；卖方供买方首批货物600吨为垫底，同时买方出具卖方该批（垫底）货物的书面证据，待合同履行完毕或出现买方违约，合同终止时作为买方支付卖方该货物的价款凭证；垫底价格买卖双方协定2000元/吨，计货款总价为120万元；自合同签订之月每月供买方1200吨；交提货地点为卖方所在地：太仓、无锡、常熟；卖方在首批垫资金额履行后，以后每月1日到月底发的货款，在第2个月的5日前付清；履行期限：2016年4月15日至2016年12月31日等。落款陈某在买方处签名，顾某

明在卖方处签名。

自2016年4月8日至2016年4月30日，顾某明与周某核对确认发货467.05吨×2000元/吨=93.41万元，签收人为陈某，日期2016年5月7日。落款日期为2016年6月2日对账单中载明：从2016年5月2日至2016年6月1日，顾某明发给周某塑料颗粒，合计发货为600.34吨，单价2000元/吨，合计120.068万元。落款处有“收货及付款方签字：周某”。落款日期为2016年7月13日收条载明：2016年6月5日送到长凌公司纸浆料30吨给周某，落款2016年8月13日。还款协议载明：陈某欠顾某明塑料货款合计200万元整，经双方友好协商达成以下付款协议，货款分三期支付：第一期2016年9月5号前支付50万元整，第二期2016年10月5号前支付50万元整，第三期2016年11月5号前支付100万元结清，以上还款协议如期付款，如到期不付，按原合同执行。落款处签有“欠款人陈某”。2016年11月16日，周某向顾某明转账10万元。2016年12月1日，陈某向顾某明转账14.5万元。宝爵理文厂自认：2016年11月6日收到陈某支付顾某明现金5万元；收到陈某转交邹某红、邹某红向顾某明转账汇款的10万元，以及2017年3月20日陈某波以银行卡现金存款方式向顾某明支付货款10.5万元，以上付款金额合计50万元。

陈某与陈某波系夫妻关系；夏某文与周某系夫妻关系。

【案件焦点】

周某是否是本案买卖合同的共同买方。

【法院裁判要旨】

江苏省无锡市惠山区人民法院经审理认为：当事人对自己的主张有责任提供证据。首先，宝爵理文厂主张与之发生买卖合同关系的相对方为周某、陈某，但其举证的买卖合同显示签署合同的买方仅为陈某。其次，宝爵理文厂主张买卖合同签订时周某在场，并对合同文本进行了修改确认，据此认为合同权利义务是宝爵理文厂与周某、陈某之间确定的，于法无据；除合同文本记载内容外，宝爵理文厂对所主张的与周某、陈某三方对合同的履行各自分工进行了明确，并未提供相应证据予以证明，据此认为周某也系签订该买卖合同的相对方缺乏事实和法律依据。最后，还款协议签订过程中周某均在场，宝爵理文厂认为周某系合同相对方而不要求周某在合同及还款协议上签名有悖常理。相反，宝爵理文厂代理人邹某红与周某的微信记录显示邹某红也认可周某系陈某的业务介绍人身份，仅要求周某一起帮助落实解决货款，邹某红也代宝爵理文厂向陈某收取了本案货款。综上，法院认定案涉买卖合同相对方为宝爵理文厂与陈某，周某系该合同介绍人。案涉买卖合同系宝爵理文厂与陈某的真实意思表示，不违反法律、行政法规的强制性规定，对宝爵理文厂与陈某具有约束力。宝爵理文厂主张周某、陈某系买卖合同共同买受人的主张法院不予支持，故宝爵理文厂主张周某承担共同付款义务，周某配偶夏某文对周某债务承担共同付款义务的诉讼请求，法院不予支持。综上，依据《中华人民共和国合同法》第一百零七条、第一百三十条、第一百六十一条、《中华人民共和国民法总则》第一百三十四条、第一百三十六条、《最高人民法院关于审理涉及夫妻债务纠纷案件适用法律有关问题的解释》第三条、《最高人民法院关于审理民间借贷案件适用法律若干问题的规定》第二十九条第二款第一项、《中华人民共和国民事诉讼法》第六十四条、最高人民法院《关于适用〈中华人民共和国民事诉讼法〉的解释》第九十条之规定，作出如下判决：

一、陈某于本判决生效后十日内给付宝爵理文厂货款1694780元及迟延履行利息；

二、陈某波对本判决第一项陈某应付债务承担共同付款责任；

三、驳回宝爵理文厂的其他诉讼请求。

宝爵理文厂不服一审判决，提出上诉。

江苏省无锡市中级人民法院经审理认为：同意一审法院裁判意见，认定宝爵理文厂的上诉请求不能成立，应予驳回，一审判决认定事实清楚，适用法律正确，应予维持。综上，依照《中华人民共和国民事诉讼法》第一百七十条第一款第一项的规定，作出如下判决：

驳回上诉，维持原判。

【法官后语】

合同相对性是指，原则上合同项下的权利义务只能赋予当事人，合同只能对合同当事人产生拘束力，而非合同当事人不能诉请强制执行合同。合同相对性的应有之义为：（1）合同仅于缔约人之间发生效力，对合同外第三人不发生效力；（2）合同缔约人不得以合同约定涉及第三人利益的事项，任何一方缔约人不与第三人发生权利义务关系。其中合同主体的相对性是指合同关系只能发生在特定的主体之间，只有合同当事人一方能够向另一方当事人基于合同提出请求或提起诉讼。

本案中，买卖合同由宝爵理文厂、陈某签订，陈某系买卖合同的唯一买方。如认定周某在买卖合同中系买方，则需要探究周某在买卖合同的签订、履行等过程中的行为是否能够被视为合同项下的买方。首先，从合同的形式要件看，合同买方签署处仅陈某签名，周某未予签字捺印，故可以认定买卖双方自签署合同之初已就买卖双方主体进行了明确，周某并非合同买方。其次，买卖合同虽由周某书写，但并不等同于周某系买方，买卖合同的签订并非简单草拟、书写、签名，而是包括合同双方就买卖合同项下货物规格、数量、价款金额、支付方式、违约责任等达成了一致约定后，以书面形式对此进行固定，以约束合同双方当事人。换言之，周某仅仅作为案涉合同的书写一方，并无证据证明周某参与了案涉合同条款的磋商、谈判、签订，现有无法证明周某对采购案涉货物有过需求，合同内容亦未体现为周某设立合同项下权利义务。再次，宝爵理文厂称陈某向宝爵理文厂出具还款协议时，周某亦在场，如果周某确系买方，基于权利义务对等的原则，周某理应承担付款义务，而宝爵理文厂作为债权人，理当在陈某出具还款协议时要求将周某一并作为买方签字，而宝爵理文厂并未做此要求，显然该做法不符合逻辑，周某作为合同买方的身份进一步存疑。最后，宝爵理文厂在起诉前，已多次就案涉债权进行催告，如周某系买方，宝爵理文厂在向陈某催要款项未果的情况下，符合常理的做法应当是向周某主张货款，然而宝爵理文厂从未向其主张债权，显然不符合常理。可以说，在案涉买卖合同的履行过程中，宝爵理文厂有诸多机会可以要求周某承担还款义务，但宝爵理文厂均未进行主张，其仅凭周某曾作为经办人接收货物并代为支付货款进而认定周某为合同买方，但未能提供有效证据证明该厂与周某之间存在买卖合同法律关系，应当承担举证不能的法律后果，故法院也不宜认定周某系案涉买卖合同的买方。

民商事合同的签订应当明确、严谨，但实践中，购销双方难以将全部商业风险与法律风险考虑周全，导致合同履行中无法准确地把握对合同主体的认定。建议当事人在订立书面合同的过程中，合同各方均应当明确各自的主体资格、身份信息与权利义务，同时应在履行合同义务的过程中注意留存履行合同的相关证据，切实维护自身合法权益。

编写人：江苏省无锡市惠山区人民法院　余杭航

10

对合同订立有过失情形下过错责任的分配

——特彩公司诉艾可陶公司买卖合同案

【案件基本信息】

1. 裁判书字号

江苏省常州市金坛区人民法院（2020）苏0413民初76号民事判决书

2. 案由：买卖合同纠纷

3. 当事人

原告：特彩公司

被告：艾可陶公司

【基本案情】

2019年5月7日，原告（供方）与被告（需方）签订购销合同，主要载明：采购产品中涂数量400kg、单价15元，总金额6000元；采购产品彩点数量600kg、单价22元、总金额1.32万元；罩面200kg、单价20元、总金额4000元；合计2.32万元。结算方式预付30%下单发货，剩余70%验货后付清。交货日期为收到预付款后7天内交货。供方不能按期交货、需方不能按期付款，责任方须按未执行合同金额的10%给予对方赔偿，单方终止或废除合同的，须向对方赔偿未执行合同金额的30%。如供方到货有质量问题，货到7天内提出书面反馈；逾期视为需方接受产品质量。

2019年5月10日，原告向被告供货多彩中层400kg，多彩漆607kg，罩光面漆200kg。随后双方通过微信对耗量数据、油漆质量等进行沟通。

2019年7月10日，被告就原告的催款函作出回复，主要载明：(1) 原告提供的打样耗量有误，多彩粒子购买27桶，实际使用不到5桶，多余部分曾承诺运回原告处，后不了了之。(2) 涂料出现剥落现象，原告仅提供内部手写合格证。

【案件焦点】

在合同一方当事人签订合同时存在过失的情形下，双方对因此造成的损失如何进行分摊。

【法院裁判要旨】

江苏省常州市金坛区人民法院经审理认为：原、被告之间的买卖合同系双方的真实意思表示，内容不违反法律、行政法规的强制性规定，合法有效。原告提供的发货单可以证明原告于2019年5月10日向被告发出价值23354元的货物。当事人对自己提出的诉讼请求所依据的事实或者反驳对方诉讼请求所依据的事实有责任提供证据加以证明。没有证据或者证据不足以证明当事人的事实主张的，由负有举证责任的当事人承担不利后果。一般来讲，漆膜脱落、剥落、起鼓、起皮等现象主要原因有：底面漆不配套、物面不洁、物面处理不当、施工温度影响等。被告认为原告提供的产品系不合格产品并提供了照片和聊天记录。法院认为，被告提供的上述证据不足以证明原告提供的产品系不合格产品，且原告对此亦不予认可。故被告应承担举证不能的法律后果。关于数量，本次购销合同的特殊性在于先由原告确定耗量，再由被告确定采购数量。关于耗量误差造成多采购的数量，被告可以予以退货，但因双方质量等争议造成22桶多彩漆（价值10648元）在被告处过期无法使用，对此损失双方均有过错，根据合同的履行情况、当事人的过错程度，法院酌定对此损失原告承担30%的责任，被告承担70%的责任，即被告支付该22桶多彩漆价款的70%即7453.6元。综上，被告尚应支付原告货款13045.6元。双方合同明确约定，责任方须按未执行合同金额的10%给予对方赔偿，故被告还需另行支付原告违约金1304.5元。据此，江苏省常州市金坛区人民法院依照《中华人民共和国合同法》第六十条、第一百零七条、第一百三十条、第一百五十九条，《最高人民法院关于审理买卖合同纠纷案件适用法律问题的解释》第二十四条第四款，《中华人民共和国民事诉讼法》第一百四十二条之规定，作出如下判决：

被告艾可陶公司于本判决生效之日起15日内支付原告特彩公司货款13045.6元及逾期付款损失1304.5元。

【法官后语】

买卖合同当事人订立合同时均应审慎确认合同标的物的数量、规格，涉及专业化判断时，合同一方当事人提供专业化意见时也应以审慎态度为原则，如因提供的专业化意见与现实情况出入较大，提供意见的一方当事人应对其过失行为导致的损失承担赔偿责任。在案件审理过程中，对赔偿责任的分摊比例因无明确的法律规定，会导致判决时存在争议。

本案中，因原告系从事买卖油漆的专营性企业，被告在量化工程所需油漆数量时，将需粉刷的面积报给原告，由原告给出所需油漆的数量，后被告按照原告给出的数量向原告购买油漆，但实际粉刷时却发现油漆实际所需量与原告给出的油漆所需量存在较大出入，双方因此发生纠纷，并导致油漆未及时退回而过期。对此，承办人出现此类案件时如何确定双方责任分摊比例提出如下看法：

第一，作为提供专业化意见的合同一方当事人，其应对提出的专业化意见负责，如合同另一方当事人依据该意见采购标的物出现偏差导致损失的出现（如货款支付后利息损失），则提出意见一方应对该损失承担100%的赔偿责任。

第二，如因上述情况导致合同双方当事人之间产生矛盾，且未得到妥善解决，并最终造成合同标的物损毁或失效的，应确认提供专业化意见的合同一方当事人承担赔偿责任，在此基础上，如合同另一方当事人对合同标的物的损毁或失效存在主观上的过错，则可减轻对方责任。本案中，被告依据原告提供的意见采购油漆，发现油漆数量明显多于实际所需，在此情形下其未能及时与原告协商此事，导致油漆在其处过期，被告自身对损失的扩大存在主观过错，应承担主要责任，可减轻原告的责任。

编写人：江苏省常州市金坛区人民法院　杨亚坤　吕俊杰

11

对买卖合同中“待收款后付款”约定的理解问题

——星海公司诉宝杰公司买卖合同案

【案件基本信息】

1. 裁判书字号

江西省新余市中级人民法院（2019）赣05民终17号民事判决书

2. 案由：买卖合同纠纷

3. 当事人

原告（被上诉人）：星海公司

被告（上诉人）：宝杰公司

【基本案情】

2018年1月4日，星海公司与宝杰公司签订《生物质木片采购合同》，约定宝杰公司向星海公司购买生物质原料木片，预计每年3万吨左右，价格暂定为410元/吨（不含税），总计金额为1230万元。该合同付款方式条款约定，对星海公司供应的生物质木片的结算，以宝杰公司、星海公司商定的宝杰公司与案外人恩达公司蒸汽款到账直接挂钩，即以恩达公司的蒸汽款实际到宝杰公司账户后两个工作日内付给星海公司生物质木片款（星期六、星期天除外），宝杰公司未按期支付的，星海公司有权停止供应宝杰公司所需生物质木料，且不承担任何责任。此外，星海公司、宝杰公司双方还就货物质量要求、违约责任等进行了约定。2018年3月至4月，星海公司陆续向宝杰公司供货，2018年6月29日双方对账确认星海公司向宝杰公司供货共计1990.891吨，扣除水分及退货后实际结算1687.006吨，单价410元/吨，结算金额为691672.46元，宝杰公司回款15万元，星海公司还应收宝杰公司货款541672.46元。双方多次协调未果，故星海公司起诉至法院，请求判令宝杰公司支付星海公司货款541672.45元及支付从起诉之日至实际清偿之日的逾期付款利息

（按银行同期贷款利率计算）。

【案件焦点】

双方对合同第三条第一项“以恩达公司的蒸汽款实际到宝杰公司账户后两个工作日内付给星海公司生物质木片款”约定应作何理解。

【法院裁判要旨】

江西省新余市分宜县人民法院经审理认为：合同对双方当事人均有法律约束力。至于合同第三条第一项关于付款方式“星海公司供应的生物质木片的结算，以宝杰公司、星海公司商定的宝杰公司与恩达公司蒸汽款到账直接挂钩，即以恩达公司的蒸汽款实际到宝杰公司账户后两个工作日内付给星海公司生物质木片款（星期六、星期天除外），宝杰公司未按期支付的，星海公司有权停止供应宝杰公司所需生物质木料，且不承担任何责任”的约定，根据《中华人民共和国合同法》第一百二十五条之规定，本案中星海公司已向宝杰公司交付货物，并希望通过交易货物换取相应对价，根据权利义务相一致原则，宝杰公司在收到货物的情况下有支付货款的义务，如在宝杰公司未收到恩达公司蒸汽款的情况下即免除其向星海公司的付款义务，显然非星海公司的真实意思表示，且违反公平原则，因此上述关于付款时间所附的条件，应理解为星海公司给予宝杰公司一定的付款宽限期，但该宽限期约定不明，根据《中华人民共和国合同法》第六十二条的规定，星海公司有权随时要求宝杰公司支付货款，但应给宝杰公司必要的准备时间。星海公司、宝杰公司双方通过对账的形式确认未付货款金额，但宝杰公司未在合理期限内支付上述货款，属于违约，应承担支付货款及相应利息的责任。

江西省新余市分宜县人民法院依照《中华人民共和国合同法》第五条、第八条、第六十二条第四项、第一百零七条、第一百零九条、第一百二十五条第一款以及《最高人民法院关于适用〈中华人民共和国民事诉讼法〉的解释》第九十条之规定，作出如下判决：

宝杰公司在本判决生效之日起十日内向星海公司支付货款541672.45元及逾期付款利息（以541672.45元为基数自2018年9月19日起至实际付清之日止按中国人民银行同期一年期流动资金贷款利率计付）。

宝杰公司不服一审判决，提出上诉。

江西省新余市中级人民法院经审理认为：从字面理解，合同第三条第一项“以星海公司、宝杰公司商定的宝杰公司与恩达公司蒸汽款到账直接挂钩，即以恩达公司的蒸汽款实际到宝杰公司账户后两个工作日内付给星海公司生物质木片款”的约定中，“以星海公司、宝杰公司商定的宝杰公司与恩达公司蒸汽款到账直接挂钩”可以理解为附条件付款；“以恩达公司的蒸汽款实际到宝杰公司账后两个工作日内付给星海公司生物质木片款”可以理解为约定不明的附期限付款。在双方理解有争议的情况下，应根据《中华人民共和国合同法》第一百二十五条的规定综合确定。星海公司与宝杰公司之间签订的《生物质木片采购合同》，其本质是商业行为的买卖合同，应遵循等价有偿、当事人权利义务一致等基本原则。若将该付款方式理解为附条件付款，则意味着“以星海公司、宝杰公司商定的宝杰公司与恩达公司蒸汽款到账直接挂钩”“恩达公司的蒸汽款实际到宝杰公司账户后”的条件永远不成就，宝杰公司就可以永远不付款，这明显有悖于买卖合同的等价有偿、当事人权利义务一致基本原则，故根据有利于债权人原则和公平原则，该约定应理解为约定不明的附期限付款。于此，根据《中华人民共和国合同法》第六十二条的规定，不管恩达公司是否向宝杰公司支付蒸汽款，宝杰公司均有义务在星海公司要求履行后向星海公司支付货款。

江西省新余市中级人民法院依照《中华人民共和国民事诉讼法》第一百七十条第一款第一项之规定，作出如下判决：

驳回上诉，维持原判。

【法官后语】

在司法实践中，针对买卖合同中“待收款后付款”此类约定的理解，主要有三种观点：第一种观点认为，属于附条件的付款约定；第二种观点认为，应理解为约定不明的附期限付款；第三种观点认为，应理解为买卖双方对货款支付期限的约定。

一般情况下，双方当事人签订买卖合同的本质是一种商业行为，应当遵循等价有偿、当事人权利义务一致等基本原则。如果简单地将此类条款理解为附条件的付款约定，那么“收到第三方货款”则是买方向卖方支付货款的条件，但该条件是否能成就、何时能成就不能确定，也就意味着如果该条件永远不成就，买方便可永远不付款，明显与上述原则相悖，会造成双方利益的失衡。卖方与买方签订买卖合同，是希望通过出卖货物换取相应的对价，而买方在合同中的主要义务就是支付货款，在卖方没有明示免除买方付款义务的情况下，将上述条款理解为附条件的付款条款显然与卖方的合同目的不相符，也与该买卖行为的主要权利义务相矛盾。但是，如果双方对该条款附以特别说明，明示在第三方未付款的情况下免除买方的付款义务，那么双方的意思表示非常明确，应当尊重当事人的意思自治，在无欺诈、胁迫等情形下，该条款宜认定为双方关于买方付款附以的条件。

附期限的法律行为，是指当事人在法律行为中设定一定的期限，并把期限的到来作为法律行为效力发生或消灭根据的法律行为。这里所说的期限，是指当事人以将来客观确定到来的事实，作为决定法律行为效力的附款①，其与附条件法律行为中的条件一样，都能限制法律行为效力的发生或消灭，主要区别在于将来的事实是否确定。在法律行为所附期限的分类中，可分为确定期限和不确定期限，区别在于作为期限的事实内容到来的时间是否确定，但到来是确定的。“待收款后付款”这一“收款”情形在签订合同时并不能完全确定，双方是期待第三方依约或依法向买方支付货款，亦存在第三方不向买方付款的可能性，故该约定不符合附期限法律行为中期限必须是将来客观确定到来的事实这一构成要件，该条款不能理解为约定不明的附期限付款。

与附期限法律行为相似的一个概念是法律行为的履行期限。所谓履行期限，是指双方当事人约定的履行法律行为所确定的义务的时间，在履行期限到来之前，当事人双方不需要实际履行义务，债权人也不能请求债务人实际履行债务，否则债务人有权拒绝。履行期限是对实际履行义务的规定，并不是对法律行为效力的规定，即使履行期限未届至，法律行为已经发生效力，这是与附期限法律行为最大的区别。从“待收款后付款”约定的内容看，该条款是针对买卖合同中卖方支付货款时间的约定，也就是买方履行付款义务的期限。但因第三方向买方付款的时间具有不确定性，故该条关于买方付款期限不明确，可以适用《中华人民共和国合同法》第六十二条第四项之规定，即当事人有关合同履行期限不明确的，债务人可以随时履行，债权人也可以随时要求履行，但应给对方必要的准备时间，故在卖方已向法院起诉要求保护其权益的情况下，买方负有立即向卖方支付货款的义务。

---

① 梁慧星：《民法总论》，法律出版社2017年版，第188页。

因此，法官在审理买卖合同纠纷案件中如遇到“待收款后付款”约定，不能简单地从字面意思进行理解，特别是在双方就此条款的理解发生争议时，应综合考虑合同目的、当事人权利义务是否相一致等因素，本着公平公正的原则进行理解和处理。

编写人：江西省新余市分宜县人民法院　汪玥

12

违约责任与缔约过失责任的区分与适用

——沈飞公司诉弘联石材厂买卖合同案

【案件基本信息】

1. 裁判书字号

福建省泉州市中级人民法院（2019）闽05民终1159号民事判决书

2. 案由：买卖合同纠纷

3. 当事人

原告（被上诉人）：沈飞公司

被告（上诉人）：弘联石材厂

【基本案情】

2015年7月10日，原告沈飞公司与被告弘联石材厂签订《石材采购合同》，双方在合同中明确约定：被告向原告提供花岗岩石板材，货物总价款为51.5万元，被告应于2015年10月13日供货完毕。原告于2015年7月13日以电汇的方式向原告支付货款51.5万元，但被告一直没有履行交货义务。

【案件焦点】

如何判定《石材采购合同》的法律效力，如何确定当事人应承担的民事责任。

【法院裁判要旨】

福建省南安市人民法院经审理认为：《最高人民法院关于适用〈中华人民共和国合同法〉若干问题的解释（二）》第一条第一款规定："当事人对合同是否成立存在争议，人民法院能够确定当事人名称或者姓名、标的和数量的，一般应当认定合同成立。但法律另有规定或者当事人另有约定的除外。"买卖合同成立的必备要素之一即为买卖标的，而标的的确定应当具有唯一性和排他性。沈飞公司与弘联石材厂签订的《石材采购合同》所约定的买卖标的是"花岗岩石板材"，即仅约定石板材的品种为"花岗岩"，但关于石板材的型号等其他参数未作明确约定，该合同标的不具备唯一性和排他性，且无沈飞公司与弘联石材厂共同确认的货物清单，亦不能依据双方其他证据推定合同标的物的型号，故诉争合同的买卖标的尚未确定。因此，沈飞公司、弘联石材厂签订的买卖合同不成立。沈飞公司在买卖合同尚未成立之时即向弘联石材厂给付了款项，而弘联石材厂收取的该 51.5 万元因买卖合同尚未成立而无合同依据，故应予以返还。因《石材采购合同》约定按沈飞公司挑选的石材供应，即在《石材采购合同》签订后，沈飞公司负有履行选定合同标的物并及时通知弘联石材厂的义务，但沈飞公司并未履行上述义务，导致合同不成立，故沈飞公司对此负有缔约过失责任。

福建省南安市人民法院依照《中华人民共和国合同法》第五条、第六条，《最高人民法院关于适用〈中华人民共和国合同法〉若干问题的解释（二）》第一条第一款，《最高人民法院关于民事诉讼证据的若干规定》第五条第一款，《最高人民法院关于适用〈中华人民共和国民事诉讼法〉的解释》第九十条及参照《中华人民共和国合同法》第九十七条之规定，作出如下判决：

弘联石材厂应于本判决生效之日起十日内返还给沈飞公司货款 51.5 万元。

弘联石材厂不服一审判决，提出上诉。

福建省泉州市中级人民法院经审理认为：一审法院认定事实清楚，适用法律正确，同意一审法院的裁判意见，依照《中华人民共和国民事诉讼法》第一百七十条第一款第一项的规定，作出如下判决：

驳回上诉，维持原判。

【法官后语】

本案是因买卖合同引起的争议，当事人签订的《石材采购合同》是否成立是本案的争议焦点。笔者由此拓展出几个相关的法律问题：合同成立的条件；合同生效的条件；若不成立或不生效，则民事责任如何划分。

《中华人民共和国合同法》第十二条规定："合同的内容由当事人约定，一般包括以下条款：（一）当事人的名称或者姓名和住所；（二）标的；（三）数量；（四）质量；（五）价款或者报酬；（六）履行期限、地点和方式；（七）违约责任；（八）解决争议的方法。当事人可以参照各类合同的示范文本订立合同。"2021年1月1日实施的《中华人民共和国民法典》第五百九十六条增加了买卖合同内容的列举，规定了"买卖合同的内容一般包括标的物的名称、数量、质量、价款、履行期限、履行地点和方式、包装方式、检验标准和方法、结算方式、合同使用的文字及其效力等条款"。再结合其他法律规定，可见合同的成立需要满足以下条件：（1）订约主体存在双方或多方当事人；（2）对主要条款达成合意；（3）合同的成立应具备要约和承诺阶段。合同的生效需要满足以下条件：（1）行为人具有相应的民事行为能力；（2）行为人意思表示真实；（3）不违反法律和社会公共利益；（4）合同具备法律所要求的形式。又根据《最高人民法院关于民事诉讼证据的若干规定》（指2008年，2019年修正时已删除本条）第五条第一款"在合同纠纷案件中，主张合同关系成立并生效的一方当事人对合同订立和生效的事实承担举证责任"的规定，沈飞公司与弘联石材厂均认为《石材采购合同》成立并生效，故沈飞公司与弘联石材厂均应对买卖合同的成立负举证责任。本案中，《石材采购合同》中约定的标的物品种、型号无法确定，不具备唯一性、排他性，导致合同无法实际履行，双方当事人均主张合同成立但均未能举证证明，应承担举证不能的不利后果，故案涉合同不成立。且本案中并未发现原、被告双方在订立合同的过程中有《中华人民共和国合同法》第四十二条规定的应当承担损害赔偿责任的情况。合同不成立排除了以上应承担损害赔偿责任的情况，可从缔约过失的角度探究当事人可能需要承担的责任。缔约过失责任是指在合同订立过程中，一方因违背其依据的诚实信用原则所产生的义务，而致另一方的信赖利益的损失，并应承担损害赔偿责任。缔约过失责任采取的是过错责任原则，构成要件应当包括客观要件和主观要件两个方面。缔约过失责任构成要件：第一，缔约一方当事人有违反法律规定附随义务或先合同义务的行为。在缔约阶段，当事人为缔结契约而接触协商之际，已由原来的普通关系进入信赖关系，双方均应依诚实信用原则互负一定的义务，一般称之为附随义务，即互相协助、互相照顾、互相告知、互相诚实等义务。第二，违反法定附随义务或先合同义务的行为给对方造成信赖利益的损失。所为信赖利益损失，是指相对人因信赖合同会有效成立却由于合同最终不成立或无效而受到的利益损失，即在缔约阶段因一方的行为已使另一方足以相信合同能成立或生效。第三，违反法定附随义务或先合同义务一方缔约人在主观上必须存在过错或过失。第四，缔约人一方当事人违反法定附随义务或先合同义务的行为与对方所受到的损失之间必须存在因果关系。本案中，沈飞公司未履行选定合同标的物、并及时通知弘联石材厂的义务，导致合同不成立，故应负缔约过失责任。另外，需要注意区分违约责任与缔约过失责任，违约责任是指当事人不履行合同义务或者履行合同义务不符合合同约定而依法应当承担的民事责任。违约责任的成立以有效的合同存在为前提，区别于缔约过失责任和无效合同的责任。缔约过失责任与违约责任的区别：第一，发生的时间不同。缔约过失责任发生在合同缔结阶段，违约责任则发生在合同有效成立后。第二，性质不同。缔约过失责任是一种法定的损害赔偿责任，其目的是解决没有合同关系的情况下因一方的过错而造成另一方信赖利益损失的问题；违约责任则可以由当事人自行约定，如当事人可以约定违约金、损害赔偿金的计算方法和数额等。第三，赔偿范围不同。缔约过失责任赔偿当事人的信赖利益损失，以求恢复到先前的状态；违约责任则赔偿当事人的期待利益损失，目的在于达到犹如合同全部履行的状态；在具体的责任形式上，缔约过失责任表现为单一的损害赔偿责任，而违约责任表现为支付违约金、赔偿损失和实际履行等。第四，损害赔偿的限度不同。基于违约责任而产生的损失赔偿原则上不能超过违反合同的一方在订立合同时应当预见到的因违约可能造成的损失；在缔约过失责任中则不存在这样的限制性规定。具体到本案，双方当事人因未能明确买卖标的而导致合同不成立不生效，并未涉及合同成立生效后的相关违约责任，而系沈飞公司未履行选定合同标的物、并及时通知弘联石材厂的义务，导致合同不成立，所应负担的缔约过失责任。

编写人：福建省南安市人民法院　姚聪晓　黄振东

13

线上宠物交易行为的特点及规制问题

——宋某明诉心宠公司买卖合同案

【案件基本信息】

1. 裁判书字号

北京市第三中级人民法院（2019）京03民终12292号民事判决书

2. 案由：买卖合同纠纷

3. 当事人

原告（上诉人）：宋某明

被告（被上诉人）：心宠公司

【基本案情】

宋某明根据心宠公司的58售宠平台提供的联系方式，线下购买宠物猫一只。后该宠物猫被诊断为猫瘟，宋某明为此花费医药费1万余元。宋某明诉至法院，要求心宠公司赔偿宠物猫医疗费、营养费，赔偿宋某明的误工费、陪床费等损失。

【案件焦点】

1. 宋某明与心宠公司是否成立买卖合同关系；2. 若成立，心宠公司是否应承担先行赔付义务；3. 关于宠物医疗费用，是否可以全部支持或在合同约定的金额范围内支持。

【法院裁判要旨】

北京市朝阳区人民法院经审理认为：根据法律规定，当事人对于自己的主张，有责任提供证据。第一，宋某明称，购宠协议系宋某明与猫场的人员签订，但宋某明无法提供购宠协议的原件，且心宠公司对于该协议的真实性不予认可，故对于购宠协议的真实性，法院不予认可。第二，宋某明未在心宠网站上进行注册，根据其提供的购宠协议复印件上记载的订单号，在心宠公司的网站上及客服电话里均查询不到涉案订单，无法证明宋某明通过心宠网站的介绍购买宠物的事实。第三，关于宋某明称在望京工商所心宠公司认可双方存在买卖关系的意见，根据法律规定，在诉讼中，当事人为达成调解协议或者和解协议作出妥协而认可的事实，不得在后续的诉讼中作为对其不利的根据，但法律另有规定或者当事人均同意的除外。在本案诉讼中，心宠公司明确表示不认可与宋某明之间存在买卖合同关系，故一审法院不能将心宠公司在工商调解阶段的陈述作为认定双方存在买卖合同关系的依据。综上所述，宋某明要求心宠公司支付相关费用的诉讼请求，证据不足，一审法院不予支持。

综上，依照《中华人民共和国民事诉讼法》第六十四条、第七十条，《最高人民法院关于适用〈中华人民共和国民事诉讼法〉的解释》第一百零七条之规定，判决如下：驳回宋某明的全部诉讼请求。

宋某明不服一审判决，持原审起诉意见提起上诉。

北京市第三中级人民法院经审理认为：一审判决认定事实清楚，适用法律正确，依照《中华人民共和国民事诉讼法》第一百七十条第一款第一项之规定，作出如下判决：

驳回上诉，维持原判。

【法官后语】

当下社会“宠物经济”日益兴起，线上售宠行为迅猛增加。目前线上售宠主要有三种表现方式：(1) 社交平台发布售宠信息，线下付款、交付宠物；(2) 售宠网站提供交易平台，线上付款、线下物流邮寄宠物，买卖全程留痕可查；(3) 有偿领养。线上宠物交易行为因卖家信息不透明、宠物免疫信息不透明等特点，容易产生消费者买到假品种宠物、假健康宠物等纠纷。在这些纠纷中，部分消费者会采用“不良信用披露”的方式维护自己的权益、惩罚不良经营者，部分消费者会采取“工商举报”的方式，挽回损失，还有部分消费者采取诉讼方式维护自己的合法权益。涉及宠物类买卖合同纠纷案件存在以下特点：(1) 宠物买家的诉请不仅包括退款、赔偿，还要求赔礼道歉和精神损害赔偿，一般不要求更换宠物。宠物买家发现所购宠物为“星期狗”“星期猫”后，会不计花费地携带宠物就诊，就诊费用大大超过购买价格，并要求宠物卖家全额赔偿医疗费用，而宠物卖家会就此进行抗辩，以合同约定了争议解决方式为由拒绝赔偿全部就诊费用。购买到生病的宠物后，买家会产生被欺骗的心理，也会对动物产生同情心理，并在照料过程中花费大量心力，故诉讼中会要求卖家公开赔礼道歉、精神损害赔偿或者认为卖家欺诈要求3倍价款赔偿。而合同纠纷中无法对于赔礼道歉、精神损害赔偿进行处理。(2)宠物买家在诉讼中存在举证难的问题。在线上交易中，卖家一般会借助网络平台发布售卖信息，如专业的生活网站、社交网站及相关应用，此时消费者与经营者的信息不对称，经营者对外披露的经营信息、信用信息过少，导致消费者无法识别商家优劣。根据平台上提供的联系方式，消费者会采用微信、短信、电话等方式与卖家沟通、付款，导致购买过程游离于监管外，无法被客观、全面地记录、保留，以致影响后续诉讼中的举证，如网站系统更新导致无法查询到订单、签订的合同无原件、无法验证卖家身份，甚至被拉黑、失联。对于上述问题建议采取以下措施：(1)制定相应的法律法规，行业管理标准和市场交易规则，充分发挥行业协会的监督与管理作用；(2)建立合乎规范的宠物交易市场，健全严格的监管制度，对宠物实行集中统一交易，引入入场交易宠物强制免疫机制并建立免疫档案；(3)卫生防疫、物价、公安等部门加强对宠物市场经营者的监管，促使其销售宠物时提供发票、宠物身份证、检疫证明等书面凭据；(4)建立犬只销售备案制度。

编写人：北京市朝阳区人民法院　朱琳琳

14

单位占有、使用买卖合同标的物应视为对无权代理人签订买卖合同行为的追认

——付某军诉强力公司买卖合同案

【案件基本信息】

1. 裁判书字号

湖南省常德市中级人民法院（2019）湘07民终2469号民事判决书

2. 案由：买卖合同纠纷

3. 当事人

原告（上诉人）：付某军

被告（被上诉人）：强力公司

【基本案情】

2014年7月1日至2016年12月31日，付某军在强力公司担任技术负责人。2016年6月，付某军将一批机修加工设备运输至强力公司厂房，强力公司对相关设备有偿使用。2017年10月19日，付某军再次进入强力公司工作，任设备总监一职。

2014年7月1日，付某军与强力公司签订劳动合同，担任技术负责人，月基本工资为2000元，效益工资为4000元。因强力公司需付某军的机修设备并对相关磨具进行日常维修维护，付某军于2016年6月将一批机修加工设备运输至强力公司厂房安装并进行使用，强力公司除向付某军支付技术负责人工资外，未给付机修设备的使用费用。同年7月3日，付某军与强力公司总经理龙某庆签订机修设备收购协议，协议约定付某军整套机加工设备以30万元的总价卖给强力公司，付某军负责设备吊装、运输、设备安装、电线照明灯安装、机修车间大门扩大、安装电动卷闸门所有费用，做好调机试机准备工作，能保证各种机械设备正常运行。

【案件焦点】

付某军与强力公司之间是否存在买卖合同关系。

【法院裁判要旨】

湖南省常德市石门县人民法院经审理认为：《最高人民法院关于适用〈中华人民共和国民事诉讼法〉的解释》第九十一条第一项规定：“人民法院应当依照下列原则确定举证证明责任的承担，但法律另有规定的除外：（一）主张法律关系存在的当事人，应当对产生该法律关系的基本事实承担举证证明责任；”《中华人民共和国合同法》第十条第一款规定：“当事人订立合同，有书面形式、口头形式和其他形式。”据此，付某军应当就其与强力公司订立有关买卖机修加工设备的书面形式或口头形式或其他形式的合同承担举证责任。承前所述，案涉《机修设备收购协议》不能认定为本案当事人订立买卖合同的书面载体，仅为不具有证据效力的证人书面证言。即使该协议系龙某庆代表强力公司与付某军签订的买卖合同，在付某军未提交证据证明龙某庆有权代理强力公司的情况下，案涉《机修设备收购协议》亦对强力公司不发生效力。且付某军提出的证据亦不足以证明其与强力公司订立有关买卖机修加工设备的口头形式或其他形式的合同。综上，付某军要求强力公司支付设备转让款30万元的诉讼请求没有事实依据。法院不予支持。湖南省常德市石门县人民法院依照《最高人民法院关于适用〈中华人民共和国民事诉讼法〉的解释》第九十条、第九十一条第一项之规定，作出如下判决：

驳回付某军的诉讼请求。

原告不服一审判决，提起上诉。

湖南省常德市中级人民法院经审理认为：《机修设备收购协议》及所附《柒零机械厂设备清单》明确了买卖的设备名称、数量及价款等内容，龙某庆和付某军在该协议上签字，具备合同的基本要素。付某军提供了强力公司会议纪要证明龙某庆系该公司总经理，强力公司对龙某庆签字的真实性及职位有异议，但未提交任何证据予以反证，应承担举证不能的后果。虽然龙某庆并非法定代表人，其签订设备收购协议也未经强力公司明确授权，但是根据《中华人民共和国合同法》第四十八条第一款之规定，该协议在被代理人追认的情况下发生效力。付某军按照协议约定将设备运输、安装至强力公司，已履行完合同义务，强力公司对此未提出异议并对设备进行多次使用，已享受了合同权利，应认定强力公司的行为构成了对合同的追认，该协议对强力公司发生效力。强力公司辩称付某军安装设备不是履行涉案协议，而是因窑炉建设或是因其他法律关系需无偿使用付某军的机修设备，但强力公司并未主张具体为何种法律关系。且从双方签订的劳动合同看，付某军作为技术负责人每月基本工资加绩效为6000元，其无任何理由将价值30万元的设备无偿提供给强力公司使用。从涉案设备的用途看，涉案设备系用于生产线修模，符合强力公司的需求。综上，法院对其辩称意见不予采纳。一审法院认定收购协议仅系不具有证据效力的书面证词错误，应予以纠正。付某军与强力公司之间买卖合同关系成立并有效，强力公司应按照协议约定向付某军支付购买设备款项。湖南省常德市中级人民法院依照《中华人民共和国合同法》第四十八条第一款、第一百六十一条及《中华人民共和国民事诉讼法》第一百七十条第一款第二项之规定，作出如下判决：

一、撤销湖南省常德市石门县人民法院（2019）湘0726民初1456号民事判决；

二、强力公司于本判决生效后十日内支付给付某军设备款30万元。

【法官后语】

本案一审判决驳回原告付某军的诉讼请求，二审判决撤销一审民事判决，强力公司支付付某军设备款30万元。一审判决驳回原告的诉讼请求的理由为：付某军不能举证证明案涉的《机修设备收购协议》为本案当事人订立的买卖合同的书面载体，仅为不具有证据效力的证人书面证言。即使该协议系龙某庆代表强力公司与付某军签订的买卖合同，在付某军未提交证据证明龙某庆有权代理强力公司的情况下不发生效力。付某军要求强力公司支付设备转让款30万元的诉讼请求没有事实依据，不予支持。二审判决支持付某军的诉请，判决强力公司支付付某军设备款30万元的理由为：《机修设备收购协议》上有龙某庆和付某军的签名，具备合同的基本要素，龙某庆系强力公司总经理，虽龙某庆并非法定代表人，其签订设备收购协议也未经强力公司的明确授权，但该协议在被代理人追认的情况下发生效力，付某军按照协议约定将设备运输安装至强力公司，已履行完合同义务，强力公司对此未提出异议并对设备进行了多次使用，已经享受合同的权利，构成了对合同的追认，该协议对强力公司发生效力，故判决强力公司支付付某军设备款30万元。

本案中，一、二审法院认为付某军并没有直接与强力公司签订设备转让合同，龙某庆与付某军签订的设备转让协议效力待定，在这方面的认定是一致的。付某军虽系强力公司的总经理，但其并非该公司的法定代表人，要代表公司对外签订合同，必须有公司的明确授权，但在本案中，龙某庆并没有强力公司的授权却代表公司与原告付某军签订了设备转让协议。《中华人民共和国民法总则》第一百七十一条规定："行为人没有代理权、超越代理权或者代理权终止后，仍然实施代理行为，未经被代理人追认的，对被代理人不发生效力。相对人可以催告被代理人自收到通知之日起一个月内予以追认。被代理人未作表示的，视为拒绝追认。行为人实施的行为被追认前，善意相对人有撤销的权利。撤销应当以通知的方式作出。行为人实施的行为未被追认的，善意相对人有权请求行为人履行债务或者就其受到的损害请求行为人赔偿，但是赔偿的范围不得超过被代理人追认时相对人所能获得的利益。相对人知道或者应当知道行为人无权代理的，相对人和行为人按照各自的过错承担责任。"

本案中，龙某庆属于没有代理权的无权代理人，故其与付某军签订的合同属于效力待定的合同，此处的效力待定，是指被代理人与合同相对人签订的合同效力待定，即指强力公司和付某军之间的设备转让合同效力待定，欲使该合同生效，必须要经被代理人强力公司的追认。

那么本案，强力公司有没有对设备转让协议进行追认呢？一、二审法院存在不同的观点，这也是导致裁判结果不同的关键所在。一审法院认为，付某军的证据不足以证明强力公司对该协议进行追认，强力公司与付某军之间没有直接的设备购买合同，故判决驳回了付某军的诉讼请求。二审法院认为，付某军已经在强力公司全部安装，且强力公司已多次使用，对此并没有提出异议，且从案涉设备的用途看，设备用于生产线修模，符合强力公司的需要，故认定强力公司已经进行了追认，应当支付付某军设备转让款。那么该案的关键在于强力公司已经对设备进行了占有使用，是否构成对设备转让协议的追认。追认，是指本人接受无权代理人行为效果的意思表示。《中华人民共和国民法总则》规定了本人的追认和拒绝权，追认权与拒绝权只需要被代理人一方作出意思表示即可，故追认权与拒绝权都是形成权。《中华人民共和国民法总则》规定作出意思表示的方式有两种，明示或者默示，故追认的形式有明示和默示两种方式，默示只有在法律规定、当事人约定或者符合当事人之间的交易习惯时，才可以被视为意思表示。本案中，强力公司虽没有明确表示接受设备转让协议的约束，但并未对付某军运至该公司的机械设备提出异议，并且对该设备还进行了多次使用，依据付某军与强力公司签订的劳动合同，付某军也没有为公司提供案涉机械设备的义务，而该机械设备也是强力公司生产所需的。综上，强力公司对机械设备进行占有使用的行为，依据交易习惯，应当认定是对付某军与龙某庆签订的设备转让协议的默示追认，应当支付合同约定的设备转让款，故单位占有、使用买卖合同标的物应视为对无权代理人签订买卖合同行为的追认。

编写人：湖南省常德市石门县人民法院　胡静

15

通过电子邮件沟通的“合作方案”，能否认定成立新的合作协议

——龙驰公司诉福达公司买卖合同案

【案件基本信息】

1. 裁判书字号

广东省广州市中级人民法院（2019）粤01民终2816号民事判决书

2. 案由：买卖合同纠纷

3. 当事人

原告（上诉人）：龙驰公司

被告（上诉人）：福达公司

【基本案情】

原告龙驰公司（乙方）与被告福达公司（甲方）于2017年1月1日签订了《CY2017亨氏中国进口产品经销合同》，就产品经销内容、订货方式、结算方式等进行约定。又于2017年7月10日签订了《〈CY2017亨氏中国进口产品经销合同〉补充协议》，约定：“一、乙方为KRAFT 100% GRATED PARMENSAN CHEESE 24/85G卡夫芝士粉的全国（出于本合同目的，不包括港澳台地区）独家经销商。二、对《经销商销售任务分解表》修改。”原告与被告签订上述协议后，双方通过电子邮件的方式确定订单数额、订单的时间及订单的履行，经销商促销方案等。2017年9月13日，被告的员工陈某杰向原告的员工郭某、Lorna，发出“合作方案”的电子邮件，对全年总支持额度进行协商确认。原告按照《CY2017亨氏中国进口产品经销合同》约定，通过电子邮件下订单32条货柜，对于其中的21条货柜已经履行完毕，对于未履行的11条货柜存在以下问题：其中2017年9月6日到港的5条货柜，

因不能办理清关进口，原、被告双方对于不能清关的5条货柜一直通过电子邮件进行沟通解决，直至2017年11月24日，原、被告双方达成《关于卡夫芝士粉的处理协议》。对于剩余的6条货柜，其中4条已经生产的货款，原告要求暂缓发货，最后的2条未生产的货柜，原告要求暂缓生产，原告要求暂缓发货的理由是前面的5条货柜不能清关。2017年10月30日，原告要求被告重新交付2条货柜的货物，并要求按照使用一体化标签进行生产，被告于2017年11月27日明确表示不予确认。

根据原告提交的《泓誉商标代理公司出具的调查水货线索的核实报告》二份及被告提交的《2018年1月8日对广州市海珠区三家销售卡夫芝士粉水货店铺的行政打报告书》《2017年12月15日对广州市白云区二家销售卡夫芝士粉水货店铺的行政打击报告书》，证明水货确实存在。

原告提交中华人民共和国广东省深圳市盐田公证处出具的公证书，证明原告存在库存。原告认为因水货导致其损失达到1143.74万元。

【案件焦点】

1. 原、被告双方通过电子邮件沟通形成的“合作方案”，能否认定达成新的合同；2. 附条件的合同在履行过程中，条件不成就时，能否酌情履行部分合同。

【法院裁判要旨】

广东省广州市从化区人民法院经审理认为：原告与被告于2017年1月1签订的《CY2017亨氏中国进口产品经销合同》及于2017年7月10日签订了《〈CY2017亨氏中国进口产品经销合同〉补充协议》，是双方真实意思表示，内容没有违反法律、行政法规的强制性规定，系合法有效的，双方应当按照合同的约定享有权利及谨慎地履行义务。

对于被告是否应当支付原告补偿金1200万元的问题，法院认为被告应当支付原告含税900万元免费货（油卡）及含税300万元的费用，理由如下：(1) 原告与被告达成新的合作协议。①被告员工陈某杰于2017年9月13日及2017年9月15日向原告员工发出“合作方案”电子邮件，符合邀约的形式要件，内容具体确定，在电子邮件上未注明以书面签订为准。②原告员工郭某、Lorna于2017年9月14日及2017年9月15日下午及时答复被告员工发送的电子邮件，符合承诺的要件，原告的承诺对邀约的内容未作出实质性变更，且被告未及时表示反对，该承诺有效。故原告与被告达成新的合作协议。（2）原告已完成2017年的订单任务。①原告按照《CY2017亨氏中国进口产品经销合同》约定通过电子邮件下订单32条货柜，对于其中的21条货柜已经履行完毕，对于未履行的11条货柜存在以下问题：其中2017年9月6日到港的5条货柜，因不能办理清关进口，于2017年11月24日，原、被告双方达成《关于卡夫芝士粉的处理协议》，将5条货柜转让给第三方。对于剩余的6条货柜，原告以不能清关为由，暂缓发货4条货柜及暂缓生产2条货柜。根据被告的当庭陈述，2017年10月26日前信息更新后，清关不会受阻，同时，被告表示重新下订单要提前3个月。可以看出剩余的6条货柜原告在10月26日后下单，被告也不能安排送货。故未履行的11条货柜应当是被告的原因所导致，原告的2017年的订单任务视为已完成。②合作方案约定的原告完成2017年的订单任务，被告应当支持含税600万元的免费货（油卡）。（3）被告应支付含税300万元的费用及含税300万元的免费货（油卡）。根据双方的合作协议，被告在2018年的给付义务属于附条件的给予义务，只有原告在2018年达到了约定的订单任务，被告才支付含税300万元的费用及含税300万元的免费货（油卡）。根据《中华人民共和国民法总则》第一百五十九条“附条件的民事法律行为，当事人为自己的利益不正当地阻止条件成就的，视为条件已成就；不正当地促成条件成就的，视为条件不成就”之规定，被告没有按照合作协议约定与原告签订2018年芝士粉的全国独家代理授权，阻碍了条件的成就，视为条件已成就即原告已经完成了2018年的订单任务，被告应支付含税300万元的费用及含税300万元的免费货（油卡）。

对于被告是否应当赔偿原告因市场水货泛滥导致的损失1143.74万元的问题，法院认为被告不需赔偿原告因市场水货泛滥导致的损失1143.74万元。理由如下：（1）被告没有违反《CY2017亨氏中国进口产品经销合同》及《〈CY2017亨氏中国进口产品经销合同〉补充协议》，将产品销售至原告经销区域。（2）原告提供的证据不能证明市场存在水货泛滥。（3）根据“水货”含义，“水货”并非假货，是第三方通过非法途径带入原告的经销区域进行销售的被告生产的产品。综上所述，市场存在水货不是被告的行为导致的，而是第三方造成的。根据《中华人民共和国侵权责任法》第二十八条“损害是因第三人造成的，第三人应当承担侵权责任”的规定，原告的损失，应当由第三人承担。

对于原告主张的违约金413万元，没有合同的约定，法院不予准许。对于原告主张的被告未授予2018年独家代理权导致的损失596万元，原告没有提供证据证明其损失，法院不予支持。对于原告主张垫付费用50万元，原告没有提供证据予以证明，法院不予支持。

综上所述，广东省广州市从化区人民法院依据《中华人民共和国民法总则》第一百五十九条，《中华人民共和国合同法》第十三条、第十四条、第十六条、第二十五条、第三十一条、第六十条，《中华人民共和国侵权责任法》第二十八条，《中华人民共和国民事诉讼法》第六十四条的规定，作出如下判决：

一、被告福达公司在本判决生效之日起10日内支付300万元及含税900万元免费货（油卡）给原告龙驰公司；

二、驳回原告龙驰公司其他诉讼请求。

福达公司和龙驰公司均不服一审判决，提起上诉。

广东省广州市中级人民法院经审理认为：本案争议焦点主要有三：一是龙驰公司请求赔偿因水货泛滥造成的损失是否成立以及损失金额的认定；二是龙驰公司请求赔偿因未授予卡夫芝士粉2018年独家代理权造成的损失是否成立以及金额的认定；三是双方有无就补偿1200万元或货物达成合意，补偿条件是否成就的问题。

关于争议焦点一。结合龙驰公司提交的《泓誉商标代理公司出具的调查水货线索的核实报告》、福达公司提交的《2018年1月8日对广州市海珠区三家销售卡夫芝士粉水货店铺的行政打击报告书》《2017年12月15日对广州市白云区二家销售卡夫芝士粉水货店铺的行政打击报告书》，可见泓誉商标代理公司于2017年8月29日就市场上卡夫芝士粉水货问题进行摸查，于2017年12月15日、2018年1月8日对5店铺实施打击行动，并于2017年12月15日的行动中查扣卡夫芝士粉水货产品17支。上述事实显然未达到龙驰公司在本案中主张的市场“水货泛滥”以至于造成龙驰公司损失1143.74万元的程度，且亦无证据证实是因福达公司的过错导致水货产生，故龙驰公司该项上诉请求，法院不予支持。

关于争议焦点二。首先，《CY2017年亨氏中国进口产品经销合同》约定的合同期限自2017年12月31日止，福达公司出具的《经销商证明》亦载明经销期限至2017年12月31日止，上述文件并未约定合同期限或经销商资格到期后应当自动延展，或福达公司应当继续授予龙驰公司下一年度独家代理权。其次，审查双方2017年9月期间的往来邮件，双方在邮件中仅载明福达公司提供“2018年芝士粉的全国独家代理授权，预计2017年10月提供”，除此之外，双方并未就2018年经销合同和代理权授予问题进行实质性磋商。且结合福达公司提交的2018年1月3日邮件及《关于卡夫亨氏产品进口模式调整的通知函》，双方后续是因无法就合作模式达成一致，致使无法继续在2018年进行经销合作。故此，并无证据证实福达公司是为自己的利益不正当阻却授予代理权的条件成就。龙驰公司认为福达公司违约未授予其独家代理权应赔偿损失，缺乏事实依据，法院不予支持。

关于争议焦点三。第一，关于2018年支持300万元费用及含税300万元免费货（油卡）部分。如前所述，在案证据不足以证实福达公司是为自己的利益不正当阻却条件成就，一审判决径行认定龙驰公司已经完成2018年订单任务缺乏充分事实依据，福达公司上诉认为不应支付2018年300万元费用及含税300万元免费货（油卡）部分，符合双方磋商实际过程，法院予以支持。

第二，关于2017年度600万免费货（油卡）部分。福达公司上诉认为支持费用须经由书面协议予以确认，对此，双方通过邮件对全年总支持额度进行协商确认，与该总体额度实现过程中各次实际付款须通过书面协议予以确定，并非截然对立，该项抗辩理由，法院不予支持。

第三，关于双方争议订单部分。关于已到港货柜（5条柜），双方已达成《关于卡夫芝士粉的处理协议》，该部分订单的履行障碍不能归责于龙驰公司。关于已下单未生产订单（2条柜），龙驰公司在2017年9月20日要求暂停生产后，已于2017年11月重新发出交货指令，福达公司回复称因清关工作受阻、多方面事项需要紧密协调、对该两张订单不能确认，故该部分未能实际履行不能归责于龙驰公司原因造成。关于已生产未发货订单，该部分订单龙驰公司在要求暂缓发货后，并未再次发出交货指令。龙驰公司提交的2017年10月至12月邮件仅对未生产的2条货柜要求安排生产，并无证据证实已经重新下达其他订单的发货指令。二审中龙驰公司称该部分货物无法进口，没有证据足以证实，且退一步说，即使该已生产未交付的货物确实无法进口，但龙驰公司后续对已下单未生产的2条货柜要求安排生产交货，可见彼时进口障碍已可消除，但龙驰公司仍未再另行下达订单以完成全年订货总额要求。综上，法院认定前述已生产未发货订单（4.25条柜）部分未能实际履行是因龙驰公司的原因导致，其余订单未能实际履行并非龙驰公司的原因导致。

此外，虽然在后续履行中因龙驰公司原因导致部分订单未能实际履行，但考虑到双方合作后期曾一度出现进口障碍，影响了双方履约意愿及实际履约耗时，同时亦鉴于2017年度支持费用属于对龙驰公司全年订单完成量的综合奖励，按比例分配更符合公平合理的原则。故法院酌情认定在扣除该4.25条柜所占总支持费用相应比例781969元（4.25÷32.61×600万元）后，对于其他部分予以支持。另外，二审中，双方认可2017年支持费用部分中已经实际履行了644787元，该部分亦应予以扣除。

综上，福达公司应以油卡形式向龙驰公司支付2017年度支持费用4573244元（6000000元－781969元－644787元），对于龙驰公司请求的超出部分，法院予以驳回。

关于福达公司上诉认为一审法院现场勘验程序存在瑕疵，因一审判决并未依据勘验笔录作出事实认定，该项理由法院不予采信。关于福达公司上诉认为一审法院判决支付“免费货（油卡）”属于判非所请，对此，一审该项判决金额没有超出龙驰公司请求范围，以实物补偿的方式且与邮件约定相符，法院予以确认。

综上所述，一审判决认定事实部分不清，适用法律有失妥当，法院予以纠正。龙驰公司的上诉请求和理由缺乏事实和法律依据，法院依法予以驳回。福达公司的上诉请求和理由部分有理，对其有理部分法院予以支持，其他部分依法予以驳回。广东省广州市中级人民法院依照《中华人民共和国合同法》第三十条、第六十条、第一百三十条，《中华人民共和国民事诉讼法》第一百七十条第一款第二项的规定，作出如下判决：

一、撤销广东省广州市从化区人民法院（2018）粤0117民初141号民事判决第二项；

二、变更广东省广州市从化区人民法院（2018）粤0117民初141号民事判决第一项为：上诉人福达公司在判决生效之日起十日内支付含税4573244元免费货（油卡）给龙驰公司；

三、驳回龙驰公司的其他诉讼请求。

【法官后语】

1. 福达公司与龙驰公司之间通过电子邮件沟通的“合作方案”，能否认定成立新的合作协议

对于福达公司首先发给龙驰公司的“合作方案”（电子邮件），是否能够认定为合同订立过程中的“要约”。首先，对电子邮件的认定，根据《最高人民法院关于适用〈中华人民共和国民事诉讼法〉的解释》第一百一十六条第二款“电子数据是指通过电子邮件、电子数据交换、网上聊天记录、博客、微博客、手机短信、电子签名、域名等形成或者存储在电子介质中的信息”的规定，电子邮件属于证据的一种。因电子信息容易被复制、篡改，难于保证电子数据的完整真实，对于电子数据比较难于认定。本案中，原、被告双方当事人对电子邮件（合作方案）均予以认可，法院依法采纳作为证据使用。其次，双方有通过电子邮件来确定交易的习惯。原、被告在签订《CY2017亨氏中国进口产品经销合同》后，对于订单的数额、订单的时间及订单的履行、经销商促销方案等，双方都是通过电子邮件来完成。最后，电子邮件“合作方案”的内容的具体确定，不可能是公司员工个人的想法，只能是福达公司集体意志的体现。同时根据《中华人民共和国合同法》第十一条“书面形式是指合同书、信件和数据电文（包括电报、电传、传真、电子数据交换或电子邮件）等可以有形地表现所载内容的形式”的规定，电子邮件是书面形式的一种。法院综合考虑以上情况，认定福达公司发给龙驰公司的“合作方案”（电子邮件）就是合同订立过程中的“要约”。

对于龙驰公司对福达公司“合作方案”的及时答复，是否能够认定订立合同中的“承诺”。从龙驰公司的答复来看，并没有对“要约”的内容进行实质性变更，《中华人民共和国合同法》第三十一条规定：“承诺对要约的内容作出非实质性变更的，除要约人及时表示反对或者要约表明承诺不得对要约的内容作出任何变更的以外，该承诺有效，合同的内同以承诺的内容为准。”本案中，对于龙驰公司最后的答复，福达公司并没有作出反对，故法院认定龙驰公司针对“合作方案”对福达公司的答复就是合同订立过程中的“承诺”。

对于采用数据电文订立的合同，是否需要以内部审批作为合同成立前提的问题。《中华人民共和国合同法》第三十三条规定：“当事人采用信件、数据电文等形式订立合同的，可以在合同成立之前要求签订确认书。签订确认书时合同成立。”

本案中，福达公司发出的电子邮件“合作方案”的内容并没有要求双方需要签订确认书，故合同的订立应当从龙驰公司的答复到达福达公司员工的邮箱为合同成立的时间，而不以内部审批作为合同成立的前提。

综上所述，福达公司与龙驰公司之间通过电子邮件沟通的“合作方案”，可以认定成立新的合作协议。

2. 附生效条件的合同，在条件不成就时，能否酌情履行部分合同

第一，合同的性质。福达公司与龙驰公司之间成立新的合作协议中福达公司要求龙驰公司完成下列条件：“完成9月订的10640箱（2条大柜），2017全年合计32.61柜，即6.21mm USD”，才支持600万元的免费货（油卡），属于何种性质，根据《中华人民共和国合同法》第四十五条第一款“当事人对合同的效力可以约定附条件。附生效条件的合同，自条件成就时生效。附解除条件的合同，自条件成就时失效”之规定，应当属于附生效条件的合同。

第二，合同的效力。附条件的合同属于未生效的合同。生效条件成就，合同生效，产生当事人合意追求的特定私法效果。生效条件不成就，合同终局不生效，不产生当事人合意追求的特定私法效果。本案中，二审法院在查明龙驰公司未完成2017年全年合计32.61柜，且龙驰公司有过错的情形下，福达公司与龙驰公司约定的生效条件未成就，合同终局不生效，合同的内容不具有履行效力。二审法院酌情要求福达公司履行龙驰公司完成部分条件所对应的合同内容，实际上变更了福达公司与龙驰公司约定的“条件”，实质上是以审判权来调整当事人的意思自治。

编写人：广东省广州市从化区人民法院　张杞欢

三、买卖合同的效力

16

“显失公平”的认定标准

——卓溥公司诉宏图公司买卖合同案

【案件基本信息】

1. 裁判书字号

北京市第一中级人民法院（2019）京01民终4660号民事判决书

2. 案由：买卖合同纠纷

3. 当事人

原告（上诉人）：卓溥公司

被告（被上诉人）：宏图公司

【基本案情】

2015年8月28日，卓溥公司（乙方）与宏图公司（甲方）签订原合同及《补充协议（一）》。约定甲方向乙方采购500套蓝印工程图纸打印系统V2.0软件，货款总计1000万元。本合同自签订之日起5个工作日内，甲方向乙方支付定金900万元。乙方按照本合同完成交货、培训等服务，且甲方验收无误后，甲方将不晚于自本合同签订之日起一年内支付剩余尾款100万元。乙方每月向甲方提供50套合同规定的产品，总数量共计450套，剩余50套在甲方支付尾款后一次性提供。

2015年9月2日，宏图公司向卓溥公司汇款900万元。此后，卓溥公司按月向宏图公司提供了450套软件。宏图公司未按期支付合同尾款。

2017年7月3日，宏图公司的经理赵甲通过电子邮件向卓溥公司的总经理赵乙发送补充协议文本。赵乙修改后又发送给赵甲。赵甲表示对修改后的协议不认同。同年7月29日，赵甲向赵乙发送补充协议文本，并在邮件中写道："打印软件的补充协议，已按照约定进行了完善，您看看可以吗？如果没有问题，您就盖章给我快递，我们收到后盖章给您，并准备付款。"宏图公司先在《补充协议（二）》中加盖合同专用章。

同年8月2日，卓溥公司在《补充协议（二）》中加盖合同专用章。《补充协议（二）》写明，乙方应根据甲方的需要按期、保质的完成已交付的500套软件的升级。双方签署合同后，甲方收到乙方开具的增值税发票后10个工作日内，应向乙方支付50万元。甲方验收合格后10个工作日内，应向乙方支付50万元。违约条款为，(1)如果乙方未能完成500套软件的升级，应按照原合同金额的70%赔偿甲方的损失。同年8月4日，宏图公司向卓溥公司汇款50万元。

【案件焦点】

《补充协议（二）》是否因显失公平可撤销。

【法院裁判要旨】

北京市海淀区人民法院经审理认为：卓溥公司在本案中提出的诉讼请求是要求撤销其与宏图公司在履行买卖合同过程中签署的《补充协议（二）》，故法院对原合同和《补充协议（二）》的履行情况不做全面审查。卓溥公司与宏图公司签订的《补充协议（二）》，未违反国家法律、行政法规的强制性规定，应属有效。依法成立的合同，受法律保护。《中华人民共和国合同法》第五十四条第一款规定："下列合同，当事人一方有权请求人民法院或者仲裁机构变更或者撤销：（一）因重大误解订立的；（二）在订立合同时显失公平的。"卓溥公司据此提出了《补充协议（二）》显失公平的主张，并要求法院对《补充协议（二）》予以撤销。签订《补充协议（二）》的目的是提升宏图公司数码蓝图打印机在市场的竞争力，同时解决宏图公司的尾款支付问题。《补充协议（二）》在签订之前，卓溥公司和宏图公司的相关人员已进行过磋商和文本的修改，卓溥公司作为从事打印软件销售的商事主体，对合同签署后自身利益及应承担的风险具有判断能力和注意义务，故卓溥公司对于合同的签订，并非属于迫不得已。《补充协议（二）》第六条设定了双方的违约责任，该条款中为卓溥公司设定的违约责任较高，但《中华人民共和国合同法》第一百一十四条已为当事人提供了对于高额违约金的救济途径，故法院对卓溥公司提出撤销合同的诉讼请求，不予支持。

综上，北京市海淀区人民法院依照《中华人民共和国合同法》第八条之规定，作出如下判决：

驳回原告卓溥公司的诉讼请求。

卓溥公司不服原审判决，提起上诉。

北京市第一中级人民法院经审理认为：宏图公司与卓溥公司之间签订的原合同、《补充协议（一）》及《补充协议（二）》系双方当事人真实意思表示，其内容未违反国家法律、行政法规的强制性规定，应属合法有效。本案争议焦点为《补充协议（二）》是否显失公平。《中华人民共和国民法总则》第一百五十一条规定："一方利用对方处于危困状态、缺乏判断能力等情形，致使民事法律行为成立时显失公平的，受损害方有权请求人民法院或者仲裁机构予以撤销。"依据上述规定，并结合相关民法原理，构成显失公平的民事法律行为须同时具备以下要件：一是一方有利用对方处于危困状态或缺乏判断能力等情形；二是一方有牟取不当利益的故意；三是一方利用对方处于危困状态或缺乏判断能力等情形与民事法律行为的作出具有因果关系；四是民事法律行为成立时显失公平。本案中，首先，原合同明确约定了剩余100万元尾款的支付条件，在该条件成就后，卓溥公司有权依约要求宏图公司支付剩余的100万元尾款，在条件成就后支付100万元尾款系宏图公司义务，而非卓溥公司所称的宏图公司所具有的优势，故卓溥公司并非处于危困状态。其次，《补充协议（二）》设定了双方权利义务，卓溥公司虽认为《补充协议（二）》为其约定了较高的违约责任，但《中华人民共和国合同法》第一百一十四条第二款规定了高额违约金的救济途径，不能仅因合同约定的违约金过高便认定双方权利义务不对等。基于以上论述，卓溥公司主张《补充协议（二）》显失公平，并请求撤销缺乏依据，法院不予支持。综上所述，卓溥公司的上诉请求与理由无法律及事实依据，不予支持。原审判决认定事实清楚，适用法律正确，应予维持。综上，北京市第一中级人民法院依据《中华人民共和国民事诉讼法》第一百七十条第一款第一项之规定，作出如下判决：

驳回上诉，维持原判。

【法官后语】

2021年1月1日实施的《中华人民共和国民法典》第一百五十一条规定，一方利用对方处于危困状态、缺乏判断能力等情形，致使民事法律行为成立时显失公平的，受损害方有权请求人民法院或者仲裁机构予以撤销。显失公平，是指一方当事人利用自己的优势或者利用对方没有经验，致使双方的权利与义务明显违反公平、等价有偿原则。在司法实践中，判断显失公平的关键在于推知当事人签订合同时的意思表示，订立合同时，双方地位是平等的，均处于自由表达，不存在显失公平的问题。与之相反，合同签订时一方是在不利的条件下作出的意思表示，合同当事人利益的不平衡则构成显失公平的客观表象，无法实现实质正义。法官在案件审理过程中，可以综合如下条件判断：

1. 显失公平的主观要件

法官在判断"显失公平"的主观要件时，可以从利益受损方和加害方两个角度分别判断。首先，对于利益受损方，其在签订合同时应处于不利的状态，这种不利状态包括但不限于危困状态、缺乏判断能力等情形。危困状态是指受损方出于困难处境或急迫心理，缺乏判断能力是指受损方缺乏作为一个理性人本应具备的认识、判断和选择的能力。其次，利益加害方对受损方的不利状态是明知的，并出于故意，具有谋取不正当利益的目的。但并非只要加害方处于"相对优势"的地位即造成显失公平，其主观判断的关键在于具有优势地位的一方是否利用了该优势地位，迫使受损方在失去理性的、意思自由的情况下作出错误的、违背意志的表示。

2. 显失公平的客观要件

该要件条件可以从"显失公平"的范围与程度两个维度进行考量，在显失公平的情况下，意思自治遭到破坏，势必无法产生结果公平的客观。因此显失公平的范围，可以考虑对价是否合理，一方面要判断合同对价是否与市场价格大体相当，另一方面要考察当事人是否愿意接受该对价。合同当事人利益的重大不平衡构成了显失公平的程度。

3. 显失公平的除外情形

首先，正常的商业风险所涉及的商业判断失误或市场价格波动并非"显失公平"，外观上确有利益的不平衡，但双方签订合同时，意思表示是自由的，一方不存在明显的优劣势地位。其次，为生产、经营需要所签订的法律允许范围的高利借款合同、为还贷签订的低价出售合同应除外，此类判例虽然受损方遭受了较重的合同对价，但不存在一方利用明显优势地位的恶意，无法构成显失公平。最后，“人身自由受限”状况下签订的合同不一定属于显失公平的合同，如受羁押的合同当事人依然可以自由的表达意志，或者合同仅存在轻微的不公平，该合同亦不属于显失公平。

综上所述，对显失公平的判断要以主观要件为主，客观要件为辅，以意思自治为判断核心。在判断标准上可以综合考虑价格、租金、利率、违约金等多种要素，但更应关注双方当事人的权利义务是否失衡，从而在意思自治与公平价值之间做好取舍。

编写人：北京市海淀区人民法院　张建文　刘金霞

17

同一经营场所内存在多份格式条款的效力认定

——张某诉家乐福通州店买卖合同案

【案件基本信息】

1. 裁判书字号

北京市通州区人民法院（2019）京0112民初10524号民事判决书

2. 案由：买卖合同纠纷

3. 当事人

原告：张某

被告：家乐福通州店

【基本案情】

2018年12月4日至12月17日，家乐福通州店在涉案门店就“哈尔滨冰霜啤酒”开展促销活动，促销标签载明如下信息：“活动日期：2018年12月4日－12月17日，买立减2元，哈尔滨冰爽啤酒（330毫升×6）零售价：11.9元/组，减后价9.9元/组。”2018年12月12日下午，张某在家乐福通州店通过微信扫码购买哈尔滨冰爽啤酒（330毫升×6）一组，微信支付价款11.9元，未享受优惠。现张某诉至法院要求：（1）家乐福通州店赔偿500元；（2）家乐福通州店承担诉讼费用。

家乐福通州店对此不予认可，认为涉案产品搞促销活动，是在商品正常价值的基础上进行促销，参加促销活动要符合促销的条件。本案中，张某使用微信支付方式结账，在店内微信支付通道附近有大的箭头和显眼的红色字体清楚地标示微信结账不与其他活动同享，但可以参加会员积分。家乐福通州店清晰地表达了优惠的条件，并在举证过程中亦主动出示该证据，证明张某在结账时明知微信扫码购不享受优惠仍然选择该支付方式，故家乐福通州店不存在欺诈行为。

另查，通州家乐福店在店内微信扫码购区域附近摆放店堂告示，告示顶部注明“微信扫码购免排队埋单”；告示中间以小号红色字体注明“不与其他活动同享，参加会员积分”；告示下部注明微信扫码购流程。

【案件焦点】

同一经营场所内存在多份格式条款的效力认定。

【法院裁判要旨】

北京市通州区人民法院经审理认为：张某从家乐福通州店购买涉诉商品，双方之间成立合法有效的买卖合同关系。本案争议的焦点为家乐福通州店的销售行为是否构成价格欺诈。法院认为，《禁止价格欺诈行为的规定》《关于〈禁止价格欺诈行为的规定〉有关条款解释意见的通知》作为行政规章及规范性文件，对价格欺诈行为的认定具有一定的参照意义，同时应当依照民法关于欺诈的规定对经营者的标价行为进行综合判断。根据查明的事实，2018年12月4日至12月17日，家乐福通州店开展“买立减”活动，哈尔滨冰爽啤酒（330毫升×6）零售价：11.9元/组，减后价9.9元/组。张某选购涉案商品后，选择微信扫码购实际支付价款11.9元。家乐福通州店虽然在微信扫码购结账区域附近以展示牌的方式告知微信扫码购“不与其他活动同享”，但该条款限制了消费者的权利，经营者应当对“其他活动”的具体范围作出明确解释，现家乐福通州店未作明确解释，故该条款对当事人并无约束力。本案中，家乐福通州店标注哈尔滨冰爽啤酒（330毫升×6）减后价9.9

元/组，但实际结算价却为11.9元/组。庭审中，家乐福通州店亦称张某购物后曾找到店方，但因张某未提出明确要求，店方未答复，且庭审中家乐福通州店明确表示微信结账无优惠。故法院认为家乐福通州店的行为已构成价格欺诈，故对张某要求家乐福通州店赔偿500元的诉请，于法有据，应予支持。综上，北京市通州区人民法院依照《中华人民共和国消费者权益保护法》第五十五条之规定，作出如下判决：

被告家乐福通州店于判决生效之日起七日内向原告张某赔偿500元。

一审判决作出后，双方均未提起上诉，现判决已发生法律效力。

【法官后语】

本案的争议焦点为同一经营场所内存在多份格式条款的效力认定问题。一种观点认为，对于内容冲突的格式条款，应当从维护公平、保护消费者权益的角度出发，作出有利于消费者的解释。本案中，家乐福通州店存在两份内容冲突的条款，应当从维护公平、保护消费者权益的角度出发，作出不利于提供格式条款一方的解释；另一种观点认为，应当根据格式条款的指向、交易习惯对冲突条款效力进行认定。本案中，张某购物在先、结算在后，结算时家乐福通州店已经在结算区域对微信扫码购不与店内活动同享进行提示，故不构成价格欺诈。

对此，笔者认为，当同一经营场所内存在多份格式条款时，应当按照“两步走”思路确定冲突条款的效力。第一，应当考虑经营者与消费者的地位差异，从保护消费者权益的角度出发，综合格式条款的指向、内容、提示方式等因素对各份格式条款的有效性进行判定。第二，在此基础上，根据按照交易习惯，厘清冲突格式条款的效力。

本案中，双方对店内哈尔滨冰爽啤酒的优惠价签的效力并无争议，但对店堂告示中关于使用微信扫码购不与其他活动同享的约定是否有效争议较大。根据《中华人民共和国合同法》第三十九条之规定，采用格式条款订立合同的，提供格式条款的一方应当遵循公平原则确定当事人之间的权利和义务，并采取合理的方式提请对方注意免除或者限制其责任的条款，按照对方的要求，对该条款予以说明。关于说明的方式，《最高人民法院关于适用〈中华人民共和国合同法〉若干问题的解释（二）》第六条和《中华人民共和国消费者权益保护法》第二十六条等条款作出了更进一步的要求，即经营者对与消费者有重大利害关系的内容必须以“显著方式”

提请消费者注意，并按照消费者的要求予以说明。这里的“显著方式”，存在一定的客观标准，需要考虑普通消费者的认知能力，必须足以明显引起普通消费者的注意。如该提示说明的未予提示说明，或者未以“显著方式”按照要求提示说明，则视为经营者未就上述内容向消费者履行告知和说明义务，该条款不构成合同内容。结合本案，从该条款的说明方式上看，该约定虽然以红色的字体予以区分，但明显采用了较其他说明更小的字体，难以构成法律意义上的“显著方式”；从条款的内容上看，该条款显然是约束消费者权利的条款，按照一般消费者的认知能力无法对“其他活动”作出界定，故家乐福通州店应当对“其他活动”的具体范围、法律后果作出明确解释，现家乐福通州店未作具体释明，故店堂告示关于“微信扫码购不与其他活动同享”的条款应为无效，则家乐福通州店按照11.9元的价格收取张某价款的行为视为低价揽客、高价结算，构成价格欺诈，应当予以退赔。

换一假设，如果经营者以显著方式在自助结算区域提示消费者使用微信扫码购不享受优惠活动按商品原价结算，则根据交易习惯，消费者购买商品在先，支付价款在后。购物后，消费者可以选择柜台结账，亦可选择微信扫码购自助结算，现经营者已在自助结算区域通过显著方式明确提示消费者使用微信扫码购结算按照商品原价结算，则该格式条款应为有效。在两份格式条款均有效的情况下，我们认为根据先购物、后结算的交易习惯，消费者应当按照原价支付货款。

需要说明的是，近几年，随着线上支付方式的兴起，购物结算方式越发多样化，不同支付渠道对于经营者而言承担的成本有所不同，由此导致经营者对消费者使用不同支付方式予以的优惠力度有所差异。为此，建议经营者在衡量经营成本的同时加强法律风险防控，认真审查经营场所格式条款效力，维护经营者和消费者的合法权益。

编写人：北京市通州区人民法院　梁联林

18

公墓买卖合同的效力认定

——高某诉玉案山公司买卖合同案

【案件基本信息】

1. 裁判书字号

云南省昆明市中级人民法院（2019）云01民终7980号民事判决书

2. 案由：买卖合同纠纷

3. 当事人

原告（被上诉人）：高某

被告（上诉人）：玉案山公司（原玉案山公墓管理所）

【基本案情】

2007年4月7日，高某向玉案山公司购买7－8－43号墓位，玉案山公司向高某出具《玉案山公墓预约墓位登记表》，载明墓位总价1.56万元，交款金额1000元，使用时间“人健在”。同日，高某向玉案山公司交付了预约款1000元，玉案山公司向高某出具发票，载明“购7－8－43号预约款”。后高某的母亲赵某华于2019年3月4日因病去世，玉案山公司未按照合同约定履行合同义务。2019年5月14日，昆明市西山区玉案山公墓管理所经核准名称变更为“玉案山公司”。另查明，案外人赵某诉玉案山公司买卖合同纠纷案，经云南省昆明市五华区人民法院（2018）云0102民初2380号及昆明市中级人民法院（2018）云01民终6689号案件审理查明“付款方式为交纳预约款1000元，余款于下葬时补交”。

【案件焦点】

1. 涉案买卖合同是否有效；2. 玉案山公司是否应当继续履行涉案买卖合同。

【法院裁判要旨】

云南省昆明市五华区人民法院经审理认为：高某与玉案山公司成立公墓买卖合同关系，并不违反法律规定，合同成立并生效，对双方当事人均具有法律约束力，双方应当按照合同约定履行合同义务。高某已履行了交付1000元预约款的合同义务，现要求玉案山公司将该公墓7－8－43号墓位按1.56万元的合同价款继续向高某履行合同，符合双方约定和法律规定，法院予以支持。据此，云南省昆明市五华区人民法院依据《中华人民共和国合同法》第八条、第六十一条、第一百零七条、第一百一十条，《中华人民共和国民事诉讼法》第六十四条、第一百一十八条之规定，作出如下判决：

被告玉案山公司将昆明市西郊玉案山公墓7－8－43号墓地按1.56万元合同价款继续向原告高某履行合同。

一审宣判后，玉案山公司不服，提起上诉。

云南省昆明市中级人民法院经审理认为：本案中玉案山公司认可其与高某之间成立买卖合同关系。买卖合同是出卖人转移标的物所有权于买受人，买受人支付价款的合同。首先，依法成立的合同，对当事人具有法律约束力。当事人应当按照约定履行自己的义务，不得擅自变更或者解除合同。涉案墓位买卖合同关系，并不违反法律禁止性规定，合法有效，对双方当事人具有法律约束力，双方应当按照合同约定履行。玉案山公司主张涉案买卖合同违反《中华人民共和国合同法》第五十二条第四项和第五项的规定，经查涉案合同并未违反上述法律规定，故玉案山公司主张涉案合同无效不能成立。其次，由于本案交易标的公墓具有特殊性，即用于高某安葬逝者使用，履行合同的权利期间不确定，高某有随时要求玉案山公司履行合同的权利，玉案山公司应当按照约定的价格履行合同，根据合同约定墓位总价为1.56万元，故玉案山公司应当按照该价格继续履行合同。最后，玉案山公司主张与其建立买卖合同关系的主体为高某，涉案墓位只能由高某或其配偶使用，其母亲不能使用。对此，云南省昆明市中级人民法院认为，《玉案山公墓预约墓位登记表》并未明确涉案墓位只能由高某或其配偶使用，高某将购买墓位给已故的母亲使用，并未违反双方约定或违反公序良俗，玉案山公司的该项主张不能成立。综上，玉案山公司应当按照合同约定继续履行合同义务。综上所述，玉案山公司上诉理由不能成立，不予支持。一审判决认定事实清楚，适用法律正确，所作判决并无不当，予以维持。据此，云南省昆明市中级人民法院依照《中华人民共和国民事诉讼法》第一百七十条第一款第一项之规定，作出如下判决：

驳回上诉，维持原判。

【法官后语】

按照我国传统风俗，老年人都希望能在有生之年将自己的身后事安排好，既让自己放心也给子女减少负担，因此很多老年人或者年轻人都会选择提前为自己或年长的父母购买墓地，以备不时之需。然而，墓地与一般的可流动性商品不同，系满足特定需求的特殊商品，具有用途特殊、使用周期长兼具一定刚需性的特点。随着我国殡葬制度改革的推进，经营性公墓的开发经营日益兴旺。个别公墓存在的违规经营行为也逐渐暴露，出现了很多利用人民群众入土为安的传统心理，对墓地违规预售、炒墓和囤墓。对于公墓的违规预售、炒买炒卖行为，一方面，会造成公墓的过度超前开发，侵占有限的土地资源，造成环境的破坏；另一方面，会造成公墓交易价格的大幅波动和不良溢价，破坏了公墓资源的公益性，造成人民群众的恐慌。因此，国务院和民政部先后出具了《殡葬管理条例》和《民政部关于公墓管理暂行办法》《关于进一步加强公墓管理的意见》《民政部关于清理整顿公墓有关问题的通知》等管理规定和文件，对公墓的经营管理行为予以规范：严禁传销和炒买炒卖墓穴和骨灰存放格位。要合理确定墓穴和骨灰存放格位的价格，明码标价；要凭用户出具的火化证明（火葬区）或死亡证明（土葬改革区），提供或出售墓穴和骨灰存放格位，使用规范的安葬、安放凭证，建立严格的销售、登记制度，严禁传销和炒买炒卖；要保护群众的正当权益。

近几年，围绕公墓买卖合同的效力问题，引发了诸多的纠纷，本案就是一个典型案例。对于本案双方当事人争议的焦点为公墓预售买卖合同的效力应当如何认定。笔者认为不能一概而论。

首先，国家制定上述规定主要是为了规范公墓的经营管理行为、打击利用公墓预售手段非法集资损害群众利益的行为，以及以增值为诱饵，利用公墓资源进行传销、炒买炒卖非法牟利的行为，其最终目的是保护群众的正当权益不受侵害。因此，有关文件中还特别指出，对于向夫妻健在一方预售合葬墓地，向高龄老人、危重病人预售墓地等行为应当与炒买炒卖加以严格区分，对出于合理使用需要而预先购买墓地的行为应予保护。国务院办公厅和民政部制定的规范性文件并不属于法律和行政法规，该文件更多针对的是公墓经营管理者的行为加以管理约束。公墓预售买卖合同的效力不能仅因违反规范性文件而被认定无效，还需结合《中华人民共和国合同法》第五十二条的规定来判断合同是否存在损害社会公共利益的情况。

其次，公墓预售买卖合同是否损害社会公共利益应结合买卖合同的目的，从以下几点判断：

第一，购买墓地的数量。公墓是为城乡居民提供安葬骨灰和遗体的公共设施，只有当有人去世时方才使用，也并非普通可流通商品，不得私自转卖和交易。因此，普通居民一般不会一次性大量购买墓地，一次性购买多块墓地的合同一般超出正常人家庭使用需要范围，属于囤墓、炒买炒卖墓地的可能性更大。

第二，所购买墓地的建设规格。国家已经命令禁止建设豪华墓、家庭墓等超规格墓地，此类墓地占地面积过大、浪费土地资源、破坏生态环境，还滋长了丧事大操大办的不良社会风气，严重损害了社会公共利益。一旦公墓买卖合同涉及此类标的物，无论购买数量多少一律应当认定无效。

第三，公墓预售合理范围的判断。国务院办公厅、民政部规定了公墓不得预售，同时也对合理情况下的预售进行了区分，但相关规定中对于高龄老人年龄的界定并无明确规定，各地民政部门所执行的标准也不尽相同。这也为公墓的经营者“打擦边球”提供了可乘之机，也是众多公墓买卖合同争议产生的源头。笔者认为，对于此类为老人提前购买墓地的合同效力认定，应当在维护社会公共利益和尊重传统风俗、提供人文关怀的需要之间作出平衡，本着维护群众合法利益的原则来予以认定。一方面，应当尊重中国长期以来形成的传统风俗习惯，提前为身后事做好打算能给老年人一些精神慰藉，让老年人能够坦然面对和接受死亡；另一方面，要对合同的内容进行全面审查，只要合同不存在明显损害社会公共利益的情形，且老人年龄符合客观大众认知标准的，都应当认定为有效合同。另外，相关部门也应当尽快明确高龄老人的年龄标准，为公墓经营活动及司法实践提供明确标准指引，以减少相关纠纷的产生。

回到本案中，高某因自用的需要而购买一块并非多块墓地，不存在传销或炒买炒卖公墓牟利的目的，其也未私自转让、买卖公墓，对公墓产品的价格稳定和社会管理秩序并不会造成不良影响。其所购买的公墓符合规定的面积标准和建设标准，不存在超标准购买使用的情况，也并未损害社会公共利益。高某自购公墓给已故的母亲使用，应当属于为高龄老人预购公墓，合情合理亦不违反规定。因此，不能将其行为与其他违规买卖公墓的行为予以混同对待。本案公墓的买卖合同合法有效，玉案山公司应当遵守约定，依约履行合同。

编写人：云南省昆明市中级人民法院　陈红　饶媛

19

欺诈、诱导未成年人大额消费的交易行为效力认定

——珍珠服装店诉司某情等买卖合同案

【案件基本信息】

1. 裁判书字号

河南省洛阳市中级人民法院（2019）豫03民终2118号民事判决书

2. 案由：买卖合同纠纷

3. 当事人

原告（反诉被告、被上诉人）：珍珠服装店

被告（反诉原告、上诉人）：司某情、司某勋、李某丽

【基本案情】

自2016年11月至2018年2月，司某情（出生于2005年）长期在某服装店购买服装，2018年3月，该服装店老板赵某珠认为司某情信誉良好，同意司某情进行赊欠，此后司某情常一次性购买多件服装，仅2018年4月28日就购买了19件。经司某情的同学、班主任、校长证实，很多时候并不是司某情主动购买，而是该服装店老板赵某珠强行往司某情身上比对、强行打包给她。截至2018年5月，司某情赊购服装款上万元，司某情产生巨大心理压力，于2018年5月26日手写遗书，表示不想拖累父母。2018年6月11日，在赵某珠的催促下，司某情向赵某珠出具欠款59550元的欠条，其中价值18146元的衣服并未取走。2018年7月12日，司某情被某医院诊断为“创伤后应激障碍”。由于司某情未清偿欠条上的款项，其父母

司某勋、李某丽不愿意承担该项债务，服装店老板赵某珠起诉便请求司某情、司某勋、李某丽归还剩余服装款41404元。

【案件焦点】

1. 服装店老板赵某珠向年仅13岁的司某情强行推销服装，允许其赊购款项上万元，且并未将此事告知在相距20米处开店的司某情父母，是否属于欺诈未成年人大额消费；2. 司某情购买服装的消费行为是否有效；3. 司某情是否应向服装店老板偿还剩余41404元服装款项。

【法院裁判要旨】

河南省洛阳市孟津县人民法院经审理认为：（1）原告提供的进货单据，被告提出了诸多疑点，认为并不能证明原告进货的真实情况，原告对此所作的解释并不能说明这些进货单据与司某情购买衣物具有关联性，故对原告主张的证明目的不予认可。（2）对司某情于2018年6月11日给原告出具的欠条，被告方对其真实性无异议，对证明方向有异议。按照相关法律规定，限制民事行为能力人订立的合同需经法定代理人追认后才具有法律效力；司某情打欠条的行为是对自己陆续“购买”原告衣服总金额的确认，司某情与原告之间存在事实上的买卖合同关系；因司某情系限制民事行为能力人，该买卖（合同）没有得到其父母的追认，原告也并未在法定期限内催告李某丽、司某勋追认，审理情况也反映出司某情父母得知后拒绝追认并报警，故涉诉的买卖（合同）是无效的。（3）原告认为司某情从2017年10月到2018年5月从原告处取衣物的总价值为59550元，被告对此不予认可。司某情虽为限制民事行为能力人，但其年龄、智力状况，对每次购买衣服的数量及价格情况是有基本认知能力的；原告称“每次赊账都是赵某珠当着司某情的面记账并记上日期、没有让司某情签名”“司某情所打的59550元欠条中包括尚未取的18146元的衣服”，此情况不符合日常生活中的一般经验法则，故不能确定原告主张的欠款数额是客观真实的。（4）原告提供的聊天记录截图被告无异议，可以证明司某情从原告处取走衣物的事实，只是取走衣物的数量、金额争议较大；该截图反映出到司某情父母发现其赊购衣物情况时，从宿舍及老家收集到的衣物尚有60件左右。（5）被告方以庭审中提供的一系列证据来说明“原告强行把衣物打包给并赊给司某情”，被告否认存在此种情况。双方虽各执己见，但能够反映出司某情长期持续从原告处赊欠衣物的事实。被告在庭审后提供的证据也能够说明司某情长期持续从原告处大量赊欠衣物的事实，但被告方认为赊欠衣物的数量金额频率不符合常理、存在强买强卖、胁迫等情形。(6) 合同无效的法律后果：双方因合同而取得的财产，应互相全部返还，有过错方应赔偿对方，双方均有过错的各自承担相应的责任。本案中，原告对司某情是未成年人的情况是知晓的，司某情长期持续赊欠大量衣物，原告从未告知被告李某丽、司某勋，放任司某情的不正常行为，致使赊欠数量金额大量累积，导致纠纷的发生，有一定的过错；李某丽、司某勋作为司某情的父母，对女儿长期持续赊欠大量衣物的行为，一直没有发现，未尽到监护人的职责，导致原告的损失难以挽回，对造成本案纠纷具有较大过错。原、被告双方对各自的过错应当承担相应的责任。司某情所赊欠的衣物量远远超过被告方现存的衣物，且现存衣物的状况已不适合再正常买卖，故不宜退给原告。综合司某情长期持续赊欠原告大量衣物的实际情况，以其赔偿原告 2.8 万元损失认定较妥，该赔偿责任由被告李某丽、司某勋承担，原告的其余损失自负。综上，原告诉讼请求中的合理部分应予支持，其余部分不予支持；被告反诉请求中的合理部分也予支持，其余部分不能支持。河南省孟津县人民法院依照《中华人民共和国合同法》第四十七条、第五十八条，《中华人民共和国民事诉讼法》第六十四条之规定，作出如下判决：

一、李某丽、司某勋赔偿珍珠服装店 2.8 万元，限判决生效后十日内履行完毕；

二、驳回珍珠服装店的其他诉讼请求；

三、司某情与珍珠服装店的服装买卖（合同）无效；

四、驳回司某情、李某丽、司某勋的其他反诉请求。如果未按判决指定的期间履行给付金钱义务，应当依照《中华人民共和国民事诉讼法》第二百五十三条的规定，加倍支付迟延履行期间的债务利息。

被告不服一审判决，提起上诉。

河南省洛阳市中级人民法院经审理认为：本案系珍珠服装店持司某情出具的欠条，诉求司某情、李某丽、司某勋归还服装款 41404 元引发的纠纷。珍珠服装店主张司某情赊购衣物总价值 59550 元，其中 18146 元的衣服未取走，并提交进货单据予以证明，经法院核实，赵某珠提交的进货单系其从进货商处取得空白销售单后，自行填写，且填写的衣物价格远远高出实际进货价格，法院对其提交的进货单据的证明力不予认定，珍珠服装店依据提交的进货单不能证明司某情所取衣物总价值为 59550 元。珍珠服装店让司某情书写 59550 元的欠条时，司某情系 13 岁的未成年人，依据我国法律规定，限制民事行为能力人实施的与其年龄、智力、精神健康状况相适应的民事法律行为有效。珍珠服装店在与司某情的服装买卖关系中，让未成年人司某情赊购大量衣物，按照珍珠服装店单方记录单日购买衣物数量几十件，金额达数千元，已严重脱离中学生购买衣物的实际需求及使用价值，且对同处一条街经营商铺的司某情父母不予告知，属恶意诱导、欺诈未成年人消费。因欠条金额已达 59550 元，其中给司某情的定价高于进价数倍，涉嫌商业欺诈行为，且出具欠条没有取得司某情父母李某丽、司某勋的同意及追认，故司某情出具欠条的民事行为应依法认定为无效。青少年是国家的未来和希望，全社会应当树立尊重、保护、教育未成年人的良好风尚，不得侵害未成年人的身心健康，应保障未成年人的合法权益不受侵害。综上，珍珠服装店未能提交有效证据证明交给司某情的衣物数量、价格及未清偿服装款损失，法院对其要求司某勋、李某丽、司某情归还 41404 元服装款的诉讼请求予以驳回。鉴于双方共同认可尚存 60 余件衣物未穿用，故应由司某情方予以返还。一审认定事实有误，处理欠妥，应予纠正。

河南省洛阳市中级人民法院依照《中华人民共和国民法总则》第十九条、第一百四十五条，《中华人民共和国民事诉讼法》第六十四条之规定，作出如下判决：

一、撤销河南省孟津县人民法院（2018）豫 0322 民初 1572 号民事判决书；

二、驳回原告赵某珠的诉讼请求；

三、司某情、司某勋、李某丽于本判决生效之日起十日内归还其现存从珍珠服装店处所购衣物 60 件；

四、驳回司某情、李某丽、司某勋的其他反诉请求。

【法官后语】

《中华人民共和国消费者权益保护法》第四条规定："经营者与消费者进行交易，应当遵循自愿、平等、公平、诚实信用的原则。"赵某珠从进货商处取得空白销售单后，自行填写价格，填写价格远高出实际进货价格，如二审期间法院到郑州锦荣商贸城相关服装经营店铺进行调查询问，据相关店铺原始进货价目表显示韩衣舍 ×× 号每件单价 50 元，万韵衣秀每件单价 45 元，依之源每件单价 40 元，伊相伴每件单价 35 元。但珍珠服装店提供的进货单载明上述衣物单价分别为 220 元、230

元、235元、240元，该价格远远高出原始进价，相差3倍以上，且店主称珍珠服装店提交的进货单并非该店出。因此珍珠服装店伪造进货单据，涉嫌欺诈。此外，司某情自2018年3月开始在珍珠服装店赊购衣物，每次金额都较大，珍珠服装店与司某情父母所开的孕婴商店距离仅20米，赵某珠完全有条件将此事告知司某情的父母，但她并未告知，反而多次强行将衣服在司某情身上对比、打包给她，属恶意诱导、欺诈未成年人消费。

《中华人民共和国合同法》第四十七条规定："限制民事行为能力人订立的合同，经法定代理人追认后，该合同有效，但纯获利益的合同或者与其年龄、智力、精神健康状况相适应而订立的合同，不必经法定代理人追认。相对人可以催告法定代理人在一个月内予以追认。法定代理人未作表示的，视为拒绝追认。合同被追认之前，善意相对人有撤销的权利。撤销应当以通知的方式作出。"依据《中华人民共和国民法总则》第十九条之规定："八周岁以上的未成年人为限制民事行为能力人，实施民事法律行为由其法定代理人代理或者经其法定代理人同意、追认，但是可以独立实施纯获利益的民事法律行为或者与其年龄、智力相适应的民事法律行为。"本案中，司某情赊购衣物、书写欠条时仅13岁，金额高达59550元，已然明显超出中学生的实际需求及使用价值，其父母在得知后拒绝追认并报警，因此涉诉的买卖合同无效。

随着消费水平的提高，孩子们的零用钱也越来越多，但他们在生理上和心理上还不成熟，尚未形成正确的消费观念，面对大额消费缺乏选择力和判断力，很容易掉入商家的"陷阱"成为被侵害的对象。保护未成年人健康成长是全社会的共同责任，司法保护更是关键力量。在本案中，司某情受珍珠服装店老板赵某珠诱导、欺骗进行大额消费，承受了巨大的心理压力，甚至产生轻生的念头，说明服装店老板赵某珠的行为已经对未成年人的健康成长造成不利影响。本案二审判决认定珍珠服装店与司某情之间的交易行为及所出具的欠条无效，既保护了未成年人的合法权益，也有利于在全社会弘扬尊重、保护、教育未成年人的良好风尚，同时，也有利于引导各类民商事主体坚持诚信经营，在营利活动中遵守公序良俗，合力营造平等自愿、诚实守信的市场交易环境。

编写人：河南省洛阳市中级人民法院　邢蕾　赵金金

20

以行贿手段促成合同的效力问题

——中众公司诉双叶公司买卖合同案

【案件基本信息】

1. 裁判书字号

黑龙江省高级人民法院（2019）黑民再180号民事判决书

2. 案由：买卖合同纠纷

3. 当事人

原告（反诉被告、被上诉人、被申诉人）：中众公司

被告（反诉原告、上诉人、申诉人）：双叶公司

【基本案情】

2011年3月至2014年5月，双叶公司与中众公司签订买卖合同，约定双叶公司自中众公司处采购生产材料。后中众公司向法院起诉，请求判令双叶公司支付60余万元欠款及逾期付款损失。双叶公司提起反诉，以中众公司向其公司工作人员行贿，所订立合同单价高出市场价格一倍为由，请求撤销其与中众公司签订的买卖合同，并判由中众公司返还货款及承担利息损失。

【案件焦点】

双叶公司与中众公司订立的买卖合同效力问题。

【法院裁判要旨】

黑龙江省七台河市新兴区人民法院经审理认为：中众公司与双叶公司是买卖合同关系，双叶公司欠中众公司货款607375.88元。双叶公司主张，中众公司前任股东卢某是双叶公司采购部前任采购员，中众公司存在与双叶公司采购部通过行贿手段恶意串通，将采购货物加价101%，套取双叶公司资金的行为，该合同存在欺诈

情形，应为可撤销合同。双叶公司以卢某涉嫌犯罪向公安机关报案之日，应为其认为本单位受到欺诈之日，撤销权期间应从该日计算，则撤销权期间已过，故对于双叶公司反诉主张撤销合同的请求，不予支持。

黑龙江省七台河市新兴区人民法院依照《中华人民共和国民法通则》第八十四条、第九十条、第一百零八条以及《中华人民共和国合同法》第一百三十条、第一百六十一条之规定，作出如下判决：

双叶公司偿还中众公司欠款607375.88元，于本判决生效之日起十日内付清。

双叶公司不服一审判决，提出上诉。

黑龙江省七台河市中级人民法院同意一审法院裁判意见。依照《中华人民共和国民事诉讼法》第一百七十条第一款第一项之规定，作出如下判决：

驳回上诉，维持原判。

双叶公司不服二审判决，向检察机关提出申诉。

黑龙江省高级人民法院再审认为：依法准确认定案涉合同是否无效，应当根据《中华人民共和国合同法》第五十二条所规定的合同无效的五种情形严格比对审查。本案中，双叶公司与中众公司订立的案涉合同虽系中众公司贿赂对方工作人员所促成，但因合同履行仅关系合同双方利益、权益，不牵涉国家、集体及第三人利益，亦不存在以合法形式掩盖非法目的，更不属于违反强制性规定的情形，故不符合《中华人民共和国合同法》第五十二条列举的合同无效条款。因此，案涉合同依法不能认定为无效合同。但因案涉合同确系中众公司行贿双叶公司工作人员促成订立，买卖合同标的物成交价格超出市场价格101%，是在双叶公司违背真实意思情形下订立的，应属可撤销合同。但双叶公司并未在法律规定一年的除斥期间内行使法定撤销权，故案涉合同效力依法只能认定有效。

黑龙江省高级人民法院依照《中华人民共和国民事诉讼法》第二百零七条第一款、第一百七十条第一款第一项之规定，作出如下判决：

维持黑龙江省七台河市中级人民法院（2016）黑09民终292号民事判决。

【法官后语】

现代社会经济主体间的商业往来，主要是通过合同形式进行的，合同秩序良好则会促进市场经济的健康发展，反之则会影响市场经济秩序的有效运行。合同秩序的维护需要依靠法律、社会信用机制等强制手段，但同时，我们还应清楚地认识到，合同订立的本质更多体现的是平等与自愿，为维护经济秩序健康有序发展，尊重平等主体的意思自治，在不违反法律法规禁止性规定的情形下，应严格依法适用合同无效条款。

以行贿等非法手段促成的合同是否符合法律所规定的合同无效的情形，需综合考虑案件事实并结合《中华人民共和国合同法》第五十二条具体条文审查比对。对于合同无效，该法第五十二条列举了5种情形。首先，以行贿手段促成合同，虽然损害社会公共秩序及社会善良风俗，但是此种损害系发生于合同订立过程中，就所订立合同的内容而言，不能认定对社会公共利益造成损害。从合同签订主体的性质而言，若合同主体为非公企业或自然人，正如本案中案涉合同当事人均为民营企业，合同内容所损害的仅是合同一方的利益，不符合“损害国家利益”及“损害社会公共利益”之情形。其次，就本案而言，在行贿促成的合同中，恶意串通的是行贿方与对方的工作人员，损害的是合同一方的利益，而非合同当事人之外的第三人。再次，行贿促成的合同形式合法，但除工作人员受贿外，并未掩盖非法目的。最后，关于“违反法律、行政法规的强制性规定”问题，就行贿促成合同而言，其违反的是《中华人民共和国反不正当竞争法》第八条关于“经营者不得采用财物或者其他手段进行贿赂以销售或者购买商品”之规定。依司法解释关于“强制性规定应为效力性强制性规定”的规定，该情形亦不吻合。综上所述，以行贿手段促成的合同，是否符合法律所规定的合同无效的情形，不能简单地进行评价，应结合合同性质、合同目的、合同内容等案件实际，严格比对合同无效条款进行审查。

以行贿等非法手段促成的合同性质若不符合合同无效情形则属于可撤销合同。就本案而言，案涉合同确系中众公司行贿双叶公司工作人员促成，且依据有关刑事案件中的鉴定结论，买卖合同标的物成交价格超出市场价格101%，其实质是中众公司与双叶公司工作人员恶意串通，使双叶公司在受其本单位工作人员蒙蔽、违反真实意思的情形下订立合同，性质属于一方以欺诈手段订立合同，而另一方则对合同内容又存在重大误解。依照《中华人民共和国合同法》第五十四条的规定，属可撤销合同。鉴于双叶公司于2014年1月向公安机关报案时，即已应当知道涉案合同存在可撤销事由。其在法律规定一年的除斥期间内，并未依法提起诉讼或者申请仲裁予以撤销，其撤销权已经消灭。在中众公司提起本案诉讼、双叶公司提出反诉时，案涉合同效力依法只能认定为有效。值得注意的是，《中华人民共和国合同法》

规定发生在合同当事人之间的欺诈、胁迫为可撤销，而其后颁布施行的《中华人民共和国民法总则》则规定第三人实施欺诈、胁迫行为的，受欺诈、胁迫人也可依法请求撤销。并且，《中华人民共和国合同法》将因欺诈损害国家利益的合同定性为绝对无效的合同，而《中华人民共和国民法总则》则对因欺诈而订立的合同未再区分所损害的法益类型，一律按可撤销处理。故如合同订立时间系在《中华人民共和国民法总则》施行后，无论欺诈所损害的主体为何，依法均属于可撤销合同，而不在无效合同之列。

编写人：黑龙江省高级人民法院　张炜　娄威巍

21

以向卖方出具欠条方式促成交易买卖合同当事人的认定

——方圆公司诉王某买卖合同案

【案件基本信息】

1. 裁判书字号

山东省威海市中级人民法院（2019）鲁10民终1620号民事判决书

2. 案由：买卖合同纠纷

3. 当事人

原告（被上诉人）：方圆公司

被告（上诉人）：王某

【基本案情】

林某君作为同德公司附属办公楼项目的施工方欲从方圆公司采购钢材，但因其无法满足方圆公司即时付款要求，双方未能达成买卖协议。2013年10月19日，王某作为时任文登南海新区管委会经济合作局副局长、工业园项目推进工作组组长，为了使辖区内上述施工项目能够顺利推进，迎接项目观摩活动，遂带领建设单位及施工方人员到方圆公司处协调购买钢材。当日，王某向方圆公司出具欠条一份，内容为“今欠钢材款 20 万元。(以发货单实数为准)(由同德高压变频施工方林某君代收)”。后方圆公司累计发货价值 190050.36 元的钢材，由林某君签字收货。林某君于 2017 年 7 月因病死亡，案涉钢材款一直未能支付给方圆公司，方圆公司遂持欠条及发货清单于 2018 年 11 月 21 日将王某诉至法院，请求法院判令王某支付钢材款 190050.36 元及相应利息。

【案件焦点】

1. 向卖方出具欠条是否是买卖合同的一方当事人；2. 如何确定未载明付款时间的欠条的诉讼时效期间。

【法院裁判要旨】

山东省威海市文登区人民法院经审理认为：王某辩称其出具的欠条系受林某君的委托对林某君与方圆公司之间买卖行为的见证，但欠条所载内容与王某所述见证的形式不符，也体现不出见证的内容。另外，林某君实际接收钢材行为与欠条中载明由林某君代收货物内容相一致，在没有证据显示方圆公司与林某君建立了直接的买卖合同关系的情况下，应认定方圆公司与王某之间的买卖合同关系成立，王某应当承担付款义务。至于王某提出系受林某君委托而签字，根据《中华人民共和国合同法》第四百零三条第二款的规定，方圆公司作为第三人，也可以选择王某作为相对人主张权利。鉴于本案实际情况，王某承担责任后，可向林某君追偿。

王某向方圆公司出具欠条系在交易事实发生之前，欠条中未约定付款时间，不能依据《中华人民共和国合同法》第一百六十一条的规定，买受人应当以付款的时间作为诉讼时效期间开始的时间，在付款时间未明确约定情况下，根据合同法第六十二条的规定，方圆公司作为债权人可以随时要求债务人履行付款义务。方圆公司的起诉并未超过诉讼时效期间。

山东省威海市文登区人民法院依照《中华人民共和国民法通则》第一百三十七条、第一百四十条，《中华人民共和国合同法》第六十二条、第一百零九条、第一百三十条、第一百五十九条、第一百六十一条、第四百零三条，《最高人民法院关于审理买卖合同纠纷案件适用法律问题的解释》第一条之规定，作出如下判决：

王某于判决生效之日起十日内向方圆公司支付钢材款 190050.36 元，并以 190050.36 元为基数，自 2018 年 11 月 21 日起至王某实际履行付款义务之日止，按中国人民银行同期贷款利率支付利息。

王某不服一审判决，提起上诉。

山东省威海市中级人民法院经审理认为：从欠条内容看，欠条并不能体现由王某见证并促成方圆公司与林某君成立买卖合同关系的事实，且方圆公司对此亦不认可，王某也未提交相关证据予以证实。从当事人的意思表示看，方圆公司虽知道王某的身份以及钢材的实际使用人为林某君，但方圆公司不允许赊账，故未与林某君达成买卖协议，王某作为政府工作人员，为推进项目，前往协调并出具欠条，方圆公司才同意赊购钢材，而王某在上诉状中亦陈述，因林某君没有立即付款的能力，王某才以政府工作人员的身份出具欠条并指定林某君为代收人，王某亦认可方圆公司要求必须由王某签字才赊购钢材的事实。故方圆公司出售钢材的意思表示系指向王某而非林某君。从买卖合同的履行情况看，欠条由王某以个人的名义出具，并明确由林某君代收货物，方圆公司将货物交付给王某指定的代收人，就已履行了供货义务。因此一审法院认为王某为案涉买卖钢材的一方当事人并无不当。

王某出具欠条时，方圆公司尚未供货，王某主张自欠条出具之日方圆公司即应知道其权利受到侵害无事实和法律依据，王某出具的欠条并未约定付款期限，方圆公司可以随时主张权利。王某主张欠条出具之日，建设方与施工方向方圆公司承诺，将在15日内付款，但对此并未提交证据证实，方圆公司也不认可存在该约定，王某亦未提供证据证实方圆公司第一次向其主张权利时其明确表示不履行义务，王某主张方圆公司的起诉已过诉讼时效期间无事实和法律依据。

综上，山东省威海市中级人民法院依照《中华人民共和国民事诉讼法》第一百七十条第一款第一项之规定，作出如下判决：

驳回上诉，维持原判。

【法官后语】

在日常生活中，买卖交易主体之间的义务履行并非绝对限制在甲方和乙方两者之间，交易的形式及内容的复杂化可能会使交易中出现多方当事人，如交易的洽谈方、货物的交接方、款项的收付方等，上述各方可能并非同一主体。在一方当事人不能履行相应义务的情况下，如何判断交易的主体、合同关系是否成立及向哪一方主张权利的问题因而凸显。

根据《最高人民法院关于审理买卖合同纠纷案件适用法律问题的解释》第一

条第一款“当事人之间没有书面合同，一方以送货单、收货单、结算单、发票等主张存在买卖合同关系的，人民法院应当结合当事人之间的交易方式、交易习惯以及其他相关证据，对买卖合同是否成立作出认定”的规定，买卖合同关系是否成立需要考虑交易方式、习惯等，并应有相关证据予以佐证。在交易方式、习惯不具有参考价值时，还应当考虑当事人之间的真实意思表示，并结合合同履行情况来综合认定。在现实生活中，买方存在指示交付的情况，即买方要求卖方将货物交付给第三方，此时接收货物一方并非买卖合同的相对方。另外，也存在买方基于种种原因并无使用其所交易货物需求的情况，因此，交易的实际使用方或者是否存在购买货物的实际需要并不是认定买卖关系是否成立的必要条件。具体到本案，王某作为政府工作人员，系为施工方能够按时完成施工进度而向方圆公司出具购买钢材的欠条，其本人的身份及工作内容上并没有购买钢材的需求，王某也没有实际使用方圆公司交付的钢材，但王某出具欠条的行为是为了使交易能够完成。从出售方方圆公司交易时的意思表示来看，其认定的交易对象是王某并非其他人，也正是基于王某的身份，方圆公司才同意以赊欠的方式进行交易。此时，双方就达成交易的意思表示是一致的，买卖合同的主体也就是方圆公司与王某，而并非方圆公司与钢材的指定收货方或实际使用方。基于此考虑，方圆公司要求王某履行付款义务的主张，应当予以支持。

以赊购货物方式进行交易，在购买方未付款的情况下，也存在以起诉超过了诉讼时效期间为由进行抗辩，以求达到免除付款义务的效果。诉讼时效制度具有督促权利人及时行使权利的目的，诉讼时效因提起诉讼、当事人一方提出要求或者同意履行义务而中断，从中断时，诉讼时效期间重新计算。因此，在买卖合同中买方出具欠条但未约定付款时间的情况下，诉讼时效期间并不当然从欠条出具之日或货物交付之日开始计算，而应从买方明确拒绝付款，卖方债权受到侵害之日起开始计算。在此也提醒交易各方，权利应当及时行使，避免超过诉讼时效，丧失胜诉权利。同时，买卖合同当事人交易时也最好订立书面合同，将交易货物种类、数量、价格、付款时间、收货时间、违约责任等进行明确约定，以减少纷争或发生纠纷时有据可循。另外，债权人应当及时催收债务并保留证据，防止债权因时效问题而损害自身权益。

编写人：山东省威海市文登区人民法院　周力

22

代理人加盖伪造印章对外签订的合同效力认定

——金立方公司诉三江公司买卖合同案

【案件基本信息】

1. 裁判书字号

江苏省南京市中级人民法院（2019）苏01民终8523号民事判决书

2. 案由：买卖合同纠纷

3. 当事人

原告（被上诉人）：金立方公司

被告（上诉人）：三江公司

【基本案情】

三江公司承接了航景公司开发的南京G99施工工程项目即中航樾公馆项目后，相关项目施工由何某富、张某、郭某等人负责。2016年3月20日，金立方公司与三江公司经办人郭某（三江公司工地上悬挂张贴的管理人员名单显示郭某为项目副经理）签订《加气混凝土砌块购销合同》：三江公司向金立方公司购买灰加气块7000立方米，总价为140.5万元，由三江公司指定交货地点；货款在每月25日对账，次月5日支付已供货款的80%，余款送货结束后3个月内付清；三江公司不能按约定付款的，应承担未付款金额每天1‰的违约金；包装方式为木托盘或铁托盘，三江公司预先支付托盘押金3000元，如有丢失，三江公司应按铁托盘300元/只、木托盘按100元/只赔偿；三江公司指定何某东为质检、收货、结算、对账人员。金立方公司经办人在合同文本上加盖金立方公司印章后将合同文本交给了郭某，要求加盖三江公司印章。数日后，郭某将加盖了三江公司行政印章的合同文本寄给了金立方公司。合同签订后，金立方公司收取了三江公司托盘押金3000元，并按约供货。2018年1月16日，金立方公司与何某东经对账，截至2017年12月16日，金立方公司共计供货1627395.61元，三江公司项目部会计朱某华用个人银行卡支付了125万元，尚欠377395.61元货款。另外，三江公司尚有36个木质托盘及73个铁质托盘没有返还金立方公司。之后，何某富用个人银行卡支付了货款10万元，余款未再支付。另查明，金立方公司开具给三江公司的增值税发票，三江公司已进行了相关抵扣。

【案件焦点】

《加气混凝土砌块购销合同》是否对三江公司具有法律约束力。

【法院裁判要旨】

江苏省南京市高淳区人民法院经审理认为：被告三江公司所承建的项目工程工地上张贴的“管理人员名单”显示郭某系项目副经理，主要条款达成一致后，郭某经手加盖了被告三江公司的印章，应认定原、被告之间的买卖合同成立。被告提出印章系伪造要求鉴定，但被告不能证明公司印章具有唯一性，对印章的真伪进行鉴定并无意义，且被告收到原告增值税发票后也进行了相关抵扣，说明被告对原告向其供货的事实也是认可的，故法院对被告三江公司的鉴定申请不予许可。被告未按合同约定的时间付款，原告有权要求其支付货款并承担违约金。但双方约定的违约金按每天1‰计过高，被告要求核减的请求应予支持。结合本案实际，可按中国人民银行同期同类贷款基准利率的4倍计算违约金。原告要求被告返还托盘或按约赔偿的主张符合合同约定与法律规定，应予支持，但应扣除被告已支付的押金3000元。

综上，江苏省南京市高淳区人民法院依照《中华人民共和国民事诉讼法》第一百四十二条的规定，作出如下判决：

一、被告三江公司欠原告金立方公司货款277395.61元，扣除押金3000元后，尚欠274395.61元，限于本判决生效后十日内一次性支付，并同时支付违约金（违约金以274395.61元为基数，自2018年3月16日起按中国人民银行同期同类贷款基准利率的4倍计算至实际付清之日止）；

二、被告三江公司于本判决生效后十日内返还原告金立方公司36个木质托盘、73个铁质托盘。如不能返还，则木质托盘以100元/只、铁质托盘以300元/只赔偿；

三、驳回原告金立方公司的其他诉讼请求。

三江公司不服一审判决，提出上诉。

江苏省南京市中级人民法院经审理认为：郭某作为三江公司项目副经理代表公司对外签订合同，并未明显超出其职权范围，依法应由三江公司承担民事责任；三江公司认可其实际使用印章与备案印章不一致，即三江公司存在使用多枚印章的情形，而《加气混凝土砌块购销合同》所盖印章处的印文并无明显瑕疵，且无证据证明金立方公司知晓该印章存在伪造情形，故涉案印章是否系伪造并不影响本案的实体处理结果。二审法院同意一审法院裁判意见，三江公司的上诉请求不能成立，应予驳回；一审判决认定事实清楚，适用法律正确，实体处理结果亦无不当，应予维持。

综上，江苏省南京市中级人民法院依照《中华人民共和国民事诉讼法》第一百七十条第一款第一项之规定，作出如下判决：

驳回上诉，维持原判。

【法官后语】

1. 同一公司存在使用多枚印章的情形，印章的真伪不影响合同效力

公司作为有别于自然人的民事主体，需要公章或其他符号、形式对外宣示其意思表示。本案中，被告三江公司所承建的项目工程工地上张贴的“管理人员名单”显示郭某系项目副经理，原告与郭某就工地施工所需的加气块买卖事宜进行协商，并在主要条款达成一致后，郭某经手加盖了被告三江公司的印章，已经足以让金立方公司产生合理信赖，相信三江公司授权郭某与其签订合同以及郭某加盖公司印章是代表三江公司对外行使职权。郭某表现出了其具有代理权的外观，应认定原、被告之间买卖合同成立。

2. 公司代理人以公司名义对外签订合同时，交易相对人并无审查签订合同所用印章是否为真实的义务

若让善意无过失的缔结合同公司负有对印章真实性进行实质审查的义务，对于相对人要求过于严格，且不利于保护交易安全。买卖合同中对买卖关系及账款欠付问题应遵循“谁主张，谁举证”的证据规则，应由权利人承担举证责任。本案中，被告提出印章系伪造要求鉴定，但被告不能证明公司印章具有唯一性，对印章的真伪进行鉴定并无意义，且被告收到原告增值税发票后也进行了相关抵扣，说明被告

对原告向其供货的事实予以认可。三江公司认可其实际使用印章与备案印章不一致，即三江公司存在使用多枚印章的情形，而《加气混凝土砌块购销合同》所盖印章中的印文并无明显瑕疵，且无证据证明金立方公司知晓该印章存在伪造情形，被告诉称使用公司“伪造印章”对外签订的合同对公司无约束力法院不予支持。故涉案印章是否系伪造并不影响本案实体处理结果。原告要求被告返还托盘或按约赔偿的主张符合合同约定与法律规定，应予支持。

综上，公司印章具有公示效力，是公司从事商事活动的重要依据。若签章人系代理人，在委托代理期间内对相对人签署公司印章的行为有效，但若代理人没有代理权、超越代理权或者在代理权限终止后继续实施代理行为，且相对人系善意，出于对善意第三人的保护，该签章行为亦应当认定为有效。本案的判决结果有利于切实强化各类市场主体的契约意识、规则意识和责任意识，对共同营造诚信市场环境具有典型指引价值。

编写人：江苏省南京市高淳区人民法院　吕紫超

23

二手车覆盖假铭牌，经营者构成欺诈

——李某玉诉锦锋公司、光讯公司买卖合同案

【案件基本信息】

1. 裁判书字号

江苏省徐州市中级人民法院（2019）苏03民终2010号民事判决书

2. 案由：买卖合同纠纷

3. 当事人

原告（被上诉人）：李某玉

被告（上诉人）：锦锋公司

被告（被上诉人）：光讯公司

【基本案情】

锦锋公司为光讯公司的奇瑞电动车代理商。2017 年 4 月 23 日，李某玉与锦锋公司签订《车辆转让协议》，约定锦锋公司代理将一辆二手奇瑞牌汽车转让给李某玉，价格为 6 万元，李某玉要求锦锋公司提供最新款车型即 2016 年新车。后李某玉分两次共向锦锋公司交付购车款 6 万元，锦锋公司给李某玉出具了收据。5 月 1 日，锦锋公司向李某玉交付涉案奇瑞牌车辆及随车物件包括三包凭证、车辆一致性证书、保险单、机动车登记证书等。其中，车辆一致性证书上显示签发时间为 2014 年 8 月 20 日，机动车登记证书显示涉案车辆出厂日期为 2015 年 11 月 24 日，保险期为 2015 年 12 月 19 日至 2016 年 12 月 18 日。后在使用过程中发现该车覆盖两张铭牌，表面铭牌上显示制造年月为 2016 年 10 月，被覆盖的铭牌显示制造时间为 2015 年 11 月。李某玉认为锦锋公司、光讯公司的行为构成欺诈，故起诉至法院，请求法院判令锦锋公司、光讯公司退还其购车款 6 万元，并按三倍赔偿其损失 18 万元。

【案件焦点】

1. 与李某玉成立买卖合同关系的相对方是锦锋公司还是光讯公司；2. 二手车经营者是否构成欺诈、如何承担责任。

【法院裁判要旨】

江苏省邳州市人民法院经审理认为：关于争议焦点一。李某玉与锦锋公司签订《车辆转让协议》，按照合同约定交纳所购车辆，由锦锋公司给李某玉出具收据，李某玉与锦锋公司之间成立买卖合同关系。锦锋公司是光讯公司的奇瑞牌车辆的代理商，光讯公司委托锦锋公司代理销售奇瑞牌电动车。即便涉案车辆系从光讯公司处取得，也只是锦锋公司作为代理商从委托人处进货，并不影响李某玉与锦锋公司之间的买卖合同关系。

关于争议焦点二。李某玉要求购买 2016 年生产的汽车，锦锋公司作出承诺，双方签订买卖合同。后李某玉发现锦锋公司出售的涉案电动汽车，张贴两张铭牌，表面覆盖的铭牌生产日期与被覆盖的铭牌生产日期不符，与车辆一致性证书、保险单、车辆登记证书也不相符，显然该车的实际生产日期是 2015 年，但覆盖了假铭牌，隐瞒了生产日期，伪装为 2016 年款新车出售给李某玉，导致李某玉作出错误的意思表示，锦锋公司的该种销售行为构成欺诈。对于李某玉要求锦锋公司退货的诉讼请求，予以支持。鉴于涉案车辆已购买一年有余，考虑车辆剩余价值及李某玉使用价值，酌情按照70%认定车辆剩余价值4.2万元。由于锦锋公司构成欺诈，依法支持李某玉要求锦锋公司按货款3倍共18万元赔偿的诉讼请求。

江苏省邳州市人民法院依照《中华人民共和国合同法》第六条、第三十条、第四十四条、第一百零七条、第一百一十一条、第一百一十三条、第一百三十条、第一百五十五条，《中华人民共和国消费者权益保护法》第五十五条，《最高人民关于贯彻执行〈中华人民共和国民法通则〉若干问题的意见（试行）》第六十八条之规定，作出如下判决：

一、李某玉于本判决生效之日起十五日内将案涉奇瑞牌电动汽车一辆返还给锦锋公司，锦锋公司于本判决生效之日起十五日内返还李某玉购车款4.2万元；

二、锦锋公司于本判决生效之日起十五日内赔偿李某玉损失18万元。

锦锋公司不服一审判决，提出上诉。

江苏省徐州市中级人民法院经审理认为：锦锋公司与李某玉之间成立买卖合同关系。车辆生产日期是车辆的重要信息，是消费者购车的一项重要因素。李某玉在锦锋公司向其展示车辆铭牌、确定涉案车辆生产日期为2016年后，决定购买涉案车辆。锦锋公司交付的车辆被覆盖假铭牌，系隐瞒车辆的真实情况，诱使消费者做出错误的意思表示，符合法律规定的欺诈行为构成要件。一审法院认定锦锋公司的销售行为构成欺诈，并根据《中华人民共和国消费者权益保护法》第五十五条之规定，判决锦锋公司以涉案车辆价款3倍赔偿李某玉，于法有据。

江苏省徐州市中级人民法院依照《中华人民共和国民事诉讼法》第一百七十条第一款第一项之规定，作出如下判决：

驳回上诉，维持原判。

【法官后语】

对于本案主要的争议焦点，即二手车覆盖假铭牌，经营者是否构成消费欺诈，应否适用惩罚性赔偿条款的问题，实践中存在不同观点：一种观点认为，虽然涉案二手车覆盖了虚假铭牌，但不影响车辆实际使用功能，经营者主观恶性较小，故不应认定经营者构成消费欺诈。另一种观点认为，欺诈关注的是当事人意思表示真实的问题，并不涉及合同目的的实现。因此，一方的欺诈行为涉及商品的重要信息且如果按照一般消费者的观念，这种信息足以影响其对商品整体的购买决策时，则应当承担欺诈的法律责任，并适用“退一赔三”的惩罚性赔偿规定。

笔者赞同第二种观点。本案消费者主张“退一赔三”，即适用《中华人民共和国消费者权益保护法》第五十五条第一款中规定的惩罚性赔偿。首先，应对该条款中的“欺诈行为”作出认定。参照《最高人民法院关于贯彻执行〈中华人民共和国民法通则〉若干问题的意见（试行)》第六十八条“一方当事人故意告知对方虚假情况，或者故意隐瞒真实情况，诱使对方当事人作出错误意思表示的”的规定，认定经营者构成“欺诈行为”，须同时满足四个条件：(1）经营者主观上具有欺诈的故意；(2）经营者实施了告知消费者虚假情况或隐瞒真实情况的行为；(3）消费者作出了错误的意思表示；(4）消费者错误的意思表示和经营者的欺诈行为之间具有因果关系。本案中，锦锋公司覆盖假铭牌的行为系故意隐瞒车辆的真实生产日期，诱使李某玉作出错误的意思表示，应构成欺诈。此外，《中华人民共和国消费者权益保护法》第五十五条第一款中规定的惩罚性赔偿，旨在通过惩罚经营者的欺诈行为，以达到规范经营者诚信经营的目的。故是否构成消费欺诈并适用惩罚性赔偿，应当综合考量经营者是否具有主观恶意、并依据涉案商品或者服务的属性考虑欺诈的具体内容是否影响消费者缔约的根本目的等因素进行认定。本案二手车覆盖假铭牌，系经营者恶意隐瞒车辆生产日期，而二手车交易中车辆生产日期系重要信息，按照一般二手车消费者的观念，车辆生产日期足以影响其对车辆整体的购买决策，故应当认定经营者构成消费欺诈，并适用“退一赔三”的惩罚性赔偿。

近年来，随着我国汽车销量的逐年上升，与汽车买卖有关的消费纠纷与日俱增，其中不乏二手车买卖纠纷。由于二手车价格、车况的不透明以及操作的烦琐、法律法规的不完善，导致二手车市场“水深”甚至“畸形”，消费者的弱势地位较之新车市场更为凸显，严重影响消费者的购车体验。在二手车市场中，消费者与经营者之间车辆交易信息严重不对称，消费欺诈往往更为隐蔽、不易识别，社会危害性极大。基于平衡经营者获得的不当利益及消费者所受损失，兼顾二手车市场健康有序发展的理念，当二手车经营者以欺诈手段追求利润，惩罚性赔偿的适用不应含糊，以切实维护消费者合法权益、威慑和警示不良经营者，充分利用法治手段逐步推动二手车市场步入正常轨道。

编写人：江苏省徐州市中级人民法院　王超　王夏

24

闭合性融资性买卖是否属于买卖合同关系

——人和尚邦公司诉广博公司等买卖合同案

【案件基本信息】

1. 裁判书字号

重庆市第五中级人民法院（2019）渝05民终4748号民事判决书

2. 案由：买卖合同纠纷

3. 当事人

原告（上诉人）：人和尚邦公司

被告（被上诉人）：广博公司、韦甲、韦乙、罗某、园林公司

第三人：明光公司

【基本案情】

2016年7月12日，原告（销售方、甲方）、被告广博公司（购买方、乙方）和被告园林公司（担保公司、丙方）共同签订《框架合同》1份，明确载明：因乙方生产经营需要，向甲方购买塑料原料，丙方自愿对本合同涉及的甲方销售货款安全和乙方应承担的责任、义务等，为乙方向甲方提供连带责任保证担保，担保额为2000万元。签订合同当日，被告韦甲、韦乙、罗某自愿为被告广博公司提供连带责任保证担保。

原告和被告广博公司共签订8份《产品购销合同》，原告向被告广博公司供货价值31096304.65元。2017年5月5日，双方明确尚欠原告货款19720816.75元。因原告本身无供货能力，故原告与第三人明光公司共签订了8份《产品购销合同》，原告共向第三人购买了价值28877726.3元的货物，该货物原告已经全部按照约定支付给第三人，原告的黄某骋负责双方的业务往来。同时，第三人与案外人重庆春晟商贸有限公司（以下简称春晟公司）签订了8份《产品购销合同》，明光公司主

张给付春晟公司 27989101.86 元的塑料颗粒，与原告给付第三人货款差额为 888624.44 元。根据前述购销合同可知，原告和第三人约定的货物承运由第三人明光公司负责、第三人与春晟公司约定的货物承运由春晟公司负责。第三人明确表示，其出卖给原告的货物全部源于春晟公司。经调查核实，原告举示的对账单中部分车辆号牌有问题，占总运输量的24%。原告的黄某骋在公安机关陈述称其没有全部核实对账单上的货物，没有核实的占总供应量的一半左右。

明光公司的法定代表人郝某波在公安机关陈述，人和尚邦公司共向明光公司提供货款 2900 万元左右，明光公司收取了 1% 的手续费共计不到 20 万元，将剩余款项全部转账给春晟公司，并听说韦甲准备向人和尚邦公司借款。

被告广博公司和案外人春晟公司的住所地都位于重庆市黔江区某工业园区。被告广博公司的股东为被告韦乙和被告韦甲，法定代表人系韦甲；春晟公司的法定代表人是李某荣，股东为王某玉和郑某。根据公安机关对郑某和王某玉的询问，二人均认可代表被告韦甲持有春晟公司的股份。根据被告韦甲在公安机关的询问笔录可知，被告韦甲自认系广博公司和春晟公司的实际控制人；广博公司在银行贷不到款，就找人和粮食公司借款，该公司董事长叶某鸣表示政策上不允许出借现金，人和尚邦公司可以做贸易性融资，广博公司找上游供货商，由人和尚邦公司完善手续。

【案件焦点】

闭合性融资性买卖是否属于买卖合同关系。

【法院裁判要旨】

重庆市九龙坡区人民法院经审理认为：本案争议焦点一是原、被告之间基础法律关系的认定；二是被告园林公司是否承担担保责任。

第一，从表面上看，本案属于闭合性融资性买卖法律关系。封闭式融资性贸易是企业间融资性买卖的一种形式，是指融资方自己或者通过关联公司进行高买低卖，整个买卖交易形成一个闭合性的交易链条。本案中，被告韦甲认可其系案外人春晟公司的实际控制人，故结合春晟公司股东王某玉和郑某在公安机关的询问笔录、春晟公司和广博公司的公司住所地一致等证据，按照民事诉讼高度可能性的证明标准，足以认定被告韦甲系广博公司和春晟公司的实际控制人，涉案的融资性买卖构成了一个闭合性的交易链条。

第二，透过现象看本质，本案属于名为买卖实为借贷的法律关系。在原告举示的送货单等证据不足以证明原告履行了供货义务部分，部分供货明显存疑。在对原告部分供货明显存疑的情形下，被告广博公司依然认可收到了货物，被告韦甲等担保人也愿意承担担保责任，不符合正常的交易习惯和普通人的日常认知。根据双方的证据，本案可以确认如下事实：被告广博公司急需资金，本想通过原告或原告母公司融资，但因政策限制，双方同意以融资性买卖的方式变现为被告广博公司融资。虽然原告对第三人以及被告韦甲控制的广博公司和春晟公司不知情，但该不知情不足以否定本案构成闭合性循环买卖的事实。加之，原告没有证据证明第三人及春晟公司实际供应了货物，故本案属于"走单、走票、不走货"的融资性买卖。该融资性买卖仅是表象，是被告广博公司用来融资的手段，被告广博公司的真实意思表示是融资、是借款。虽然没有证据证明原告和被告广博公司对借款达成了一致意见，但因没有真实的货物交易，故认定双方系民间借款比较符合公平原则，买卖仅是双方实现被告广博公司融资的方式。

第三，被告园林公司是否应承担担保责任。根据《框架合同》的内容可知，被告园林公司是为原告和被告广博公司之间的货物买卖提供最高额2000万元的担保，故按照普通人理解，被告园林公司系对原告和被告广博公司之间普通的买卖进行担保，而不是对闭合性的融资性买卖进行担保。加之，原告没有证据证明被告园林公司对融资性买卖知情，更没有证据证明被告园林公司知晓双方系名为买卖实为借贷，故被告园林公司无须承担担保责任。

重庆市九龙坡区人民法院依据《中华人民共和国民法总则》第六条，《中华人民共和国民事诉讼法》第六十四条，《最高人民发关于关于适用〈中华人民共和国民事诉讼法〉的解释》第九十条、第一百零八条之规定，作出如下判决：

驳回原告人和尚邦公司的全部诉讼请求。

人和尚邦公司不服一审判决，提起上诉。

重庆市第五中级人民法院经审理认为：一审判决认定事实清楚，适用法律正确，应予维持。依照《中华人民共和国民事诉讼法》第一百七十条第一款第一项之规定，作出如下判决：

驳回上诉，维持原判。

【法官后语】

本案的处理重点主要是闭合性融资性买卖的法律关系的认定。

企业间融资性买卖，又称融资性贸易或者循环买卖，是指以商品买卖形式进行的企业间融资活动，是企业间因资金实力不平衡长期以来行政、司法机关对企业借贷行为实施禁止性政策而导致的一种特殊现象。封闭式融资性贸易是企业间融资性买卖的一种形式，是指融资方自己或者通过关联公司进行高买低卖，整个买卖交易形成一个闭合性的交易链条。本案中，涉案的融资性买卖构成一个闭合性的交易链条，故属于闭合性融资性买卖。

一般而言，对交易行为的性质认定应以外在表示行为为准，即遵循表示主义原则，具体到商法领域就是遵循外观主义原则。但当交易行为明显有悖于一般交易常理，以致使人有理由质疑当事人意思与表示不一致，存在掩盖非法目的、规避法律限制之嫌时，则应采取意思主义，对当事人的真意进行探究。这种识别的有效途径，就是通过对融资性买卖合同的内容、交易环节、交易流程等外在形式证据的综合考量，找出其与正常的买卖交易习惯存在的明显不同之处，进而揭示出这种差异背后的真实动机和目的。

在这种融资性买卖中，出借资金的企业先作为买入方对外签订买卖合同，将资金以货款形式支付出去，经过一定期限后，再作为卖出方签订另一个标的物数量、质量等相同或相似的买卖合同，从而在参与交易各方之间形成一个闭合的资金往返路径。在这一循环中，贷款方以货款形式回收资金，通过买卖价差获取固定利息收益。除价款外，几个买卖合同的标的物在类型、数量、质量等方面往往完全相同或基本相同。由于当事人之间并无真实的买卖意图及货物需求，故标的物一般不随交易流程而实际交付流转。在交易过程中，借款企业或关联企业低卖高买，形式上在从事亏本的交易，实质上是支付借款利息。

参与交易的各方当事人都没有真实的买卖意图，各方对名为买卖实为借贷的交易性质均属明知，买卖标的物通常存放于第三方仓库中不实际交付流转，甚至很多情形下标的物根本不存在，买卖纯粹是资金融通所披的合法外衣。闭合性融资性买卖与真实买卖目的不同，以融资为主要意图。实务中，应根据当事人的交易目的、合同价款是否合理、标的物是否实际交付流转、交易过程是否符合常理、当事人一方是否只收取固定收益而不负担买卖风险等，结合交易惯例加以综合判断。当事人之间开展的有悖于正常买卖交易习惯的"托盘"买卖交易，实为企业间的融资借贷行为，应按照企业间借贷的相关规则进行效力认定。如果提供资金的一方不以资金融通为常态，而仅为临时性资金拆借的，合同有效；以融资性买卖为常态，实际经营放贷义务的，应认定合同无效。故闭合性融资性买卖不属于买卖合同关系，应认定为民间借贷合同关系。

编写人：重庆市九龙坡区人民法院　高继凯　李霄敏

25

以不作为的事实行为进行意思表示构成权利的放弃

——徐某诉陆某东、陆某平买卖合同案

【案件基本信息】

1. 裁判书字号

江苏省海安市人民法院（2019）苏0621民初5507号民事判决书

2. 案由：买卖合同纠纷

3. 当事人

原告（反诉被告）：徐某

被告（反诉原告）：陆某东

被告：陆某平

【基本案情】

2013年8月26日，苏锻公司作为出卖人，陆某平和友联公司作为买受人，签订《工业产品购销合同》一份，主要内容为：产品名称为C41－1750号空气锤机身总程电机总程一台，货款40万元；货到付款22万元，旧空气锤抵算8万元，年底付款5万元，余款一年内付清。同日，陆某平在苏锻公司的送货单上签字。2016年1月3日，苏锻公司（甲方）、友联公司（乙方）和陆某平（丙方）签订结算协议一份（以下简称1.3结算协议），主要内容为甲、乙、丙三方确认2013年8月26

日《工业产品购销合同》丙方为实际买受人，已支付货款18万元。甲方不再向友联公司主张权利。剩余货款丙方按约给付。陆某平未签字，由其儿子陆某东在结算协议上签“陆某东代陆某平”。

2016年1月3日，苏锻公司（甲方）与陆某东（乙方）签订协议一份（以下简称1.3协议），主要内容：甲、乙双方于2013年8月26日签订的《工业产品购销合同》，乙方已付18万元，余款22万未付。甲、乙双方达成协议：（1）乙方对设备质量有异议，要求甲方重新换一台C41－1750机身总程，乙方再付16万元，甲方让利6万元，作为对以前余款的了结。（2）乙方须返还以前C41－1750机身给甲方，甲方再送新空气锤给乙方。（3）锤杆导程还是用以前旧锤的。（4）甲方已开增值税发票19.3万元。等新空气锤送达，乙方付清余款，甲方再开具相应余额发票。

上述协议签订后，陆某东将案涉空气锤从友联公司（位于靖江）搬运至江阴。

2018年8月14日，徐某发短信给陆某东询问锤换不换，不换应付款。陆某东回复要商量一下。

2019年5月14日，徐某到陆某东位于江阴市的公司，发现案涉设备在使用中，要求陆某东付余款。陆某东提出空气锤经常换活塞环，还到海安搪缸，质量不好，支付维修费用7万元至8万元。

另查明，苏锻公司成立于2009年9月9日，注销于2017年11月8日，注销时的法定代表人为徐某，股东为徐某男（徐某之女）和徐某。徐某男表示：苏锻公司对外债权均由徐某单独向债务人主张权利，包括行使诉权。

【案件焦点】

1. 原告徐某有无主张给付案涉货款的权利；2. 被告陆某平是否有付款义务；3. 原告徐某应否更换新的空气锤。

【法院裁判要旨】

江苏省海安市人民法院经审理认为，案涉买卖合同关系成立且合法有效，当事人应依约履行。

关于原告徐某有无主张给付案涉货款的权利的问题。《中华人民共和国公司法》第一百八十六条第二款规定，公司财产在分别支付清算费用、职工的工资、社会保险费用和法定补偿金，缴纳所欠税款，清偿公司债务后的剩余财产，有限责任公司按照股东的出资比例分配，股份有限公司按照股东持有的股份比例分配。根据上述规定，股东在公司注销后，对公司对外尚有的债权或者其他财产权益，可以以自己名义依法提起诉讼，主张权利。苏锻公司的股东为徐某、徐某男两人，徐某男已明确表示由徐某个人主张对外债权，故徐某对苏锻公司的原有债权提起诉讼主张给付的权利。

关于陆某平是否有付款义务的问题。案涉买卖合同由苏锻公司与友联公司签订，友联公司作为合同相对方，应有付款的义务，苏锻公司与陆某东签订的1.3协议，苏锻公司免除了友联公司的付款义务，由陆某东承担货款的给付义务，且陆某东对其承担付款义务亦无异议，故徐某主张陆某东为付款义务人，合理有据，应予支持。1.3结算协议与1.3协议系同一天签订，原告陈述前者签订在先，两者相较，对案涉货物的实际买受人及承担货款给付义务人方面表述均不一致，1.3结算协议系陆某东代陆某平所签，原告并未提供证据证明1.3结算协议得到了陆某平的认可，故陆某平不承担尚欠货款的给付义务。

关于徐某应否更换新的空气锤的问题。1.3协议约定，陆某东必须从友联公司内把以前C41－1750机身还给苏锻公司，苏锻公司再送新锤给陆某东。该约定未明确履行时间，应视为即时履行，且需更换的旧锤的状态是保持在1.3协议签订时的当前状态。本案中，陆某东本应把位于友联公司内的空气锤交给苏锻公司，但其却直接将空气锤从位于靖江的友联公司搬运至江阴并一直使用长达3年多，并自述进行了包括搪缸的维修，现在的空气锤的状况明显与签订1.3协议时的状态不一致，要求原告再行更换有失公平、合理。此外，陆某东有先归还旧空气锤的义务，但其未能提供证据证明其归还旧空气锤被苏锻公司或者徐某拒绝。而徐某于2018年8月14日还催促陆某东更换空气锤，但陆某东表示考虑后未给出更换的答复。结合陆某东将空气锤从靖江搬回至江阴并使用，甚至自行找他人维修这些情节，可以认定陆某东已放弃了更换空气锤的权利。陆某东在徐某起诉要求给付货款后再提出要求更换空气锤，其目的是对抗其给付货款的义务，有失诚信。

江苏省海安市人民法院依照《中华人民共和国合同法》第六十条、第一百五十九条、第一百六十一条，《中华人民共和国民事诉讼法》第六十四条第一款，《最高人民法院关于适用〈中华人民共和国民事诉讼法〉的解释》第九十条之规定，作出如下判决：

一、被告（反诉原告）陆某东于本判决生效后十日内给付原告（反诉被告）徐某货款16万元；

二、原告（反诉被告）徐某于被告（反诉原告）陆某东履行上述第一项付款义务后十日内给付被告（反诉原告）陆某东金额为14.7万元的增值税发票。如不能按照本判决确定的期间履行金钱给付义务，则应当按照《中华人民共和国民事诉讼法》第二百五十三条之规定，加倍支付迟延履行期限的债务利息；

三、驳回原告（反诉被告）徐某、被告（反诉原告）陆某东的其他诉讼请求。

【法官后语】

民事法律行为是民事主体设立、变更、终止民事权利和民事义务，以意思表示为根本要素的合法行为。《中华人民共和国民法典》第一百四十条以及《最高人民法院关于贯彻执行〈中华人民共和国民法通则〉若干问题的意见（试行）》第六十六条规定，行为人可以明示或者默示做出意思表示。而一方当事人向对方当事人提出民事权利的要求，对方未用语言或者文字明确表示意见，但其行为表明已接受的，可以认定为默示。只有在法律有规定或者当事人双方有约定的情况下，沉默（不作为的默示）才可以视为意思表示。故而沉默有四个要件。首先，是行为人没有进行任何积极的行为；其次，从其沉默不语的“行为”可以推断出行为人的内在意思；再次，沉默只有在法律有明文规定或者当事人有约定的情况下，才可以用作意思表示的形式；最后，是以消极的不作为表达某种意思的方式。

本案是典型的以不作为的默示进行意思表示从而构成权利放弃的案例。被告（买方）在与原告（卖方）签订的协议中约定卖方为买方更换设备后双方结算剩余货款，而更换设备的顺序为买方先返还旧设备，卖方再发新设备。被告（买方）在协议签订后径直将案涉设备从旧址搬运到新址继续使用，在原告（卖方）催促后仍然沉默，不作积极性回复。在使用案涉设备3年之久后提出原告（卖方）构成违约，未按约履行更换设备义务，以此对抗货款的给付义务。本案原、被告双方既已约定了设备更换的顺序，基于民法理论意思自治的原理出发，被告（买方）的沉默（不返还旧设备）即因当事人之间的约定而作为放弃设备更换的意思表示。因此，法院判决被告（买方）承担剩余货款的给付义务。

现实生活中此类情形时有出现，如当事人双方在购销合同中约定货物的质量异议期，如果买方在收到货物20日内未书面提出质量异议，视为买方认可货物符合质量要求。买方就可以用沉默20日的方式表示自己没有异议。而超过质量异议期再提出质量问题，大部分因未举证证明而败诉。在司法实践中，承办人应依据当事人之间的约定，精确界定当事人的作为或者不作为的事实行为，是否可以构成默示。以此破开僵局，厘清当事人之间的权利义务关系，定分止争。

编写人：江苏省海安市人民法院　时慧明

26

超越代理权范围权益不受法律保护

——黎某霞诉李某雄、长芦汉沽公司买卖合同案

【案件基本信息】

1. 裁判书字号

广西壮族自治区贵港市中级人民法院（2019）桂08民终975号民事判决书

2. 案由：买卖合同纠纷

3. 当事人

原告（上诉人）：黎某霞

被告（被上诉人）：长芦汉沽公司

被告：李某雄

【基本案情】

李某雄是长芦汉沽公司在广西的销售推广人员，长芦汉沽公司将盖有公司印章的《食用盐买卖合同》交给李某雄进行业务推广使用，《食盐买卖合同》的内容是："出卖人：长芦汉沽公司，买受人：（空白），合同编号：精盐销　签订地点：天津市滨海新区，日期：2017年　月　日，经办科室：精制盐销售科，第一条：标的、数量、价款见《配送单》。第二条：质量标准，海水自然晶盐标准：Q/12A22935－2015；海水自然食用盐：QB2446－1999；海水低钠盐：QB2019－2005；

粒粒海盐：GB/T5461－2016；粒晶海盐：GB/T5461－2016。第三条：包装标准、包装物的供应与回收：400g/袋，包装物不回收。第四条：交（提）货时间及地点：以买受人电话或传真通知唯一送货地点为准。第五条：此批盐只能零售或自用，不允许二次批发，如有违约自行承担。第六条：违约责任及解决纠纷方式：协商解决，协商不成可提起诉讼。第七条：合同履行地：天津市滨海新区。第八条：从合同生效之日起至2017年12月31日止。第九条：此合同一式两份，双方代表签字盖章后生效，传真件同样具有法律效力。出卖人：芦汉沽公司，开户银行：工行汉沽新开北路支行，账号：3020××××××××××5736。"

2017年10月8日，黎某霞与李某雄经协商后决定，由李某雄负责把长芦汉沽公司在桂平市的食盐销售代理权授权给黎某霞，黎某霞需预付24万元货款给李某雄，双方分别在《食用盐买卖合同》上签字，合同上的买受人是黎某霞，在合同的第九条后手写以下内容："第十条：乙方支付的货款转入甲方指定人张某敏或李某会的账户有效。第十一条：甲方在3个月内未能授权乙方作为甲方的桂平市总代理的，退回已收的货款给乙方。"合同签订后，黎某霞于2017年10月28日将20万汇到张某敏账户，转账4万元到李某会账户。后因黎某霞未能取得长芦汉沽公司在桂平市的销售代理权，李某雄于2018年4月30日出具《承诺书》，内容是："本人李某雄必须在2018年5月10日前归还清黎某霞（天津芦花牌）盐未发货的货款20万元，货款到账已6个月，逾期不归还清该笔款，按日违约金1%来计算利息，特立此据。"

【案件焦点】

1. 委托代理人与相对人签订合同而对被代理人的格式合同条款进行修改是否对被代理人有约束力；2. 如何区分邀约邀请与合同行为。

【法院裁判要旨】

广西壮族自治区桂平市人民法院经审理认为：关于《食盐买卖合同》的性质是要约邀请还是买卖合同，《中华人民共和国合同法》第十二条第一款规定："合同的内容由当事人约定，一般包括以下条款：（一）当事人的名称或者姓名和住所；（二）标的；（三）数量；（四）质量；（五）价款或者报酬；（六）履行期限、地点和方式；（七）违约责任；（八）解决争议的方法。"第十四条规定："要约是希望和他人订立合同的意思表示，该意思表示应当符合以下规定：（一）内容具体明确；（二）表明经受要约人承诺，要约人即受该意思表示约束。”第十五条第一款规定：“要约邀请是希望他人向自己发出要约的意思表示。寄送的价目表、拍卖公告、招标公告、招股说明书、商业广告等为要约邀请。”从《食盐买卖合同》看，合同已对买卖标的、时间、质量、履行期限、地点和方式、违约责任以及解决争议的方法等作了具体规定，内容符合合同的构成要件，其性质属于买卖合同而不是要约或要约邀请，至于买卖的数量和价款等合同已明确在《配送单》上，本案中虽然双方未能提供《配送单》，但不影响合同的成立。

关于黎某霞与李某雄之间是买卖关系还是委托关系以及24万元款项的性质，《食盐买卖合同》中已约定3个月内未取得代理权的，退回货款，而且李某雄出具的《承诺书》中亦承认收取的是货款，因此黎某霞与李某雄之间构成买卖关系，李某雄辩称其是接受黎某霞的请托，收取的是活动经费的意见没有证据证实，法院不予采纳。

关于长芦汉沽公司是否承担还款责任，法院认为，依法成立的合同对当事人具有法律约束力，《食盐买卖合同》的格式条款对长芦汉沽公司具有约束力。长芦汉沽公司将盖有公章的格式合同交给李某雄进行业务推广，双方形成被代理和代理关系，李某雄应当按照《食盐买卖合同》的格式合同条款开展业务，但李某雄超越代理权限，与黎某霞约定以预付货款的方式作为取得长芦汉沽公司在桂平市的销售代理权的条件，而且对收取货款的账户进行了更改，这些行为没有得到长芦汉沽公司的追认，对长芦汉沽公司不发生效力，由此产生的争议和后果应由李某雄承担，与长芦汉沽公司无关，因此，黎某霞诉请要求长芦汉沽公司返还货款没有法律依据，法院不予支持。

广西壮族自治区桂平市人民法院依照《中华人民共和国合同法》第八条、第十二条、第四十八条、第六十条、第一百三十条以及《中华人民共和国民事诉讼法》第六十四条之规定，作出如下判决：

一、被告李某雄应当返还货款24万元给原告黎某霞；

二、被告李某雄应当支付利息（以24万元为基数，按年利率24%从2018年5月11日起计算至货款付清之日止）给原告黎某霞；

三、驳回原告黎某霞的其他诉讼请求。

黎某霞不服一审判决，提出上诉。

广西壮族自治区贵港市中级人民法院经审理认为：长芦汉沽公司提供给李某雄的盖有长芦汉沽公司公章的《食盐买卖合同》，是一种事先拟定好的可重复使用的格式合同，合同各条款及落款处的内容都是固定的。《食盐买卖合同》已经载明出卖人的开户银行和账户，从《食盐买卖合同》的版面布局看，并未留有足够的空白处可以在格式合同中增加补充条款，且该格式合同是食盐买卖合同，不应涉及代理权的授予内容。而《食盐买卖合同》中手写的补充条款“第十条”实质上是将甲方的收款账户变更为李某雄的妻子张某敏的账户和李某雄的朋友李某会的账户；手写的补充条款“第十一条”则是将买卖合同的性质变更为代理权授予合同。手写的这两条补充条款约定的收款人账户及合同性质与《食盐买卖合同》明显不同，在没有得到长芦汉沽公司追认的情况下，这两条补充条款对长芦汉沽公司不发生法律效力。因补充条款不符合原格式合同《食盐买卖合同》的约定，系李某雄与黎某霞之间的新约定，收款人账户也是李某雄提供，且李某雄还以个人名义出具了归还货款的《承诺书》，合同当事人实则是李某雄与黎某霞，故24万元的货款应由李某雄返还。黎某霞在签订合同过程中，没有注意核查李某雄的代理权限，签订《食盐买卖合同》也没有尽到审慎审查义务，所产生的不利后果应由黎某霞自行承担。

广西壮族自治区贵港市中级人民法院依照《中华人民共和国民事诉讼法》第一百七十条第一款第一项的规定，作出如下判决：

驳回上诉，维持原判。

【法官后语】

1. 如何区分邀约邀请与合同行为

《中华人民共和国合同法》第十二条第一款规定：“合同的内容由当事人约定，一般包括以下条款：（一）当事人的名称或者姓名和住所；（二）标的；（三）数量；（四）质量；（五）价款或者报酬；（六）履行期限、地点和方式；（七）违约责任；（八）解决争议的方法。”2021年1月1日实施的《中华人民共和国民法典》第五百九十六条增加了买卖合同内容的列举，规定了“买卖合同的内容一般包括标的物的名称、数量、质量、价款、履行期限、履行地点和方式、包装方式、检验标准和方法、结算方式、合同使用的文字及其效力等条款”。《中华人民共和国合同法》第十四条规定：“要约是希望和他人订立合同的意思表示，该意思表示应当符合以下规定：（一）内容具体明确；（二）表明经受要约人承诺，要约人即受该意思表示约束。”第十五条第二款规定“要约邀请是希望他人向自己发出要约的意思表示。寄送的价目表、拍卖公告、招标公告、招股说明书、商业广告等为要约邀请。”本案中，从《食盐买卖合同》看，合同已对买卖标的、时间、质量、履行期限、地点和方式、违约责任以及解决争议的方法等作了具体规定，内容符合合同的构成要件，其性质属于买卖合同而不是要约或要约邀请。

2. 委托代理人与相对人签订合同而对被代理人的格式合同条款的进行修改是否对被代理人有约束力

依法成立的合同对当事人具有法律约束力，《食盐买卖合同》的格式条款对长芦汉沽公司具有约束力。长芦汉沽公司将盖有公章的格式合同交给李某雄进行业务推广，双方形成被代理和代理关系，李某雄应当按照《食盐买卖合同》的格式合同条款开展业务，但李某雄超越代理权限，与黎某霞约定以预付货款的方式作为取得长芦汉沽公司在桂平市的销售代理权的条件，而且对收取货款的账户进行了更改，这些行为没有得到长芦汉沽公司的追认，对长芦汉沽公司不发生效力，由此产生的争议和后果应由李某雄承担，与长芦汉沽公司无关，因此黎某霞诉请要求长芦汉沽公司返还货款没有法律依据。

编写人：广西壮族自治区桂平市人民法院　高添华

27

擅自转让已被法院查封的车辆被判无效

——郑某宏诉罗某能买卖合同案

【案件基本信息】

1. 裁判书字号

广东省东莞市中级人民法院（2020）粤19民终6630号民事裁定书

2. 案由：买卖合同纠纷

3. 当事人

原告（被上诉人）：郑某宏

被告（上诉人）：罗某能

【基本案情】

案涉车辆卡雷拉的登记车主为案外人朱某祥。

2019 年 4 月，罗某能通过微信聊天了解到车辆的行驶证和基本登记信息等：案涉车辆的所有人为朱某祥，注册日期为 2013 年 6 月 28 日，已于 2014 年 7 月 16 日抵押给平安银行苏州分行，已被法院查封。2019 年 4 月 7 日，经原、被告双方同意，郑某宏以一台保时捷卡宴汽车以及现金 17.8 万元来置换罗某能手上的案涉车辆，并于当天交车完毕。同时罗某能将有案外人朱某祥签名的《汽车质押借款合同》《借款合同》《服务合同》以及借款借据、车辆保险单原件交给郑某宏。

因案涉车辆的登记车主朱某祥未能按时清偿债务，苏州工业园区人民法院于 2018 年 6 月 12 日作出（2018）苏 0591 执 2507 号执行裁定书，裁定冻结、扣划被执行人朱某祥银行存款 231174.21 元，不足之数依法查封、冻结被执行人相应价值的财产。后苏州工业园区人民法院委托东莞市第一人民法院查封扣押案涉车辆，东莞市第一人民法院于 2019 年 6 月 11 日从郑某宏处扣押案涉车辆。

【案件焦点】

1. 案涉汽车转让在法律上定性是借款债权转让的从权利转让还是单纯的汽车买卖合同关系；2. 若认定为汽车买卖合同关系，法律上是否有效。

【法院裁判要旨】

广东省东莞市第一人民法院经审理认为：虽然双方在交付车辆的同时将《借款合同》等一系列单据一并转交，但上述单据中仅有借款金额，其他信息均未填写，且双方在交易过程中从未提及转让质押的债权，均是关于车辆的车况、交接等问题，可见双方真实交易目的并非转让特定债权，而是转让作为债权质押的具有一定权利瑕疵的车辆。因此，本案原、被告双方间建立的是车辆买卖合同关系。

因原、被告的真实交易目的在于案涉车辆所有权的转让，而双方在此过程中关于质押债权转让合同文本的交付是为了掩盖车辆存在权利瑕疵。根据《中华人民共和国民法总则》第一百四十六条第二款“以虚假的意思表示隐藏的民事法律行为的效力，依照有关法律规定处理”的规定，结合本案案情，分析如下：因法律已就质权流质条款作出禁止性规定，罗某能并不能据此获得该车辆的所有权和处分权。而且该车辆已被法院查封，在此种情况下，原、被告还对案涉车辆进行转让交易，严重影响交易安全，并对正常交易秩序造成冲击。因此，根据《中华人民共和国民法总则》第一百五十三条第二款“违背公序良俗的民事法律行为无效”的规定，原、被告间的买卖合同无效。

案涉车辆从2019年4月7日交付给郑某宏至2019年6月11日被广东省东莞市第一人民法院扣押，郑某宏实际使用车辆约两个月的时间。综合考量车辆状况及郑某宏实际占有使用车辆的情况，酌情扣减合理使用费8000元。即罗某能应当向郑某宏返还价款17万元。

广东省东莞市第一人民法院依照《中华人民共和国民法总则》第一百五十三条第二款、《中华人民共和国合同法》第五十八条之规定，作出如下判决：

被告罗某能应在本判决发生法律效力之日起五日内向原告郑某宏返还购车款17万元。

罗某能不服一审判决，提出上诉，后又于2020年9月17日申请撤回上诉。广东省东莞市中级人民法院经审理认为：罗某能在本案审理期间提出撤回上诉的请求，系对其权利的自由处分和真实意思表示，且不违反法律规定，应予准许。

广东省东莞市中级人民法院依照《中华人民共和国民事诉讼法》第一百七十三条之规定，作出如下裁定：

准许罗某能撤回上诉，一审判决自本裁定书送达之日起发生法律效力。

【法官后语】

法官在办案过程中，需要认真细致地审核证据，并在庭审中抓住案件焦点问题进行询问、观摩当事人的神情，最终达到捋清案件事实和法律事实的目的。像本案，在庭审中抓住《汽车质押借款合同》《借款合同》等证据并没有任何关于原债权人身份、债权金额以及履行期限等主债权信息的记载内容，适时对该事实进行发问，发现双方最关注的均是车辆的车况，完全没有提及借款合同的事宜，甚至连该债权转让来源、车辆所有人是否同意等事实都没有了解。由此得出，双方在交付车辆前着重关注的是车辆的状况而非主债权标的情况，双方真实交易目的并非转让特定债权，而是转让作为债权质押的具有一定权利瑕疵的车辆。也正是基于双方均知晓该车辆的转让存在风险，故车辆交易价格才显著低于正常市场价格。

关于机动车物权变动，根据《中华人民共和国物权法》第二十三条和第二十四条之规定，动产物权的设立和转让自交付时发生法律效力。车辆作为一种特殊的动产，其物权的设立、变更、转让和消灭，以车辆的交付作为物权变动的生效要件，而对于已经注册的所有权发生转移的车辆，应当及时办理车辆转移登记，未经登记的不得对抗善意第三人。

二手车交易市场风险较大，广大市民在交易过程中，在着重了解车辆产权信息、车况的同时，也要查询车辆是否存在违章未处理、抵押、查封等情形，上述情形均会影响车辆的过户，甚至导致不能办理过户手续。

在本案审理过程中，法官了解到类似的豪华品牌二手车哪怕无法办理过户登记，仍很受年轻人的追捧。上一手作为出售者赚取差价，下一手以低价买入则希望赚取威风和面子，但这却存在很大的安全隐患。像本案车辆最终能被法院顺利扣押，也是因为最后一手的购买者在高速路上飙车，产生超速违章，从而使查封车辆的法院得知该车辆已被转移至东莞，并委托东莞的法院进行查封扣押。因此，希望通过本案例的宣传，让大家对二手车买卖给予足够的关注，并呼吁广大的司机朋友，路上驾驶必须遵守交通规则，安全第一！

编写人：广东省东莞市第一人民法院　尹玉英

四、买卖合同的履行

28

合同履行有瑕疵后一方仍可解除合同

——段某申等诉杨某兵、杨某鹏买卖合同案

【案件基本信息】

1. 裁判书字号

江苏省连云港市连云区人民法院（2019）苏0703民初第969号民事判决书

2. 案由：买卖合同纠纷

3. 当事人

原告：段某申、贾某生、刘某、段某舰

被告：杨某兵、杨某鹏

【基本案情】

四原告合伙做挖掘机生意。2016年9月7日，四原告以贾某生的名义通过微信向被告联系购买案涉挖掘机一台，双方商定购买价格为13.7万元，被告承诺该车生产于2010年，车况良好，无分期、抵押和任何纠纷。当天原告贾某生通过微信向被告付定金1000元，2016年9月8日，四原告又以贾某生的名义向被告转购车款13.6万元，后原告花费4500元运费将挖掘机运回徐水。四原告对挖掘机进行维修后，又于2016年10月9日以原告段某申的名义将挖掘机转售给山东省临沂市兰山区的胡某杰，总价款18.5万元。2016年10月17日，胡某杰又将该挖掘机卖给张某振。2016年12月25日，亚华公司以该挖掘机欠30多万元的分期款项未付为由，将该挖掘机拖回公司。2017 年 1 月 3 日，张某振作为原告向临沂市兰山区法院起诉胡某杰，要求解除双方之间的买卖合同，判令胡某杰返还购车款 21.5 万元及添附财产 1.5 万元、支付营业损失 3 万元。该院对该案审理后认为：被告胡某杰虽交付了挖掘机给原告，但其未能保证该挖掘机无贷款，导致挖掘机被债权人拖走。被告的瑕疵履行造成了原告合同目的不能实现，违反了其在买卖合同中的承诺，构成了违约，依法应当承担相应的违约责任。原告依此要求解除合同，并要求被告返还购车款、赔偿损失的诉讼请求，均符合法律规定，应予支持。后胡某杰不服该判决，上诉至临沂市中级人民法院，该院判决：驳回上诉，维持原判。判决生效后，经临沂市兰山区法院申请强制执行，胡某杰已履行完毕判决书相应的义务。

胡某杰于2017 年 8 月 29 日向临沂市兰山区法院起诉段某申，请求判令：(1) 判令法院解除原、被告之间的买卖合同；(2) 判决被告返还购车款 18.5 万元；(3) 判令被告支付原告挖掘机运费 7000 元及各项损失 6 万元，损失 6 万元包括更换挖勺 8040 元、车辆盈利损失 2.3 万元（卖车的差价款）、与张某振案件中承担的一审案件受理费 2600 元、保全费 1870 元，二审案件受理费 5200 元，案件执行费 3313 元，修车费 5977 元。该院经审理后认为，根据已查明的事实，案涉挖掘机货款及车辆的交付均发生于原告胡某杰与被告段某申之间，应认定原、被告之间存在买卖合同关系。该合同系双方真实意思表示，内容不违反法律及行政法规的禁止性规定，合法有效。原告已将挖掘机款交付被告段某申。被告段某申亦已将挖掘机交付给原告胡某杰，双方之间的买卖合同已经履行完毕。故原告要求解除双方间的买卖合同，无事实和法律依据，未予支持，但支持了原告的相关赔偿金额。

现四原告达成合伙协议，共同将案件款 216040 元及诉讼费、保全费 4310 元支付给胡某杰，诉讼中以段某申的名义支付律师费 8000 元。四原告认为，由于被告出售该挖掘机时并无所有权、处分权，且未告知原告该挖掘机尚有贷款未还清，致使挖掘机被债权人拖走，造成原告遭到下家买受人追索，使得原告无法实现合同目的，并产生损失，故请求法院支持原告诉求。

【案件焦点】

1. 两被告与原告之间的关系；2. 原、被告之间的合同是否应当解除。

【法院裁判要旨】

江苏省连云港市连云区人民法院经审理认为：根据庭审查明的事实，案涉挖掘机是由被告杨某鹏与原告贾某生之间根据挖掘机的照片等情况商定了最终的成交价，并由贾某生向杨某鹏支付了定金，且根据杨某鹏提供的银行账户支付了挖掘机的剩余款项，同时原告又按照杨某鹏的指示提取了案涉挖掘机，故被告杨某鹏应是本案案涉挖掘机的出卖方。至于被告杨某兵，虽然其向杨某鹏提供了用于接收挖掘机尾款的银行账号及身份证件，但现有证据并不足以证实杨某兵就挖掘机的价格、挖掘机的交付与原告之间发生联系，也无证据证实其与被告杨某鹏之间存在共同出卖挖掘机的合意，故被告杨某兵不应认定为案涉挖掘机的出卖方。

法院认为，买卖合同是出卖人转移标的物所有权于买受人，买受人支付价款的合同。当事人一方不履行合同义务或者履行合同义务不符合约定的，应当承担继续履行、采取补救措施或者赔偿损失等违约责任。当事人一方迟延履行债务或者有其他违约行为致使不能实现合同目的，当事人可以解除合同。本案中，被告虽交付了挖掘机给原告，但其未能保证该挖掘机无贷款，导致挖掘机最终被债权人拖走，被告因此也被法院判决赔付其下家相应的损失。故被告的违约行为造成了原告合同目的不能实现，违反了其在买卖合同中基本义务，依法应承担相应的违约责任。原告据此要求解除合同，返还购车款13.7元并赔偿合理损失的诉求，应予支持。对于原告主张的损失95850元，其中胡某杰与段某申案中律师费8000元、诉讼费2540元、保全费1770元，并非必然发生的费用，法院不予支持。对于其中的运费4500元，根据本案查明的事实，案涉车辆的确是原告雇用板车从连云港运至河北徐水，被告杨某鹏在与原告贾某生微信聊天中也提到徐水运费为4500元，故法院对该费用予以支持。对于赔偿胡某杰31040元（更换挖勺损失8040元+可得利益损失2.3万元）、本案可得利益损失4.8万元（18.5万元与13.7万元差价），共计79040元，该两项损失均是由原告对案涉挖掘机进行再交易之后所产生的损失，案涉挖掘机在本案交易时，双方作为专业从事二手车交易的主体对于案涉挖掘机并无发票、合格证等相关手续是明知的，同时根据段某申与胡某杰案中双方诉、辩称可知，案涉挖掘机在段某申与胡某杰之间进行交易时，胡某杰从本案原告处接到了虚假的合格证及发票，即本案原告存在为了便于案涉挖掘机的交易获利而制作了虚假的合格证及发票的行为，故原告对其后续损失的产生具有一定过错，针对该79040元法院酌定由被告杨某鹏赔付5.5万元。对于两被告辩称的原告伪造合格证及发票属违法犯罪行为，不应从中获利，该部分损失不应支持的意见，法院认为，虽然原告在案涉挖掘机的再次交易过程中存在制作虚假的合格证及发票的行为，但合格证及发票只是为履行买卖合同的附随义务，再次买卖挖掘机行为并无违法行为，完全否定原告的该部分损失欠妥当，故法院对两被告的意见不予采纳。对于被告杨某鹏在诉讼中要求追加案外人曹某、王某、杨某东为本案被告的请求，法院认为，在被告杨某鹏与原告贾某生进行商谈买卖案涉挖掘机的过程中，杨某鹏从未向贾某生披露过上述三人，贾某生也未从其他渠道获知上述三人的存在，现原告也未要求上述三人承当相应的责任，故法院认为，在本案中追加上述三人并非确有必要，至于被告与上述案外三人的法律关系，可另行解决。综上，江苏省连云港市连云区人民法院依照《中华人民共和国》第九十四条、第九十七条和第一百五十条之规定，作出如下判决：

一、解除原告段某申、贾某生、刘某、段某舰与被告杨某鹏之间于2016年9月7日达成的关于价款为13.7万元三一挖掘机的买卖合同；

二、被告杨某鹏于本判决发生法律效力之日起十日内返还原告段某申、贾某生、刘某、段某舰挖掘机货款13.7万元，并赔偿损失5.95万元；

三、驳回原告段某申、贾某生、刘某、段某舰其他诉讼请求。

【法官后语】

本案在审理过程中，发现案涉挖掘机经过多手买卖，上两手纠纷已经临沂市中院及临沂市兰山区两级法院处理完毕。但相同的纠纷、相同的法院在案件审理过程中对待买卖合同是否解除作出了大相径庭的判决结果。在张某振诉胡某杰买卖合同纠纷案中，临沂中院及兰山区法院均支持张某振解除合同的诉求。而在胡某杰诉段某申买卖合同纠纷案中，兰山区法院以双方合同已履行完毕为由，对原告胡某杰要求解除与段某申之间的买卖合同未予支持。相同的案情、相同的法院、不同的承办人却得出了不同的结果，对司法权威造成了一定程度的损害，也反映出法官在合同解除问题上认识还有待统一，司法改革后统一裁判尺度的紧迫性及重要性由此可见。故在此有必要重新认识《中华人民共和国合同法》第九十七条的相关规定。

1. 合同解除应在合同未履行完毕之前提出

根据《中华人民共和国合同法》第九十一条的规定，债务已经按照合同约定履行的，合同的权利义务终止。故在合同已履行完毕的情况下，合同解除则再无适用之条件，合同解除权应在合同未履行完毕的情况下方能行使。此处的未履行完毕应包括以下两种情形：一是合同债务形式上的未履行完毕，如未交付相应的标的物、未履行特定的行为。二是合同履行义务存在实质上的瑕疵，即义务人虽交付了相应的标的物或履行了特定的行为，但该标的物或行为并不符合合同约定的质量或要求，即存在瑕疵履行，此时合同也应视为未履行完毕。

2. 合同解除后负返还的是基于合同而取得的财产

《中华人民共和国合同法》第九十七条规定，合同解除后，当事人可以要求恢复原状。在买卖合同关系中，买卖合同解除后，出卖人负有返还货款的义务，而买受人则负有返还标的物的义务。但是在本案中，出卖人基于买卖合同已经取得了货款，但买受人并未依据合同取得相应的物品，其原先依据合同取得的挖掘机已经转卖，所获得的款项也已经上案判决返还，故本案原告基于买卖合同并未取得相应财产，故在本案中不负有返还义务。

编写人：江苏省连云港市连云区人民法院　孙红岭

29

卖方可以在未约定货款履行期限时主张“钱货两清”

——博固建材部诉伟昊公司买卖合同案

【案件基本信息】

1. 裁判书字号

江苏省南京市江宁区（2019）苏0115民初7952号民事判决书

2. 案由：买卖合同纠纷

3. 当事人

原告：博固建材部

被告：伟昊公司

【基本案情】

博固建材部及砼润建材部向伟昊公司供应货物，三方未签订书面合同。2017年2月7日，博固建材部及砼润建材部与伟昊公司进行货款对账，货款总金额为414658元。后砼润建材部注销，该经营部将伟昊公司欠付的货款转让给砼润建材部，但并未在诉讼前向伟昊公司送达债权转让的相关材料。博固建材部认为伟昊公司未支付货款，系违约行为，故诉至法院，要求伟昊公司支付货款414658元及利息（自对账次日即2017年2月8日起至判决生效之日止，按照中国人民银行同期同档贷款基准利率计算）。

【案件焦点】

1. 以诉讼形式将债权转让通知债务人，债权转让是否发生效力；2. 未约定付款时间，履行期限如何确定。

【法院裁判要旨】

江苏省南京市江宁区人民法院经审理认为：博固建材部作为债权受让人以诉讼形式向伟昊公司主张债权，且法院已将债权转让的相关证据送至伟昊公司，债权转让已经发生法律效力，博固建材部有权主张受让的债权。伟昊公司共欠付博固建材部及砼润建材部货款414658元，有对账单、发票、送货单予以佐证，对砼润建材部主张伟昊公司支付货款414658元的诉讼请求应予支持。法律规定，对支付时间没有约定或者约定不明确，不能通过补充协议或交易习惯确定的，买受人应当在收到标的物或者提取标的物单证的同时支付。买卖双方于2017年2月7日对账，并未约定具体付款时间，伟昊公司未及时付款，已构成违约行为，博固建材部有权主张逾期利息。博固建材部主张自2017年2月8日起至判决生效之日止，按照中国人民银行同期同档贷款利率支付货款利息，符合法律规定，应予支持。

综上，江苏省南京市江宁区人民法院依照《中华人民共和国合同法》第四十四条、第四十九条、第六十一条、第八十条、第一百零七条、第一百六十一条，《最高人民法院关于审理买卖合同纠纷案件适用法律问题的解释》第一条，《中华人民共和国民事诉讼法》第六十四条第一款之规定，作出如下判决：

伟昊公司于本判决发生法律效力之日起十日内向博固建材部支付货款414658元及利息（自2017年2月8日起至判决生效之日止，按照中国人民银行同期同档贷款基准利率计算）。

【法官后语】

在民商事活动中，合同双方有时并不会将双方之间的合作内容以书面合同形式固定，由此可能产生诸多争议。本案原告主张要求支付货款和利息，该诉求亦是合同纠纷中常见的诉讼请求。当双方未约定具体的付款时间，实践中关于履行期限有两种法律适用，一种适用《中华人民共和国合同法》第六十二条第四项的规定，即当事人就合同履行期限不明确的，债务人可以随时履行，债权人也可以随时要求履行，但应当给对方必要的准备时间；另一种适用《中华人民共和国合同法》第一百六十一条的规定，即买受人应当按照约定的时间支付价款。对支付时间没有约定或者约定不明确……买受人应当在收到标的物或者提取标的物单证的同时支付。第六十二条是该法总则的规定，而第一百六十一条是该法分则关于买卖合同的具体规定。总则是关于合同概况性一般性的规定，而分则是针对常见的几类有名合同的具体性特别性规定。当分则有相应规定时，则应适用分则的具体规定。当买卖双方并未约定付款期限，“钱货两清”的模式可以更好地保障债权人的相关权益，促进买卖双方在合作过程中遵守诚信合作的原则。具体到本案，双方未约定付款期限，则应适用该法分则第一百六十一条的规定，故原告主张被告支付货款和自对账次日起计算的逾期付款利息，应予以支持。

关于本案另一争议焦点即债权受让人能否以诉讼形式将债权转让通知至债务人。根据《中华人民共和国合同法》第八十条第一款“债权人转让权利的，应当通知债务人。未经通知，该转让对债务人不发生效力”的规定，法律并未对债权转让通知形式作出具体规定。对债权受让人而言，最终的目的即为债权得到实现。对债务人而言，当确定有债务存在时，履行相对方并不影响债务人对实际债务的履行。债权受让人主张以诉讼形式将债权转让通知至债务人，一方面得以实现债权，另一方面亦不会损害债务人利益，应得到支持。

编写人：江苏省南京市江宁区人民法院　汤淑明

30

管辖权异议中合同履行地的认定

——联众公司诉德华公司买卖合同案

【案件基本信息】

1. 裁判书字号

天津市第一中级人民法院（2019）津01民辖终129号民事裁定书

2. 案由：买卖合同纠纷

3. 当事人

原告（被上诉人）：联众公司

被告（上诉人）：德华公司

【基本案情】

原告联众公司与被告德华公司曾签订了编号为LZDH80921的《购销合同》，合同第六条约定原告将货物运送至被告院内。合同签订后，被告支付了定金，提走了部分货物，并给付了提走货物的部分货款，尚欠原告部分货款。原告按照合同约定期限，将剩余货物生产完毕，存放在原告处，并催促被告提货，被告无故拒不提货。原告就此向法院提起诉讼。

【案件焦点】

在当事人因同一合同项下不同种类的合同义务发生争议、进而产生多个履行地的情况下，如何确定案件管辖法院。

【法院裁判要旨】

天津市静海区人民法院经审理认为：根据《中华人民共和国民事诉讼法》第二十三条及《最高人民法院关于适用〈中华人民共和国民事诉讼法〉的解释》第十八条第二款的规定，联众公司起诉请求德华公司给付货款，争议标的为给付货币，联众公司为接收货币一方，其住所地天津市静海区为合同履行地，联众公司选择向其住所地法院起诉，符合法律规定。裁定如下：驳回德华公司对本案管辖权提出的异议。

德华公司不服一审判决，持原审意见提起上诉。

天津市第一中级人民法院经审理认为：本案为买卖合同纠纷。《中华人民共和国民事诉讼法》第三十四条规定："合同或者其他财产权益纠纷的当事人可以书面协议选择被告住所地、合同履行地、合同签订地、原告住所地、标的物所在地等与争议有实际联系的地点的人民法院管辖，但不得违反本法对级别管辖和专属管辖的规定。"双方签订的《购销合同》中约定"因合同履行发生争议，由双方当事人协商解决或者申请调解解决；协商或调解不成的，依法向人民法院起诉"。该管辖条款约定，约定不明，应属无效。

《中华人民共和国民事诉讼法》第二十三条规定："因合同纠纷提起的诉讼，由被告住所地或者合同履行地人民法院管辖。"《最高人民法院关于适用〈中华人民共和国民事诉讼法〉的解释》第十八条规定："合同约定履行地点的，以约定的履行地点为合同履行地。合同对履行地点没有约定或者约定不明确，争议标的为给付货币的，接收货币一方所在地为合同履行地；交付不动产的，不动产所在地为合同履行地；其他标的，履行义务一方所在地为合同履行地。即时结清的合同，交易行为地为合同履行地……"因被上诉人有多个诉讼请求，本案存在多种诉讼类型和多个争议标的，各诉讼类型有管辖权的人民法院和各争议标的的履行地的人民法院对本案均有管辖权。其中，被上诉人起诉请求上诉人给付货款，争议标的为给付货币，被上诉人为接收货币一方，其所在地为合同履行地；被上诉人起诉请求上诉人赔偿逾期提货损失和保管费用，争议标的为其他标的，上诉人为履行义务一方，其所在地为合同履行地。故上诉人和被上诉人的所在地均为涉案合同履行地，该两地人民法院对本案均有管辖权。

《中华人民共和国民事诉讼法》第三十五条规定："两个以上人民法院都有管辖权的诉讼，原告可以向其中一个人民法院起诉；原告向两个以上有管辖权的人民法院起诉的，由最先立案的人民法院管辖。"因被上诉人住所地位于天津市静海区，故天津市静海区人民法院对本案具有管辖权。综上，上诉人的上诉主张，理据不足，法院不予支持。一审裁定认定事实清楚，适用法律正确，法院应予维持。依照

《中华人民共和国民事诉讼法》第一百七十条第一款第一项、第一百七十一条之规定，作出如下裁定：

驳回上诉，维持原裁定。

【法官后语】

1. 合同约定的“送货地、到货地、验收地、安装地”不能认定为双方约定的“合同履行地”

《最高人民法院关于适用〈中华人民共和国民事诉讼法〉的解释》第十八条第一款规定：“合同约定履行地点的，以约定的履行地点为合同履行地。”我们认为，如将合同约定的送货地、到货地、验收地、安装地等均认定为“约定履行地点”，势必出现多个“约定履行地点”，需要额外增加系列规则以确定数个义务中的主要义务或者特征义务，又将重新面临难以确定合同履行地的困境，与该司法解释确立的简便主旨相悖。

本案中，被告德华公司依据《购销合同》第六条“原告将货物运送至被告院内”，主张合同履行地为被告处，但约定的货物交付地不能认定为约定的合同履行地，且该合同未明确约定合同履行地点，故本案不适用上述司法解释第十八条第一款的规定，依据该司法解释第十八条第二款的规定，对被告的主张不予支持。

2. 多个合同义务并存时，应当以原告主张的主要合同义务确定合同履行地，主要合同义务无法确定的，依照《中华人民共和国民事诉讼法》第三十五条的规定确定管辖法院

《最高人民法院关于适用〈中华人民共和国民事诉讼法〉的解释》第十八条第二款规定，合同对履行地点没有约定或者约定不明确，争议标的为给付货币的，接收货币一方所在地为合同履行地；交付不动产的，不动产所在地为合同履行地；其他标的，履行义务一方所在地为合同履行地。即时结清的合同，交易行为地为合同履行地。合同纠纷中，诉讼请求是基于合同关系主张对方承担合同责任的声明，针对的是违反约定义务形成的责任。违反非货币义务形成的违约金、定金、赔偿损失等请求均为货币给付性质，如果将“争议标的”扩张理解为诉讼请求，将导致违反非货币义务形成纠纷的地域管辖规则虚化。“争议标的”应当理解为原告起诉主张的合同义务，而非当事人实际争议的合同义务，原因在于起诉主张的合同义务是否存在履行争议，以及当事人之间是否还存在其他义务履行争议，均属于实体审理范

围，并非确定管辖形式审查对象。《最高人民法院关于适用〈中华人民共和国民事诉讼法〉的解释》第十八条第二款关于“争议标的为给付货币的，接收货币一方所在地为合同履行地”的规定不仅适用借款合同纠纷，起诉主张的不履行或违约履行合同义务为给付货币的其他合同纠纷，也可以适用该规定。例如，在买卖合同关系中，买方未按照约定支付货款，卖方起诉要求买方支付货款的，争议标的即为给付货币，合同未约定履行地点的，卖方作为接收货币一方，住所地应认定为合同履行地。

本案原告联众公司主张被告德华公司给付其货款212962元、赔偿其因逾期提货造成的经济损失4113750元、赔偿其因逾期付款及提货造成的保管费用损失132148.6元。因未经法院实体判决支持原告诉讼请求前，原告的诉讼请求并非确定的债权，不宜以诉讼请求金额的多少作为主次给付义务的区分标准，应当以原告起诉主张的合同义务，确定管辖形式审查对象。综上，接收货币一方的原告所在地和履行义务一方的被告所在地均可作为涉案合同的履行地，该两地法院对本案均具有管辖权。原告可以向其中一个法院起诉，因此原告所在地法院即天津市静海区人民法院对本案具有管辖权。

编写人：天津市第一中级人民法院　张红星

31

仅以他人转账凭证无法认定已履行债务

——冠辰商贸诉薛某朋、柳某买卖合同案

【案件基本信息】

1. 裁判书字号

安徽省马鞍山市中级人民法院（2019）皖0521民终1258号民事判决书

2. 案由：买卖合同纠纷

3. 当事人

原告（被上诉人）：冠辰商贸
被告（上诉人）：薛某朋
被告（被上诉人）：柳某

【基本案情】

2016 年度，冠辰商贸多次向薛某朋购买石子，应薛某朋要求，冠辰商贸缴纳押金 15 万元，其中部分押金根据薛某朋要求汇入柳某的账户，交易过程中，部分货款也根据薛某朋要求汇入柳某账户。冠辰商贸与薛某朋石子买卖合同履行过程中，冠辰商贸由杨某旭、案外人陶某宏（音）负责现场、联系船只等事务。双方买卖结束后，经冠辰商贸催要，薛某朋于 2016 年 11 月 16 日通过柳某向杨某旭转账 5 万元，2017 年 12 月 7 日向冠辰商贸法人王某林转账 5 万元。

本案庭审过程中，薛某朋申请证人杨某旭出庭作证，杨某旭庭审中陈述，其与冠辰商贸是合作关系，由冠辰商贸出资，其与陶某宏（音）跑现场和货源。2016 年度，冠辰商贸向薛某朋购买石子，由其负责现场以及双方资金的往来，2016 年 11 月 16 日薛某朋向其转账 5 万元，收到薛某朋的转账之后，在一个月内就分两次转给了王某林，转账用以退还押金。另外，其中有 5 万元的押金以押金折抵货款方式随船抵扣，比如说 11 万元的货只给 10 万元，货的数量不变，将押金折抵一部分货款，每次随船抵扣的数额在 3000 元至 7000 元左右。

【案件焦点】

薛某朋 15 万元押金退还了多少，以何种方式退还。

【法院裁判要旨】

安徽省马鞍山市当涂县人民法院经审理认为：

1. 薛某朋要求冠辰商贸交付押金，旨在保障其与冠辰商贸之间的石子买卖合同有效履行，保障其交易安全。双方买卖合同按约履行完毕后，薛某朋应当及时退还押金。结合双方陈述，双方的石子买卖仅在 2016 年度的几个月的时间，双方对货物的数量、质量、价格等均未产生过争议，且冠辰商贸亦结清货款，则薛某朋在合理期限内，应及时归还押金 15 万元。

2. 冠辰商贸对薛某朋通过转账给法定代表人王某林 5 万元以及通过转账给杨某旭 5 万元，再由杨某旭转给王某林的事实不持异议，法院依法确认薛某朋通过转账的方式共退还押金10万元。

3. 关于另外5万元押金是否已经退还问题。薛某朋陈述其通过每次交易时多发货物的形式来退还押金，而其申请出庭的证人杨某旭陈述为每次以扣减货款数额的方式退还押金，二人关于押金退还的方式陈述不一致。另外，根据冠辰商贸提供的2016年11月3日含有杨某旭的签名付款通知单中货款金额与王某林的汇款金额一致，则可推定杨某旭关于随船扣减货款数额用押金折抵的陈述与事实不符。综上，薛某朋关于尚欠的5万元押金已经退还的证据不足，法院对其抗辩不予支持。

综上，安徽省马鞍山市当涂县人民法院依照《中华人民共和国合同法》第六十条、第一百零八条，《中华人民共和国民事诉讼法》第六十四条第一款、第一百四十二条的规定，作出如下判决：

一、被告薛某朋于本判决生效后十日内退还原告冠辰商贸押金5万元；并按年利率4.75%支付自2017年1月1日至生效判决确定的给付之日利息。若未按本判决指定的期限履行给付金钱义务，应当按照《中华人民共和国民事诉讼法》第二百五十三条的规定，加倍支付延迟履行期间的债务利息；

二、驳回原告其他诉讼请求。

薛某朋不服一审判决，持一审答辩意见提起上诉。

安徽省马鞍山市中级人民法院经审理认为：薛某朋是否已全额归还冠辰商贸押金15万元，因双方对薛某朋向王某林转账5万元以及通过柳某账户于2017年1月25日转账给杨某旭5万元，再由杨某旭转给王某林的事实不持异议，法院对此予以确认。关于另5万元押金问题，法院认为薛某朋所举证据，不足以证明其已经退还，理由如下：薛某朋与证人杨某旭就如何退还押金陈述并不一致，甚至在一、二审中薛某朋对如何退还押金陈述了完全不一样的两种方式。其在一审陈述，是以随船每次多发部分货冲抵押金的方式抵扣，证人杨某旭一审陈述是随船少发部分货的方式进行抵扣。在二审中，薛某朋又称其是以柳某账户于2018年7月22日，向杨某旭汇款5万元，退还了剩余5万元押金。二审中，杨某旭亦作证陈述2018年7月22日收到柳某5万元转款是向冠辰商贸退还的押金。而此次汇款距离冠辰商贸起诉尚不到一年，薛某朋对如何退还押金的记忆发生如此大的偏差，与常理不合。而证人杨某旭的记忆在一、二审中亦同时发生与薛某朋基本一致的偏离，更无法解释。且杨某旭在收到柳某2018年7月22日的汇款后并未将该款转汇给冠辰商贸。因此，法院对薛某朋的陈述及证人杨某旭的证言，不予采信。因薛某朋与杨某旭之间尚有其他经济往来，故仅凭柳某向杨某旭汇款5万元的银行流水，不足以证明该款项即为薛某朋向冠辰商贸返还的押金。

综上，薛某朋的上诉请求不能成立，应予驳回；一审判决查明事实清楚，适用法律正确，应予维持。依照《中华人民共和国民事诉讼法》第一百七十条第一款第一项之规定，作出如下判决：

驳回上诉，维持原判。

【法官后语】

随着社会的快速发展，微信、支付宝等支付方式的快速发展，支付方式呈现多样化、便捷化，交易方式呈现多元化。对于一些企业或者个人而言，交易对象要求其接受第三方代付款或者直接使用第三方账户付款的情况司空见惯，代为付款的第三方，最为常见的是交易对象的关联企业、债务人、投资人、代收货人、现场的工作人员等。由第三方代为付款往往会有诸多合理的理由，也使交易变的便捷、高效，符合现阶段经济高质量发展的需要。

这种被广泛使用的支付方式，对于付款方或接受付款方均存在风险。(1) 付款方委托其债务人付款，若债务人与接受付款方有其他交易往来，在产生纠纷时很难认定债务人的付款行为是为自己履行付款义务还是为付款人履行付款义务。(2) 作为接收付款方，因与第三方没有法律上或者合同上的权利、义务关系。若第三方事后声称汇款错误，要求返还“不当得利”，收款方将面临举证的困难。(3) 实践中，收款企业往往向第三方开具发票，事后很难辨别收款企业是否履行依据交易合同向付款方开具发票义务。

本案中，一、二审法院对薛某朋、冠辰商贸之间的往来习惯、付款方式以及双方与第三方杨某旭之间是否存在交易往来均进行了比较详细的审查。薛某朋与冠辰商贸就如何退还押金、通过哪种方式、哪个账户或者由某一个人代为退还等问题，事先并未达成合意；在一审审理过程中，薛某朋以及杨某旭对其中5万元的押金的退还方式陈述并不一致，但二人在二审过程中退还押金的方式作了一致的颠覆性的陈述，安徽省马鞍山市中级人民法院结合庭审调查，认为薛某朋与杨某旭、杨某旭与冠辰商贸之间尚有其他经济往来，仅凭其向杨某旭的汇款、以及杨某旭向冠辰商贸的汇款，不足以证明两笔汇款的关联性以及该汇款用于退还押金。本案中，薛某朋向杨某旭汇款的本意可能是用来退还押金，鉴于三方之间均有频繁的交易往来，无其他证据佐证杨某旭向冠辰商贸汇款是代薛某朋退还押金，故薛某朋败诉。

为合理防范第三方支付可能给交易双方带来的风险，交易双方可以采取的措施有：第一，付款前，交易双方以及第三方达成由第三方付款的合意，并签订书面的约定；第二，付款后，交易双方将对第三方支付的数额、时间等及时对账形成书面的对账单并保存。鉴于现有的通讯方式比较发达，若有第三方支付的情况，交易双方在微信、QQ、电子邮件中可以对相关细节及时沟通，便于留痕，避免将来因此产生纠纷而可能败诉的风险。

编写人：安徽省马鞍山市当涂县人民法院　王成玲

32

网店卖家以工作人员标价错误为由拒不发货案件的处理

——李某丹诉孙某买卖合同案

【案件基本信息】

1. 裁判书字号

四川省雅安市雨城区人民法院（2019）川1802民初1207号民事判决书

2. 案由：买卖合同纠纷

3. 当事人

原告：李某丹

被告：孙某

【基本案情】

2019年1月25日，李某丹通过淘宝网平台在孙某经营的思音珠宝店认购一款半实心黄金手镯9999足金细光圈新款光面贵妃手镯女GOLD，订单编号为336371969684945330，手镯重17.05克，价格为1067元。李某丹支付相应费用后，孙某以工作人员标价错误，属于重大误解，履行合同显失公平，且讼争标的物金手镯属于特定物，现已被卖出，涉案合同已无履行的客观可能性为由拒不发货。

【案件焦点】

1. 该买卖合同是否存在重大误解且显失公平；2. 讼争标的物金手镯是否属于特定物，涉案合同有无履行的客观可能性。

【法院裁判要旨】

四川省雅安市雨城区人民法院经审理认为：依法成立的合同，受法律保护。孙某在淘宝网发布的产品售卖信息，属于向不特定对象发出的要约，李某丹向孙某支付相应费用后双方建立起买卖合同关系，且并不违反现行法律和行政法规的强制性规定，合法有效而予以保护，双方均应当全面履约。孙某发布的半实心黄金手镯9999足细光圈新款光面贵妃手镯女GOLD，重17.05克，价格为1067元售卖信息，得到李某丹的认可并全额支付价款，故不存在重大误解。孙某应当知道在淘宝网平台所发布的手镯价格为1067元，并作为宣传、吸引消费者认购的一种手段；在李某丹全额支付价款后，若认定为淘宝店铺工作人员因工作失误导致价格设置错误，不仅对李某丹显失公正，亦违背了诚实信用的原则。为此，孙某关于该买卖合同存在重大误解而显失公平的抗辩理由并不符合法律规定，不予采信。

关于讼争标的物金手镯是否属于特定物，涉案合同有无履行的客观可能性问题，特定物系与种类物相对的一个法律概念，种类物是指具有共同特征，用品种、数量、质量规格，即通过度、量、衡加以确定的物。李某丹通过淘宝网平台认购金手镯，只能凭借商家发布的售卖信息针对产品的品种、数量、质量、规格和价款进行选择，故李某丹认购手镯，应当属于种类物而非特定物。据此确认具有履行合同的客观可能性。

综上，四川省雅安市雨城区人民法院依照《中华人民共和国合同法》第八条、第六十条第一款、第一百零七条、第二百二十六条，《中华人民共和国民事诉讼法》第六十四条第一款、第一百四十四条、第一百六十二条之规定，作出如下判决：

一、被告孙某于本判决发生效力之日起十日内根据编号为336371969684945330的订单内容向原告李某丹发货；

二、若被告孙某未在法定期限内履行发货义务，则按照17.05克的黄金现行市场价格向李某丹支付赔偿金。

【法官后语】

本案的难点在于发货是否导致显失公平的问题，孙某在淘宝网发布的售卖信息为思音珠宝半实心黄金手镯9999足金细光圈新款光面贵妃手镯女GOLD，价格为1067元至6444元，故孙某应当知道该售卖信息中的手镯价格为1067元，且未予以更正，而是将此作为宣传、吸引消费者认购的一种手段，故判令孙某限期发货并不存在显失公平的问题；在李某丹选中其中标价为1067元的手镯并全额支付价款后，若认定为淘宝店铺工作人员因工作失误导致价格设置错误，不仅对李某丹显失公平，亦违背了诚实信用的原则。

本案的典型意义在于，打击了网络购物中产品售卖者利用拒不发货方式侵害消费者合法权益的嚣张态势。产品销售者为了提高销量，往往以“秒杀”等低价促销方式吸引消费者，以达到宣传目的。当消费者“秒杀”成功后卖家对于有利润的订单正常发货，对于利润不高甚至亏本的订单拒不发货，消费者投诉无门只能选择退款。如疫情期间不少消费者在网上付款购买口罩后，面对日益增长的口罩价格，极个别产品售卖者往往以缺货、货物被征用等为由拒不发货，逼迫消费者退款，从而以更高的价格卖出获取暴利等。本案的依法判决让网络销售者明白拒不发货再也不是“万能武器”，网络并非法外之地，网络合同亦应遵守诚实信用原则、全面履行。

网络购物往往标的额不大，售卖双方因距离远等原因使得消费者维权不便，一定程度上助长了销售者的嚣张态势，为此提出以下三点建议：

第一，在下单之前，详细了解产品信息，如有疑问及时与卖家沟通联系，确保不存在误解；纠纷发生时，要本着实事求是、诚实信用的原则协商解决。

第二，注意收集保存证据，以备维权使用。根据2020年5月1日起实行的《最高人民法院关于民事诉讼证据的若干规定》第十四条“电子数据包括下列信息、电子文件：（一）……（三）用户注册信息、身份认证信息、电子交易记录、通信记录、登录日志等信息……（五）其他以数字化形式存储、处理、传输的能够证明案件事实的信息”及第十五条第二款“当事人以电子数据作为证据的，应当提供原件……”的规定，可见，在交易过程中形成的聊天记录，如淘宝网交易使用的“旺旺”等聊天记录可以作为证据使用，但是应当提供原件；同时应当注意提交的电子证据能够确认当事人身份，与案件事实存在关联。

第三，选择买受人住所地、收货地或者被告住所地中自己便于维权的法院提起诉讼。根据《中华人民共和国民事诉讼法》第二十三条“因合同纠纷提起的诉讼，由被告住所地或者合同履行地人民法院管辖”之规定，以及《最高人民法院关于适用〈中华人民共和国民事诉讼法〉的解释》第二十条“以信息网络方式订立的买卖合同，通过信息网络交付标的的，以买受人住所地为合同履行地；通过其他方式交付标的的，收货地为合同履行地。合同对履行地有约定的，从其约定”之规定，消费者可以通过选择受案法院，有效降低维权成本。

编写人：四川省雅安市雨城区人民法院　陈健平

33

限时免单规则系合同的附条件履行条款

——张某新诉周某华网络购物合同案

【案件基本信息】

1. 裁判书字号

北京互联网法院（2019）京 0491 民初 3463 号民事判决书

2. 案由：网络购物合同纠纷

3. 当事人

原告：张某新

被告：周某华

第三人：淘宝公司

【基本案情】

2017 年 12 月 12 日，周某华在自己经营的淘宝店铺举办限时免单活动，店铺网页上显示 0 点、10 点、22 点三个时间节点对“整点第一位免单”，因为认为店铺对活动规则表述不明确，张某新在当晚 21 点 16 分 28 秒时将店铺网页截图给该店铺客服，询问“这个活动可以提前拍下，然后整点付款吗”，客服回复“是的呢，亲亲”，张某新追问“是什么?”，客服回复“付款为准呢亲亲”，后张某新又问“你们‘双11’的活动不是必须整点之后下单并且付款么，而且出的中奖名单也是整点后下单并付款的”，客服回复“是的呢，亲亲”，张某新要求客服“你要不清楚去问问你们出名单的运营啊”，客服回复“亲亲，整点下单付款”。张某新继续问，“方法A和B哪个是对的”，“方法A　我在9点23分下单，等到22点0分0秒付款——方法B　我在22点0分0秒下单　22点05秒付款　哪个是正确的”，客服回复“b的呢”“付款为准的呢”。

当晚22点，张某新从周某华经营的淘宝店铺“classic space”下单购买了女士运动鞋一双，单价898元，实付款898元，订单详情显示成交时间为当日22点0秒，付款时间为22点1秒。

2017年12月19日，张某新向周某华店铺的客服询问“22点我中了吗”，客服给张某新发送了一个被免单者信息截图，截图显示被免单者的订单创建时间为22点整，付款时间为22点3秒。在随后的交流中客服回复称“先以拍下时间为主的亲”“我们都是按照实际下单时间来决定免单第一位的”。店铺公布的整点免单中奖公告中载明的活动规则为“12月12日当天的0点、10点、22点三个时间段分别抽取整点下单的第一位用户免单”。

张某新认为周某华的店铺在限时免单活动前公布的规则为“以付款时间为准”，活动后直接篡改活动规则，改为以“下单时间为准”，是利用店铺页面的广告宣传形式对商品作引人误解的虚假宣传、欺诈活动，严重误导和欺骗消费者，构成了事实上的欺诈。因此起诉至法院，请求法院判令周某华退赔购鞋款898元，并且3倍赔偿其人民币2694元。

【案件焦点】

1. 涉案限时免单规则的法律性质；2. 如何认定本案被告设定的限时免单规则；3. 被告之行为是否应当承担法律责任及应当承担什么法律责任。

【法院裁判要旨】

北京互联网法院经审理认为：平台内经营者在店铺内发布其销售的具备商品名称、价格等内容商品信息，符合《中华人民共和国合同法》中关于要约的规定。经营者发布的免单规则系经营者向消费者要约的组成部分。原告在活动期间下单并付款，双方的购物合同成立并生效，免单规则成为对双方具有约束力的约定条款。该约定属于附条件履行合同义务的条款，当消费者符合免单规则时条件成就，被告须免除货款。综上，被告制定的涉案免单规则系双方购物合同内容的组成部分。

原告提交的限时免单活动的公示截图，并未标识下单优先还是付款优先，询问客服后得知为付款优先，此时客服应视为代表被告。被告虽提交了“整点下单第一位免单”的网页截图，但原告不认可其真实性且无法确认是原告参与涉案免单活动时被告公示规则的截图，被告应承担举证不能的责任。被告称其根据淘宝网的数据确定被免单资格，但淘宝公司表示未参与涉案活动，故被告无证据证明原告的下单时间晚于实际被免单者。综上，法院认定，涉案限时免单活动的规则应为在整点起先后下单的消费者中，付款在先者为被免单者。

根据现有证据，被告的限时免单活动中设定的规则为实际付款为准，原告付款时间确实在先。被告未认定其为被免单人，属违约行为，故法院支持原告要求退还货款的主张。关于原告主张被告之涉案行为系欺诈消费者，应当承担三倍赔偿的诉讼请求。法院认为，原告未证明其购买的涉案商品在质量、性能等方面存在问题或者被告存在引人误解的宣传等情形。且并无证据表明被告的免单活动系以欺骗消费者为目的的虚假活动。且实际被免单者真实存在。故被告之涉案行为不构成欺诈，因此不予支持该项诉讼请求。

北京互联网法院依照《中华人民共和国合同法》第十四条、第四十四条、第六十条，《中华人民共和国电子商务法》第四十九条第一款，《中华人民共和国消费者权益保护法》第五十五条之规定，作出如下判决：

一、被告周某华退还原告张某新购货款898元；

二、驳回原告的其他诉讼请求。

【法官后语】

随着电子商务的蓬勃发展，各种形式的促销手段层出不穷，但网购行为产生网络购物合同的本质并无变化，要约与承诺是网络购物合同中必不可少的成立条件。本案中，平台内经营者在网上店铺中制定并公布限时免单规则，在网络购物合同成立并生效前，属于平台内经营者要约的组成部分。在双方购物合同成立并生效后，限时免单规则成为双方购物合同的约定条款，系双方购物合同的组成部分，对当事人双方均具有约束力。关于限时免单的约定条款属于附条件履行合同义务的条款，一旦消费者符合免单规则的要求即条件成就，则免除消费者该单货款是销售者须履行的合同义务。

如果平台内经营者未按照其公示的规则确定被免单人，对于符合免单规则的消费者构成违约行为，应当承担违约责任，退还消费者购货款。维护消费者利益的同时也应当注重维护平台内经营者的利益，不能随意认定经营者的行为存在欺诈。本案中，一方面，原告未证明其购买的涉案商品在质量、性能等方面存在问题或者被告存在引人误解的宣传等情形；另一方面，原告没有提交证据证明被告的免单活动系以欺骗消费者为目的的虚假活动，且实际被免单者真实存在。因此未认定被告的行为存在欺诈。

需要强调的是，虽然该案中法院认定被告的涉案行为不构成欺诈，但被告作为经营者，在经营的网上店铺中举办限时免单活动，消费者基于对经营者商誉的信赖参与活动，经营者应坚持公平、透明、诚信的原则制定并公布规则，对于符合活动规则的消费者积极履行合同义务。若制定的规则存在歧义或者不按照规则履行，则会严重影响消费者的切身利益和交易安全，损害经营者及所依托的电子商务平台的商誉和信誉，动摇诚信社会的根基。

最后，淘宝网作为电子商务平台经营者，已经意识到平台内经营者自行开展的诸如此类限时免单、全额退款的优惠活动存在违反约定或者侵害消费者合法权益的行为，更应进一步通过加强平台规则建设及经营者自律，对于出现的此类消费者纠纷应积极帮助协商解决，对于平台内经营者自行开展的类似活动应当进一步加强监管，督促其遵守法律和商业道德，公平参与市场竞争，切实履行消费者权益保护等方面的义务。

编写人：北京互联网法院　张连勇　赵琪

34

以虚拟号码获取电子优惠券行为法律性质的认定

——李某桥诉中石化桂林分公司、中石化销售公司买卖合同案

【案件基本信息】

1. 裁判书字号

广西壮族自治区桂林市中级人民法院（2019）桂03民终3714号民事判决书

2. 案由：买卖合同纠纷

3. 当事人

原告（上诉人）：李某桥

被告（被上诉人）：中石化桂林分公司、中石化销售公司

【基本案情】

中石化桂林分公司依照其公司营销方案开展加油（气）站便利店电子券营销活动，活动内容：客户必须关注注册广西石油微信公众号或绑定个人单用户加油卡才能参与微信电子券营销活动；客户通过关注中国石化广西石油微信公众号，可以获得一张10元电子抵扣券，注册成为会员可以再获得一张10元电子抵扣券，用户注册应当输入手机号获取验证码，再将输入的手机号所获取的验证码输入进行注册；电子券使用规则：截屏、复制、修改、打印、转抄无效，过期作废。李某桥通过使用几千个属于同一IP地址的虚拟手机号码，在未关注中国石化广西石油微信公众号以及在无验证码的情况下，通过注册会员的方式获得了4008张电子抵扣券。活动期间，李某桥在中石化桂林分公司门店消费，其向中石化桂林分公司交付4.008万元及4008张20元抵10元的电子抵扣券，欲购买501件红牛功能饮料和501罐王老吉饮料，中石化桂林分公司以李某桥获取电子券的方式不符合其营销规则为由，拒绝向李某桥交付饮料。李某桥认为其获得了抵扣券就证明其做法符合活动规则，要求中石化桂林分公司给付其价值8.016万元的501件红牛功能饮料和

501 罐王老吉饮料，中国石化销售公司对此承担连带责任。

【案件焦点】

1. 李某桥获取的电子抵扣券是否有效；2. 中石化桂林分公司是否需要向李某桥交付 501 件红牛功能饮料和 501 罐王老吉饮料，中石化销售公司对此是否应承担连带责任。

【法院裁判要旨】

广西壮族自治区桂林市叠彩区人民法院经审理认为：关于争议焦点一。李某桥获得的 4008 张 10 元电子抵扣券均系通过注册成为会员获得，但其未能提供自己注册会员时所用手机号收到验证码的手机短信或者相关证据材料。李某桥主张其注册会员的电话号码和微信号均为其所有，但未提供证据证实，结合李某桥所有注册会员的手机号 IP 地址均为 182. 200. 172. 213、该 IP 地址地理位置地区为辽宁省沈阳市，以及李某桥获取每张电子券时间间隔可认定，李某桥提交的证据不能证明其获取电子抵扣券的方式符合中石化桂林分公司开展微信电子券营销活动的规则，故中石化桂林分公司主张李某桥获取电子抵扣券的行为无效的理由该院予以支持，李某桥获取的电子抵扣券无效。

关于争议焦点二。李某桥使用的是无效的电子抵扣券，双方未达成合意和要约承诺过程，其与中石化桂林分公司之间未成立买卖合同关系，故中石化桂林分公司不需要向李某桥支付价值 8. 016 万元的 501 件红牛功能饮料和 501 罐王老吉饮料，中石化桂林分公司应当返还李某桥支付的 4. 008 万元。

广西壮族自治区桂林市叠彩区人民法院依照《中华人民共和国合同法》第十三条、《中华人民共和国民事诉讼法》第六十四条第一款之规定，作出如下判决：

驳回李某桥的诉讼请求。

李某桥不服一审判决，提起上诉。

广西壮族自治区桂林市中级人民法院经审理认为：一审判决认定事实清楚，适用法律正确，依照《中华人民共和国民事诉讼法》第一百七十条第一款第一项之规定，作出如下判决：

驳回上诉，维持原判。

【法官后语】

在数字生活中，涉及电子优惠券的纠纷将会越来越多，对于经营者发放电子优惠券行为的法律性质、效力应当如何认定应当予以明确。

1. 本案电子优惠券的发放行为是基于合同的等价给付行为

通常情况下，电子优惠券的获取，消费者须付出相应的对价，如关注、注册、转发朋友圈、转发微信群等。在信息时代，消费者个人信息已经具有一定的商业价值，因此，电子优惠券实际是消费者用个人信息和为经营者宣传的劳务价值等价交换而来。优惠券的使用可使消费者购买同样货物少付货款，相当于财产消极增长，也可以说其本身作为一部分财产用于购买商品或服务，因而电子优惠券具有一定的财产属性，是一种存在于网络上的具有财产性的电磁记录，是一种能够用现有的度量标准度量其价值的数字化的新型财产，即网络虚拟财产。[①] 消费者依照发放规则履行了相应义务或“支付相应对价”后，便享有要求经营者交付优惠券之债权，经营者则负有向消费者交付优惠券（网络虚拟财产）之债务，双方设立了优惠券（网络虚拟财产）转移的民事权利义务关系，符合《中华人民共和国合同法》第二条第一款“本法所称合同是平等主体的自然人、法人、其他组织之间设立、变更、终止民事权利义务关系的协议”之规定。据此，经营者的发放行为是一种基于合同的给付行为。由于此种合同无法与我国合同法中的有名合同对应，遂定其为优惠券给付合同。

2. 以虚拟号码获取电子优惠券的行为属欺诈行为

李某桥利用计算机程序漏洞或通过修改计算机程序，使已设定程序不能识别违规操作，仍向其发放电子优惠券，实为李某桥以欺诈手段使中石化桂林分公司在违背真实意思的情况下与其订立了优惠券给付合同。根据《中华人民共和国合同法》第五十四条第二款“一方以欺诈、胁迫的手段或者乘人之危，使对方在违背真实意思的情况下订立的合同，受害方有权请求人民法院或者仲裁机构变更或者撤销”之规定，中石化桂林分公司依法可撤销该合同，使得已发放的电子优惠券归于无效。

3. 电子优惠券财产权益实现的协助行为系合同的附随义务

本案优惠券给付合同虽已成立、电子券已发放由李某桥持有，从现行法律规定

---

① 杨立新主编：《民法总则重大疑难问题研究》，中国法制出版社 2011 年版，第 292 页。

看，合同已履行完毕，但只有中石化桂林分公司后期的技术操作才能使得电子券财产价值得以实现，因此，中石化桂林分公司的协助义务应属于给付合同的附随义务。李某桥诉请中石化桂林分公司交付货物，实际也包含了要求中石化桂林分公司履行协助义务即履行优惠券给付合同的诉请。因此，本案亦须审查优惠券给付合同法律关系。最高人民法院2019年发布的《全国法院民商事审判工作会议纪要》第四十二条提出，一方请求另一方履行合同，另一方以合同具有可撤销事由提出抗辩的，人民法院应当在审查合同是否具有可撤销事由以及是否超过法定期间等事实的基础上，对合同是否可撤销作出判断，不能仅以当事人未提起诉讼或者反诉为由不予审查或者不予支持。因此，法院可直接对案涉优惠券给付合同是否可撤销作出评判，并据此对电子优惠券效力进行认定。

编写人：广西壮族自治区桂林市中级人民法院　毛雪梅

35

因他国禁止性规定而履行不能的买卖合同之准据法确定

——冯某驰诉吕某兴、黄某峰买卖合同案

【案件基本信息】

1. 裁判书字号

广东省东莞市中级人民法院（2019）粤19民终3129号民事判决书

2. 案由：买卖合同纠纷

3. 当事人

原告（被上诉人）：冯某驰

被告（上诉人）：吕某兴

被告（被上诉人）：黄某峰

【基本案情】

原告冯某弛与被告吕某兴、黄某峰均系中国公民。原告冯某弛与被告黄某峰居

住在国内，被告吕某兴持个人签证暂住巴基斯坦。原告从事进口生意，偶然之机得知被告吕某兴有驴皮的获取渠道，便于2016年12月与被告吕某兴委托的代理人即被告黄某峰在国内签订了一份有关驴皮的《买卖合同》，由原告冯某弛向被告吕某兴订购盐湿驴皮2000张，每张110美元，合计22万美元。被告黄某峰为被告吕某兴的交易提供保证。在2015年9月3日前，巴基斯坦作为驴皮的生产国，允许出口驴皮。然而，该国政府在2015年9月3日颁布禁令，禁止出口驴皮。涉案驴皮买卖合同签订后，经原告冯某弛多番要求前往验货和催促交货，被告吕某兴始终未能如期提供货物。原告遂提起诉讼，要求：（1）解除原告与两被告于2016年12月15日签订的买卖合同；（2）被告吕某兴向原告返还定金人民币18万元（下文未特别说明的，均指人民币）；（3）被告吕某兴向原告支付违约金18万元；（4）被告吕某兴向原告支付律师费2.6万元；（5）被告黄某峰对上述债务承担连带责任；（6）本案诉讼费由两被告承担。本案未有证据显示被告吕某兴在巴基斯坦有经营任何经济实体。原告冯某弛提交了一份中国质量监督检验检疫总局关于《允许进境非食用动物产品国家或地区及产品种类名单》的政府公开信息，以证明中华人民共和国允许从巴基斯坦进口马属动物皮张，涉案合同属于合法有效的合同。涉案买卖合同未约定法律适用问题。

【案件焦点】

1. 关于涉案买卖合同是否可以解除；2. 如解除合同，两被告该如何承担责任。

【法院裁判要旨】

广东省东莞市第一人民法院经审理认为：被告吕某兴经法院合法传唤，无正当理由拒不到庭参加诉讼，应视为其放弃对原告主张的事实和提交的证据进行抗辩和质证的权利。因涉案《买卖合同》有记载因乙方吕某兴签订合同期间未在中华人民共和国境内，乙方授权乙方工作人员代签本合同的内容，以及被告吕某兴在买卖合同补签其名字以确认，涉案《收据》有被告吕某兴的签名，再结合被告黄某峰提交的授权书、银行转账记录作为证据链，法院认定涉案买卖合同关系的买方为原告，卖方为被告吕某兴，被告黄某峰系代被告吕某兴签合同与收款，以及原告向被告吕某兴交付了18万元的事实。另外，因被告黄某峰作为担保人在《买卖合同》卖方落款处下面签名，故其应作为卖方债务的担保人。涉案《买卖合同》有含“定金”

的措辞，亦含“订金”的措辞，原告在其诉讼请求中主张其向被告吕某兴交付的18万元是定金，但由于《收据》明确记载原告支付的款项的性质为“订金”，故法院认定原告向被告吕某兴交付的18万元是订金。

第一，涉案《买卖合同》是否可以解除。首先，关于涉案《买卖合同》的效力。因本案纠纷适用中华人民共和国的法律，本案中原告与两被告均具有相应的民事权利能力和民事行为能力，且双方是按自身意思自治自愿签订，内容符合《中华人民共和国合同法》第九条规定的合同要素，未违反国家法律法规的规定，故法院依据《中华人民共和国合同法》第四十四条的规定，认定涉案《买卖合同》合法有效。其次，关于原告请求解除其与被告吕某兴之间的买卖合同是否有依据。根据审理查明的情况，涉案合同的卖方即被告吕某兴未按合同的约定向原告交货，经原告催告，被告吕某兴依然没有履行合同。本案中亦没有证据能证明被告吕某兴有履约的可能性，依据《中华人民共和国合同法》第九十四条第一款第三项的规定，被告吕某兴迟延履行债务，经催告后在合理期限内仍未履行，原告可要求解除合同。因此，原告诉请解除其与被告吕某兴之间的买卖合同，法院予以支持。

第二，被告吕某兴的责任承担。原告与被告吕某兴之间的买卖合同解除后，依据《中华人民共和国合同法》第九十七条的规定，原告可要求被告吕某兴返还订金18万元及赔偿损失。至于损失的计算，原告主张被告吕某兴支付律师费2.6万元，但未提交其支付律师费的凭证予以证明。考虑本案纠纷系因被告吕某兴的过错而导致，原告确有委托律师代理诉讼，且《买卖合同》约定了律师费由违约方承担，故法院酌情判令被告吕某兴向原告支付律师费1.3万元，对于原告主张的超出该部分的律师费，法院不予支持。至于违约金，因《买卖合同》约定如被告吕某兴私自终止履行合同，原告有权单方解除合同，被告吕某兴需赔偿合同订金金额的一倍即18万元作为违约金。该约定是合同双方自愿、真实的意思表示，原告据此请求被告吕某兴赔偿违约金18万元，法院予以支持。

第三，被告黄某峰的责任承担。《买卖合同》没有约定被告黄某峰的担保方式，根据《中华人民共和国担保法》第十九条的规定，被告黄某峰应按照连带责任保证方式承担担保责任。因被告黄某峰的保证责任属于连带责任保证，在合同未约定保证期间的情况下，根据《中华人民共和国担保法》第二十六条的规定，原告有权自主债权履行届满之日起6个月内要求被告黄某峰承担保证责任。由于《买卖合同》

约定原告支付18万元后，被告吕某兴立即提供合同要求的数量和质量的货物给原告验货，前述款项到账后5天至7天内安排船运出港，并确保运输时间在40天内完税运至被告吕某兴中华人民共和国境内仓库，原告到被告吕某兴中华人民共和国境内仓库验收，而原告系2016年12月15日向被告吕某兴交付18万元，故被告吕某兴的交货期间于2017年1月31日届满。原告有权自2017年2月1日起6个月内（即2017年7月31日前）向被告黄某峰主张担保债权。被告黄某峰提出涉案担保债权的主张已经过保证期间的抗辩，但法院认为，原告曾于2017年5月18日发微信给被告黄某峰要求退款，被告黄某峰虽称原告未直接向其主张担保债权，但原告一直有向被告黄某峰催促履行合同，且被告黄某峰既作为被告吕某兴的代理人与原告进行交易，也作为担保人对被告吕某兴的合同义务作担保，原告于2017年5月18日的催款应涵括了对被告黄某峰的担保债权主张，进而法院认定原告对被告黄某峰的担保债权主张系发生在保证期间内。另外，根据《最高人民法院关于适用〈中华人民共和国担保法〉若干问题的解释》第三十四条第二款的规定，原告在保证期间届满前要求被告黄某峰承担保证责任的，从原告要求被告黄某峰承担保证责任之日起开始计算保证合同的诉讼时效。而原告又曾于2017年8月23日、2017年8月27日、2017年9月8日、2017年9月23日均有积极联系被告黄某峰询问情况及催促退款等，可见原告一直有向被告黄某峰主张权利。2018年3月19日，原告以与两被告存在纠纷为由，向法院申请立案。依据《中华人民共和国民法总则》第一百八十八条、第一百九十五条及《最高人民法院关于适用〈中华人民共和国民法总则〉诉讼时效制度若干问题的解释》第二条的规定，原告对被告黄某峰主张权利系在诉讼时效内进行。综上，被告黄某峰应为被告吕某兴的涉案债务承担连带清偿责任。依据《中华人民共和国担保法》第三十一条的规定，被告黄某峰承担连带保证责任后，有权向被告吕某兴追偿。

综上，依照前述援引的法律条文及《中华人民共和国合同法》第六十条、第一百零七条，《中华人民共和国担保法》第二十一条，《最高人民法院关于适用〈中华人民共和国担保法〉若干问题的解释》第十条，《最高人民法院关于民事诉讼证据的若干规定》第二条，《中华人民共和国民事诉讼法》第六十四条、第一百四十二条、第一百四十四条的规定，作出如下判决：

一、解除原告冯某驰与被告吕某兴于2016年12月15日签订的买卖合同；

二、被告吕某兴应于本判决发生法律效力之日起五日内向原告冯某驰返还订金18万元；

三、被告吕某兴应于本判决发生法律效力之日起五日内向原告冯某驰支付违约金18万元；

四、被告吕某兴应于本判决发生法律效力之日起五日内向原告冯某驰支付律师费1.3万元；

五、被告黄某峰对上述第二、三、四项中的债务承担连带清偿责任；

六、驳回原告冯某驰的其他诉讼请求。

被告吕某兴不服原审判决，提起上诉。

广东省东莞市中级人民法院经审理认为：二审争议焦点为吕某兴是否应当对案涉交易承担责任。原审判决认定事实清楚，适用法律正确，应予以维持。依据《中华人民共和国民事诉讼法》第一百六十九条第一款、第一百七十条第一款第一项、第一百七十五条的规定，作出如下判决：

驳回上诉，维持原判。

【法官后语】

本案是典型的标的物具有涉外因素的国际商事案件，也是我院受理的涉“一带一路”案件。首先，本案明确中巴之间未从事固定经营的个人间的买卖不适用《联合国国际货物销售合同公约》。一方面，虽然巴基斯坦在国际贸易实践中多以选择适用《联合国国际货物销售合同公约》，但因尚未正式加入《联合国国际货物销售合同公约》，在未有当事人明确意思表示的情况下，合同不应适用该公约。另一方面，本案未有证据反映被告吕某兴在巴基斯坦从事固定经营，即使遵循巴基斯坦国际贸易实践和做法，也因交易缺乏营业要件和具有偶发性而不符合该公约规定的适用条件。其次，明确国际货物买卖民事法律活动连接因素中“合同订立地”比“标的物所在地”更具有密切联系性。涉案合同未约定法律适用问题，依照《中华人民共和国涉外民事法律关系适用法》的规定，应以“最密切联系原则”确定合同的准据法。因巴基斯坦国内禁止出口驴皮，准据法的确定影响着合同的效力。本案结合了当事人的合同目的以及是否有交易习惯等因素考虑，认为合同签订地的法律（即中国法律）系与合同具有最密切联系的法律，进而适用中国法律对案件作出判决。最后，本案警示从事涉“一带一路”跨国交往的商事主体应注意法律冲突问题。被告吕某兴最后的损失源于其不知晓巴基斯坦的法律法规，本案作为范例，为法律冲突的法律适用规则提供了指引。

需要注意的是，本案中涉及的两个法律要点在2021年1月1日施行的《中华人民共和国民法典》中有了根本性变化。其一是关于“推定保证方式”的颠覆性改变。原《中华人民共和国担保法》第十九条规定：“当事人对保证方式没有约定或者约定不明确的，按照连带责任保证承担保证责任。”《中华人民共和国民法典》第六百八十六条规定：“保证的方式包括一般保证和连带责任保证。当事人在保证合同中对保证方式没有约定或者约定不明确的，按照一般保证承担保证责任。”《中华人民共和国民法典》第六百八十六条第二款对《中华人民共和国担保法》第十九条作出了完全相反的规定，即：对于没有约定保证方式或约定不明的，不再将保证人的保证方式推定为连带责任保证，而推定为一般保证。基于此规定，债权人在不与保证人约定保证方式的情况下，将面临保证人责任减轻、追索债权难度加大的不利局面。如本案《买卖合同》中没有约定被告黄某峰的担保方式，在以后的判案中，依照《中华人民共和国民法典》第六百八十六条的规定，被告黄某峰应承担一般保证责任，而非连带保证责任。

其二是《中华人民共和国民法典》“对没有约定或约定不明的保证期间”进行了统一规定。《最高人民法院关于适用〈中华人民共和国担保法〉若干问题的解释》第三十二条规定：“保证合同约定的保证期间早于或者等于主债务履行期限的，视为没有约定，保证期间为主债务履行期届满之日起六个月。保证合同约定保证人承担保证责任直至主债务本息还清时为止等类似内容的，视为约定不明，保证期间为主债务履行期届满之日起二年。”将保证期间区分为没有约定和约定不明二种情形，且分别规定了保证期间，易产生混淆。《中华人民共和国民法典》第六百九十二条第二款规定：“债权人与保证人可以约定保证期间，但是约定的保证期间早于主债务履行期限或者与主债务履行期限同时届满的，视为没有约定；没有约定或者约定不明确的，保证期间为主债务履行期限届满之日起六个月。”统一规定了没有约定或者约定不明确的，保证期间为主债务履行期限届满之日起6个月，清晰明确，有利于法律的适用。

编写人：广东省东莞市第一人民法院　香玉芳

五、买卖合同的变更、转让和终止

36

无法办理车辆过户手续能否解除买卖合同

——黄某邦诉吴某兴、黄某源买卖合同案

【案件基本信息】

1. 裁判书字号

广西壮族自治区贺州市昭平县人民法院（2019）桂1121民初第1094号民事判决书

2. 案由：买卖合同纠纷

3. 当事人

原告：黄某邦

被告：吴某兴、黄某源

【基本案情】

2019年4月22日由原告与被告吴某兴签订《汽车买卖协议书》，协议约定被告将其所有的挂靠在贵广运输公司的一台重型平挂牵引车转让给原告，原告支付车辆价款12.98万元，付款方式为签订合同当日先付款10万元，等办理完过户手续剩余款项一次性付清给被告；合同并约定签订合同前的债务、肇事、交通违法等事宜由出卖方负责。协议签订后，原告依约先支付了10万元到被告黄某源的账户，被告也于当日将车辆交付原告，原告接收车辆后即开始营运至2019年7月4日。2019年7月4日，该市交通运输局向贵广运输公司发出《限期整改通知书》，通知书称案涉车辆存在严重违法超限运输行为，责令该公司于2019年7月4日至8月3日对该车辆进行停业整改，交通运输局对该车进行了查封。经查，此次被限期整改的违法行为时间为2019年1月6日、1月9日、1月14日、3月25日，均为被告使用期间，按合同约定，应由被告方负责处理。且3月25日的违章记录为“使用伪造、变造的机动车号牌”，《中华人民共和国道路交通安全法》第九十六条第一款规定：“伪造、变造或者使用伪造、变造的机动车登记证书、号牌、行驶证、驾驶证的，由公安机关交通管理部门予以收缴，扣留该机动车，处十五日以下拘留，并处二千元以上五千元以下罚款；构成犯罪的，依法追究刑事责任。”因此，被告至今为止无法处理该违章记录，也造成无法办理车辆过户登记，由此引发纠纷。

【案件焦点】

原、被告签订的《汽车买卖协议书》应否解除。

【法院裁判要旨】

广西壮族自治区贺州市昭平县人民法院经审理认为：依法成立的合同受法律保护，当事人应当按照约定履行自己的义务。原、被告之间的汽车买卖合同法律关系真实合法有效，应予以确认。在《汽车买卖协议书》未约定解除条件且双方也未协商一致解除合同的情况下，原告主张解除合同应具备法定解除事由。本案争议的焦点在于被告未能处理违法行为造成车辆无法过户，是否构成了违约，是否符合合同解除的法定情形。依照《机动车登记规定》第十八条第一款“已注册登记的机动车所有权发生转移的，现机动车所有人应当自机动车交付之日起三十日内向登记地车辆管理所申请转移登记”的规定，以及双方签订的《汽车买卖协议书》第四条“……甲方必须无条件提供与过户相关的证件、手续，并积极配合，不得推诿”的约定，机动车转让后办理过户手续，是机动车出卖方的主义务之一，原告购买车辆后，其有要求出卖方即被告协助办理产权过户手续的权利，而协助办理车辆过户手续亦是被告的主要义务。本案中，因被告的多次违章行为并因该违章记录无法消除致使车辆无法办理过户手续，后被交通运输局责令停运整改，在此期间被告仍未能将车辆违章行为处理完毕，直至原告起诉、本案庭审结束，仍有违法行为未能处理，车辆仍无法办理过户手续。因被告未能提供车辆过户的合法手续，致使案涉车辆不能办理过户手续，严重影响了原告对车辆的正常使用和处分，其对车辆的所有权亦得不到保护，已使合同目的不能实现。依照《中华人民共和国合同法》第九十四条“有下列情形之一的，当事人可以解除合同：……（四）当事人一方迟延履行债务或者有其他违约行为致使不能实现合同目的”之规定，原告请求解除合同符合法定解除的情形，故原告要求解除合同的诉讼请求，理据充分，应予以支持。根据《中华人民共和国合同法》第九十七条“合同解除后，尚未履行的，终止履行；已经履行的，根据履行情况和合同性质，当事人可以要求恢复原状、采取其他补救措施，并有权要求赔偿损失”之规定，原告要求被告返还购车款，理据充分，法院应予以支持。在被告向原告返还购车款后，原告也应向两被告返还涉案车辆。综上所述，原告的诉讼请求部分有理，部分无理。依照《中华人民共和国合同法》第八条、第六十条、第九十四条第四项、第九十七条，《中华人民共和国民事诉讼法》第六十四条第一款，《最高人民法院关于民事诉讼证据的若干规定》第二条之规定，作出如下判决：

一、解除原告黄某邦与被告吴某兴签订的《汽车买卖协议书》；

二、被告黄某源、吴某兴于本案判决生效后十日内共同向原告黄某邦返还购车款10万元；原告黄某灵在被告黄某源、吴某兴足额返还购车款当日向两被告返还案涉车辆；

三、驳回原告黄某邦的其他诉讼请求。

【法官后语】

如本案的情形，实务中会出现两种观点：一种意见为可解除合同，另一种意见为不可解除合同。

认为不可解除合同的理由是，《中华人民共和国合同法》第四十四条规定：“依法成立的合同，自成立时生效。法律、行政法规规定应当办理批准、登记等手续生效的，依照其规定。”《中华人民共和国物权法》第二十三条规定：“动产物权的设立和转让，自交付时发生效力，但法律另有规定的除外。”第二十四条规定：“船舶、航空器和机动车等物权的设立、变更、转让和消灭，未经登记，不得对抗善意第三人。”根据上述法律规定，汽车属于动产，不以办理过户登记为生效要件，过户登记仅有对抗善意第三人的效力。本案中，双方签订的协议书是双方的真实意思表示，原告支付了货款，被告交付了车辆由原告管理使用，原告已经实现了购车目的，虽不能办理过户登记，但并不影响合同的效力，故原告不能解除合同。

认为可以解除合同的理由是，本案中，双方当事人在协议书中明确约定，由被告出售给原告汽车，并在办理过户手续后付完尾款。由此，该合同条款对出卖方约定了两个义务：一个是汽车的交付义务；另一个是过户手续的办理。且依照《机动车登记规定》第十八条第一款“已注册登记的机动车所有权发生转移的，现机动车所有人应当自机动车交付之日起三十日内向登记地车辆管理所申请转移登记”之规定，办理过户手续就是被告的义务。因被告未能提供车辆过户的合法手续，致使涉案车辆不能办理过户，严重影响了原告对车辆的正常使用和处分，其对车辆的所有权亦得不到保护，已使合同目的不能实现。依照《中华人民共和国合同法》第九十四条“有下列情形之一的，当事人可以解除合同：……（四）当事人一方迟延履行债务或者有其他违约行为致使不能实现合同目的”之规定，原告请求解除合同符合法定解除的情形，该合同应予解除。

笔者认为，在合同履行过程中，一方当事人要求解除合同，除双方在合同条款中作出明确约定在一方当事人不履行合同内容时可解除外，另一种可解除合同的情况则是具备法定事由。本案中，协议内容未约定解除合同的条件，且双方在纠纷发生后也未能协商一致，在此情况下，合同一方主张解除合同就应具备法定解除事由。而是否具备法定解除事由，就应看被告方是否存在违约行为导致合同目的无法实现，且又出现解除合同的条件成就的问题。一般来说，办理过户手续为从给付义务，但当合同当事人对该义务作出明确约定时，该从给付义务也成了主给付义务。由此，在一方未履行合同约定的给付义务时，则构成了根本违约，另一方则有权请求解除合同。本案最终判决解除合同，主要是基于上述理由。

编写人：广西壮族自治区贺州市昭平县人民法院　黄冰海

37

当事人应对其主张的法律关系变更消灭或权利受到妨害承担举证证明责任

——中车公司诉中铁联合公司买卖合同案

【案件基本信息】

1. 裁判书字号

北京市第二中级人民法院（2019）京02民终15394号民事判决书

2. 案由：买卖合同纠纷

3. 当事人

原告（被上诉人）：中车公司

被告（上诉人）：中铁联合公司

【基本案情】

2014年1月7日，中铁联合公司（卖方）与北车公司（买方）签订《买卖合同》。2014年1月9日，北车公司向中铁联合公司付款3768万元。2015年12月28日，北车公司变更名称为中车公司。2018年8月22日，中车公司向中铁联合公司发送《催告函》，中铁联合公司于次日签收。2018年8月28日，中车公司向中铁联合公司发送《合同解除通知》，中铁联合公司于2018年8月29日签收。现中车公司请求判令：（1）中铁联合公司退还中车公司预付的货款3768万元；（2）中铁联合公司赔偿中车公司逾期退款损失（以3768万元为基数，自2018年8月29日起至实际退还之日止，按银行同期同类贷款基准利率上浮30%计算）；（3）中铁联合公司向中车公司支付因诉讼花费的律师费5万元，案件受理费由中铁联合公司负担。

【案件焦点】

中铁联合公司主张双方签订《买卖合同》系应中车公司的要求为帮助解决中车公司下属企业长期挂账债权问题，系无实物流转的购销合同，据此主张该合同意思表示不真实，应属无效合同，应由谁承担证明责任。

【法院裁判要旨】

北京市丰台区人民法院经审理认为：中车公司与中铁联合公司于2014年1月7日签订《买卖合同》，中铁联合公司辩称其意思表示不真实，该合同系无实物流转的钢材购销合同，为帮助解决湖北北车公司债权长期挂账。但中车公司、中铁联合公司双方均在合同上盖章确认，故该合同应属有效，双方均应依约定履行合同义务，中铁联合公司内部决议不影响该合同的对外效力。本案中，中车公司已预付货款，但中铁联合公司未按约履行交货义务，中车公司于2018年8月28日通知中铁联合公司解除涉案合同，中铁联合公司于次日收到该通知，合同解除。根据法律规定，合同解除后，尚未履行的，终止履行；已经履行的，根据履行情况和合同性质，当事人可以要求恢复原状、采取其他补救措施，并有权要求赔偿损失。现中车公司主张中铁联合公司退还预付款并支付逾期退还损失，符合法律规定，但双方未就逾期退还损失的计算标准予以明确，中车公司主张过高，法院依法予以调整。关于中车公司主张中铁联合公司支付律师费一节，具有合同依据，法院予以支持。综上，依照《中华人民共和国合同法》第九十三条、第九十六条、第九十七条之规定，作出如下判决：

一、中铁联合公司于判决生效后七日内向中车公司退还货款3768万元；

二、中铁联合公司于判决生效后七日内向中车公司支付逾期退还损失（以3768万元为基数，自2018年8月29日起至实际退还之日止，按中国人民银行同期贷款利率计算）；

三、中铁联合公司于判决生效后七日内向中车公司支付律师费5万元；

四、驳回中车公司的其他诉讼请求。

中铁联合公司不服一审判决，持原审答辩意见提起上诉。

北京市第二中级人民法院经审理认为：依照《中华人民共和国民事诉讼法》第六十四条第一款之规定，当事人对自己提出的主张，有责任提供证据。《最高人民法院关于适用〈中华人民共和国民事诉讼法〉的解释》第九十条规定，当事人对自己提出的诉讼请求所依据的事实或者反驳对方诉讼请求所依据的事实，应当提供证据加以证明，但法律另有规定的除外。在作出判决前，当事人未能提供证据或者证据不足以证明其事实主张的，由负有举证证明责任的当事人承担不利的后果。第九十一条规定，人民法院应当依照下列原则确定举证证明责任的承担，但法律另有规定的除外：（1）主张法律关系存在的当事人，应当对产生该法律关系的基本事实承担举证证明责任；（2）主张法律关系变更、消灭或者权利受到妨害的当事人，应当对该法律关系变更、消灭或者权利受到妨害的基本事实承担举证证明责任。

本案中，中车公司主张其与中铁联合公司于 2014 年 1 月 7 日签订《买卖合同》后，中车公司依约向中铁联合公司预付货款 3768 万元，中铁联合公司未依约交付货物，中车公司于 2018 年 8 月 28 日发出通知解除涉案合同，提起本案诉讼要求中铁联合公司退还预付货款并给付逾期退款损失、律师费。中车公司就其所提诉讼主张提交了买卖合同、付款凭证、催告函、合同解除通知等证据予以证明。中铁联合公司主张双方 2014 年 1 月 7 日签订《买卖合同》系应中车公司的要求为帮助解决中车公司下属企业长期挂账债权问题而签订，系无实物流转的购销合同，据此主张该合同意思表示不真实，应属无效合同。根据上述法律及司法解释规定，中铁联合公司应当就其所提反驳主张提供相应证据。本案《买卖合同》显示，双方在合同中均予以盖章确认，且相关付款凭证与合同约定能够形成印证，中铁联合公司虽然提交《审计结论与决定》等用以证明其所提反驳主张，但上述《审计结论与决定》系中铁联合公司系统内部决议，并非双方联合作出，中车公司对于审计所述事实亦不予认可。因中铁联合公司在本案审理过程中就其所提反驳主张未提交充分有力证据，中铁联合公司依法应当承担不利后果，一审法院认为中铁联合公司内部决议不影响涉案买卖合同对外效力并无不当。

北京市第二中级人民法院依照《中华人民共和国民事诉讼法》第一百七十条第一款第一项的规定，作出如下判决：

驳回上诉，维持原判。

【法官后语】

本案涉及的是主张合同无效的举证责任分配问题。根据《最高人民法院关于适用〈中华人民共和国民事诉讼法〉的解释》第九十一条第一项的规定，主张法律关系存在的当事人，应当对产生该法律关系的基本事实承担举证证明责任。其中，

“法律关系存在”与“法律关系产生”的关系是不仅法律关系已经产生，还要求法律关系未发生变动，而法律关系发生变动是上述司法解释第九十一条第二项提出的抗辩主张一方应举证证明的内容，所以主张法律关系存在的当事人举证证明法律关系产生的基本事实即可，不认可法律关系存在的当事人应就其抗辩所主张的法律关系变更、消灭或权利受到妨害的基本事实承担证明责任。以买卖合同为例，主张合同价金给付请求权的一方，只需要对产生该法律效果的要件事实承担证明责任，即出卖人与买受人就买卖标的物和价款达成一致、出卖人转移标的物的所有权于买受人。买受人提出抗辩时，其应就抗辩所依据的权利能力和行为能力的瑕疵、合同无效和可撤销以及合同解除等导致法律关系消灭或权利受到妨害的要件事实承担证明责任，以消灭或阻却出卖人主张的法律效果。

《最高人民法院关于适用〈中华人民共和国民事诉讼法〉的解释》第九十一条第二项规定的主张法律关系变更、消灭或权利受到妨害属于民事诉讼法上事实抗辩的范畴，事实抗辩是指当事人通过主张与相对方主张的事实不同的事实或法律关系来排斥相对方的主张，包括权利未发生的抗辩和权利消灭的抗辩。事实抗辩通过主张新的事实来抵抗创设法律关系的基础事实，使之出现与法律关系创设规范不同的法律后果，从而使相应的实体法规范不适用。

权利受到妨害的抗辩基础，是指权利因特定事由受到妨害而未能产生的法律规范。权利受到妨害的抗辩基础如《中华人民共和国合同法》中合同无效的条款，《中华人民共和国合同法》第五十二条中关于合同无效的五种法定情形的规定，当事人可以存在该五种情形之一为由主张合同自始无效，以此抗辩相对方依合同主张的权利。《中华人民共和国合同法》第五十条规定：“法人或者其他组织的法定代表人、负责人超越权限订立的合同，除相对人知道或者应当知道其超越权限的以外，该代表行为有效。”其中除外规定的情形属于权利妨碍规范，相对人知道或者应当知道法人或者其他组织的法定代表人、负责人超越权限的，可以阻却法人或者其他组织的法定代表人、负责人越权行为的效力。

本案中，中车公司主张其与中铁联合公司于2014年1月7日签订《买卖合同》后，中车公司依约向中铁联合公司预付货款3768万元，中铁联合公司未依约交付货物，中车公司于2018年8月28日发出通知解除涉案合同，提起本案诉讼要求中铁联合公司退还预付货款并给付逾期退款损失、律师费。中车公司就其所提诉讼主张提交了买卖合同、付款凭证、催告函、合同解除通知等证据予以证明。中铁联合公司主张双方2014年1月7日签订《买卖合同》系应中车公司的要求为帮助解决中车公司下属企业长期挂账债权问题而签订，系无实物流转的购销合同，据此主张该合同意思表示不真实，应属无效合同。中铁联合公司上述主张属于权利受到妨害的抗辩，中铁联合公司应当就其所提抗辩主张提供相应证据。本案《买卖合同》显示，双方在合同中均予以盖章确认，且相关付款凭证与合同约定能够形成印证，中铁联合公司虽然提交《审计结论与决定》等用以证明其所提反驳主张，但上述《审计结论与决定》系中铁联合公司系统内部决议，并非双方联合作出，中车公司对于审计所述事实亦不予认可。因中铁联合公司在本案审理过程中就其所提反驳主张未提交充分有力证据，中铁公司依法应当承担不利后果。

编写人：北京市第二中级人民法院　许英

38

合同一方违反从合同义务和附随义务的，对方可以解除合同

——魏某诉范某刚、热冠公司买卖合同案

【案件基本信息】

1. 裁判书字号

北京市第三中级人民法院（2019）京03民终12029号民事判决书

2. 案由：买卖合同纠纷

3. 当事人

原告（被上诉人）：魏某

被告（上诉人）：范某刚

被告（被上诉人）：热冠公司

【基本案情】

2016 年 11 月，魏某开始装修罗马湖国际艺术区房屋，2016 年 11 月 19 日，魏某委托李某华从经销商范某刚处购买空气源热泵热水器两台，单价为 1.9 万元，购买总花费 3.8 万元。魏某房屋装修完成时间为 2017 年夏季，热水器未使用，直至 2017 年 10 月初才初次使用热水器，使用时发现产品显示故障，无法启动。后多次联系范某刚，无法解决，遂于 2017 年 12 月 9 日通过物流将热水器退回原厂。厂家回复称是断电引起的损坏，因为天气寒冷冻坏了，要求魏某另付 1.4 万元修理机器。魏某认为该产品应有相应的使用须知告知使用者，但厂家并未做到，厂家及经销商也没有告知使用的注意事项。魏某认为二被告存在虚假宣传、故意隐瞒欺诈行为，违反《中华人民共和国消费者权益保护法》《中华人民共和国产品质量法》等规定，故起诉至法院，请求法院判令：（1）解除魏某、范某刚之间的买卖合同；（2）范某刚退还魏某货款 3 万元，赔偿魏某损失 11.4 万元，热冠公司对上述款项支付承担连带责任；（3）诉讼费由范某刚、热冠公司承担。

【案件焦点】

当事人可否以对方违反从给付义务和附随义务为由解除合同，如果可以，需要满足什么条件。

【法院裁判要旨】

北京市顺义区人民法院经审理认为：当事人的违约行为致使不能实现合同目的的，可以解除合同。范某刚主张其在安装热水器时将产品的使用说明书、保修卡交给了李某华，并告知李某华如何使用及注意事项，魏某对此不予认可，范某刚就其主张未提交证据予以证实，故法院对于范某刚的辩解意见不予采信。在范某刚并未告知李某华及魏某热水器怕冻、不能断电等注意事项并向魏某交付产品使用说明书的情况下，热水器因断电损坏，范某刚的违约行为导致魏某购买产品的合同目的无法实现，符合法定解除条件，故对于魏某要求解除双方买卖合同的请求，予以支持，合同解除时间为范某刚收到魏某的起诉书之日，即 2019 年 3 月 5 日。

对于魏某要求退还给货款的诉讼请求，双方认可魏某已向范某刚支付 2.8 万元，范某刚应将该部分货款退还魏某。范某刚与热冠公司并非代理销售关系，魏某的产品系从范某刚处购买，魏某并未举证证明产品的质量存在缺陷，本案也并非因产品缺陷造成人身、财产损害的情形，故魏某要求热冠公司连带返还货款的诉讼请求缺乏事实和法律依据，不予支持。

魏某要求二被告赔偿11.4万元，但未提交证据证明魏某存在欺诈行为，故对魏某的该项诉讼请求，不予支持。关于辅材费用和运费损失，魏某未提交充分的证据，仅有微信记录显示支付运费700元，对于该700元法院予以支持，其余主张不予支持。综上所述，依据《中华人民共和国合同法》第九十四条、第一百三十六条，《中华人民共和国消费者权益保护法》第八条，《中华人民共和国民事诉讼法》第一百四十四条，《最高人民法院关于适用〈中华人民共和国民事诉讼法〉的解释》第九十条之规定，作出如下判决：

一、确认原告魏某与被告范某刚于2016年11月19日形成的买卖合同关系于2019年3月5日解除；

二、被告范某刚于本判决生效后七日内退还原告魏某货款2.8万元并支付运费损失700元；

三、驳回原告魏某的其他诉讼请求。

范某刚不服一审判决，提出上诉。

北京市第三中级人民法院经审理认为：一审事实认定清楚，法律适用准确。北京市第三中级人民法院依照《中华人民共和国民事诉讼法》第一百七十条第一款第一项之规定，作出如下判决：

驳回上诉，维持原判。

【法官后语】

《中华人民共和国合同法》第九十四条规定了法定解除合同的情形，根据该条规定，违反主给付义务，原则上相对人可以解除合同，但违反从给付义务、附随义务，能否依据该条第四项的规定要求解除合同，即本案的焦点问题。具体认定时需从该条文的解释入手，先对“其他违约行为”进行考量，再对个案的“合同目的”进行探明，并结合举证责任把握违约行为与合同目的不能实现之间的因果关系和原因力大小，从而作出是否解除合同的判决。

1. 其他违约行为是否包含从给付义务及附随义务之违反

《中华人民共和国合同法》第九十四条第四项未详细列出“其他违约行为”的具体内容，从文义解释和体系解释的角度看，“其他”是除拒绝履行、延迟履行和不可抗力以外的其他违约行为。从学理上讲，“违约行为”是指一方不履行合同义务或履行合同义务不符合约定的行为，而合同义务包括主给付义务、从给付义务和附随义务，因此，不履行从给付义务和附随义务属于不履行合同义务的行为，符合违约行为的含义，应列入前述规定的“其他违约行为”的行列。范某刚应按照交易习惯将有关单证和资料（包括使用说明书、质量保证书等）交付给魏某（从给付义务），并告知魏某机器怕冻、不能断电等注意事项（附随义务），范某刚违反上述从给付义务及附随义务的行为属于前述条文中的“其他违约行为”。

2. 具体案件中“交易目的”的探明

合同目的是指当事人根据约定希望达成的法律效果。要探明合同目的，可以从以下几个方面着手：首先，审查合同文本，这是针对双方签订书面合同的情况，合同中一般都有“为了”“鉴于”等表明目的的字眼；其次，考虑典型交易目的，如本案是典型的买卖合同，买受人的目的在于获得标的物的所有权，所有权的权能包括占有、使用、收益、处分；最后，推定当事人的主观目的，即站在一个理性人的角度，结合具体案情和双方证据情况推定当事人的交易目的。具体到本案，双方没有签订书面买卖合同，结合本案双方陈述和证据可知，魏某购买热水器的主要目的是使用，通过热水器给房屋供暖，当范某刚的违约行为导致魏某的使用权能无法实现时，符合法定解除条件。

3. 关于违约行为与合同目的不能实现两者之间的因果关系的判定

从给付义务和附随义务的违反，一般在达到严重程度时，才会导致合同目的不能实现，两者之间需具备因果关系，具体需结合举证责任、合同履行程度、违约行为对合同目的的影响程度等予以考虑。热水器的操作说明及怕冻、不能断电等注意事项的告知、提示直接关系到热水器能否正常使用，前者对后者影响程度较大。从举证责任的分配看，魏某已经举证证明热水器无法正常使用，并提出范某刚未交付使用说明书亦未告知其注意事项，两者存在因果关系，范某刚如要反驳，应提供证据证明其履行了重要信息的告知、提示义务或热水器的损坏是由其他原因造成的，范某刚虽然主张热水器损坏是李某华的不当使用导致，但并未提交任何证据进行反证，范某刚应当就此承担不利的法律后果。

编写人：北京市顺义区人民法院　王雅菲

39

以格式合同变更原合同约定的效力认定

——宇日公司诉蒋某林买卖合同案

【案件基本信息】

1. 裁判书字号

浙江省绍兴市中级人民法院（2019）浙06民终3998号民事判决书

2. 案由：买卖合同纠纷

3. 当事人

原告（上诉人）：宇日公司

被告（被上诉人）：蒋某林

【基本案情】

2018年5月18日，蒋某林（乙方）与晨熙公司（甲方）签订《销售合同》一份，约定由该公司向蒋某林提供用户光伏发电系统，产品规格型号为LW6P60－270W，组件111块，单价为7.5元，总金额合计224775元；付款时间为并网成功后以银行发放贷款时间为准（乙方应配合甲方完成贷款签订），付款方式为银行发放贷款。合同签订后，宇日公司于2018年6月10日前将上述系统安装于被告处。

2018年6月22日，晨熙公司作为供应方（甲方）、宇日公司作为经销方（乙方）、蒋某林作为购买方（丙方）签订《用户光伏发电系统销售安装合同》一份，合同第一条第四款约定：现款合同签订之后3天内丙方付给乙方全款，否则乙方不予配送物料及施工；第九条约定：（1）丙方承诺在贷款未还清之前，本套光伏发电系统所发的电量被丙方消耗的部分，丙方必须按照等额电量根据国家电价核算出所耗电费，并将上述电费存入贷款银行的账户。（2）甲方承诺在贷款未还清之前，丙方只需要把上述电费存入银行贷款账户上，如有不足部分由甲方来偿还。

2018年6月22日，蒋某林与国网浙江诸暨市供电公司签订《居民光伏发电项目发用电合同》，将宇日公司所安装的用户光伏发电系统接入国家电网。

宇日公司认为案涉货款已满足支付条件，蒋某林拒不支付货款的行为侵犯了其合法权益，故起诉至法院，请求法院判令蒋某林支付货款 224775 元及相应利息损失。

【案件焦点】

1. 以格式合同变更原合同约定，效力如何认定；2. 产业政策发生变化的背景下，光伏企业及用户如何维护自身权益。

【法院裁判要旨】

浙江省诸暨市人民法院经审理认为：本案争议焦点在于蒋某林购买的用户光伏发电系统付款方式如何确定。蒋某林与晨熙公司签订的《销售合同》约定，货款由晨熙公司负责贷款，蒋某林（乙方）负责配合完成贷款签订，根据居民光伏用电系统安装惯例，货款支付方式、时间是合同的重要组成部分，如何支付货款的约定足以影响用户是否决定安装光伏发电系统，现宇日公司主张《用户光伏发电系统销售安装合同》第四条对付款方式进行变更，根据庭审查明的事实，该合同系由宇日公司提供的格式合同，但未能提供证据证实宇日公司对货款支付方式变更的内容向蒋某林进行了提示或明确告知，合同第九条仍有关于贷款期限内责任的约定，蒋某林有理由相信付款方式未作出变更，且宇日公司亦未能提供被告不予配合完成贷款签订的证据，故应由宇日公司承担举证不能的法律责任。鉴于《销售合同》对货款支付时间进行了明确约定，即银行贷款发放后，宇日公司提供的证据不足以证实双方对货款支付时间进行变更，或被告阻却付款条件成就，故货款支付条件尚未成就。

浙江省诸暨市人民法院根据《中华人民共和国合同法》第一百六十一条、《最高人民法院关于适用〈中华人民共和国民事诉讼法〉的解释》第九十条的规定，作出如下判决：

驳回宇日公司的全部诉讼请求

宇日公司不服一审判决，提出上诉。

浙江省绍兴市中级人民法院经审理认为：本案争议的主要焦点是双方当事人对于涉案的光伏发电系统的付款方式有无进行过变更。蒋某林与晨熙公司于 2018 年 5 月 18 日签订的《销售合同》中明确约定蒋某林的付款方式为银行发放贷款。在诉讼过程中，双方一致确认宇日公司于2018年6月10日将涉案的光伏发电系统安装完毕。嗣后，宇日公司、晨熙公司又与蒋某林于2018年6月22日签订了《用户光伏发电系统销售安装合同》，在该合同的第一条第四款约定“现款合同签订之后3天内丙方付给乙方全款，否则乙方不予配送物料及施工”，同时在合同第九条又有关于贷款期限内责任的约定。据此，作为现款合同明确约定需蒋某林付清全款后，宇日公司再行安装，否则宇日公司可以拒绝施工。而本案中，从蒋某林与晨熙公司第一次签约约定的付款方式为银行贷款、在安装完成后蒋某林与晨熙公司及宇日公司又进行第二次签约且同时约定贷款期限内的责任的实际情形看，宇日公司主张双方对于货款支付方式进行了变更，依据不足，一审判决不予支持，并无不当。

浙江省绍兴市中级人民法院依照《中华人民共和国民事诉讼法》第一百七十条第一款第一项之规定，作出如下判决：

驳回上诉，维持原判。

【法官后语】

光伏产业凭借太阳能的绿色无污染、清洁可再生的特点，一度作为国家能源战略的重要组成部分而受到国家政策的大力扶持，一时间国家补贴、银行无息贷款等优惠政策不断。而这些政策优势恰好迎合了广大群众对于创收致富的需求，同时也解决了部分群众投资资金短缺的难题，使得光伏产业一度在国内市场如火如荼，发展迅速。但近年来，光伏产业发展市场化趋势明显，国家政策层面对光伏产业的扶持力度逐渐降低，相应优惠政策也在逐渐减少。在此环境下，部分群众因为缺乏法律意识和风险防范意识，加之一些光伏厂商的误导性宣传，如厂家往往以零投入、免费安装、稳定收益作为卖点进行宣传，导致光伏产业领域纠纷频发。本案正是在上述背景之下，银行贷款政策发生变化，导致案涉货款支付条件无法成就而成讼（宇日公司并未主张银行贷款无法到位的原因系蒋某林不配合办理贷款手续所致）。

本案中，面对无法收到货款的困境，宇日公司的对策是与蒋某林签订新的格式合同来变更货款支付方式，而对于该格式合同的效力，应从以下两个角度来进行分析认定。

第一，当事人变更合同约定应当协商一致，且意思表示明确。根据《中华人民共和国合同法》第七十七条第一款的规定，当事人协商一致，可以变更合同。该法第七十八条同时规定，当事人对合同变更的内容约定不明确的，推定为未变更，所以当事人可以变更合同约定，但前提是协商一致，且变更内容要明确。而本案中，根据双方当事人的庭审陈述可知，双方当事人并未就变更货款支付方式达成一致，很明显，全款支付并不符合蒋某林签订合同的初衷，其目的在于“免费使用”光伏发电设备来获取收益，当然这也符合光伏发电设备安装的惯例，以及此前国家政策的价值导向。同时，《用户光伏发电系统销售安装合同》对贷款支付和全款支付均进行了约定，二者相互矛盾，属于对变更内容的约定不明。

第二，判断合同内容是否属于格式条款，若属于格式条款，则应履行必要的提示义务。本案中，若如宇日公司所述，其与蒋某林签订《用户光伏发电系统销售安装合同》系为了将货款支付方式由银行贷款变为全款支付，这显然单方加重了蒋某林的义务，故该合同中关于变更货款支付方式的条款应判断为格式条款为宜，作为合同的提供方，宇日公司有义务对蒋某林履行必要的提示义务，然并无证据证明宇日公司已履行上述义务，故即便《用户光伏发电系统销售安装合同》中关于格式条款的约定内容明确，亦不发生变更合同的效力。

诚然，当下光伏产业面临产能过剩，政府扶持力度减少等不利因素，但打铁还需自身硬，一个产业的优胜劣汰终需接受市场的考验。在当前形势下，光伏厂商在开展业务时，应当对国家政策导向、市场需求等因素进行充分调研，以降低经营风险，如确因情势变更导致合同无法继续履行或者合同目的无法实现，应当以协商自愿为前提，谋求变更或者解除合同，减少损失维护权益，同时应当合理开展宣传，以避免客户群体不必要的误解；对于投资者，要警惕“免费的午餐”，要结合自身经济实力，选择适合自己的投资渠道，对于那些看似一本万利，不需要成本投入的投资项目尤其要审慎理性地进行判断，结合政策环境，合理评估收益情况，以降低投资风险。

编写人：浙江省诸暨市人民法院　赵镥杰

40

买卖合同形成债权及转让

——邦瑞奇公司诉威格尔公司买卖合同案

【案件基本信息】

1. 裁判书字号

山东省德州市乐陵市人民法院（2019）鲁1481民初18号民事判决书

2. 案由：买卖合同纠纷

3. 当事人

原告：邦瑞奇公司

被告：威格尔公司

【基本案情】

自2012年起至2018年止，被告威格尔公司向胜通公司购买钢丝帘线，2018年4月17日双方达成《还款协议》，协议内容为："经双方确认，截至2018年4月，威格尔公司尚欠胜通公司钢丝帘线货款24138894.71元，威格尔公司分3年（36个月）还清胜通公司全部货款，即自2018年4月起至2021年3月止，每月偿还67万元，直至最后一个月即2021年3月偿还剩余全部货款688894.71元。"

2018年10月22日，胜通公司与原告邦瑞奇公司达成《债权转让协议》，内容为："胜通公司将对威格尔公司的债权24138894.71元全部转让给邦瑞奇公司，胜通公司在本协议签订后将上述转让事宜通知威格尔公司，邦瑞奇公司按本协议直接向债务人主张权利。"

【案件焦点】

1. 债权转让是否有效；2. 买卖合同给付债权未到期能否一次全部主张。

【法院裁判要旨】

山东省乐陵市人民法院经审理认为：被告威格尔公司与案外人胜通公司之间的买卖合同关系、原告与案外人胜通公司签订债权转让协议，各方均主体适格，意思表示真实，不违反法律规定，应认定为合法有效。原告邦瑞奇公司称案外人胜通公司已通过 EMS 快递将债权转让协议书邮寄给被告威格尔公司，并提供投递单及回执为证，快递单系投递快递时由寄件人留存，回执系网站打印，未经快递公司盖章予以确认，且收件人为他人张某，回执单上也不能反映投递的是何物，故对 EMS 投递单及回执的证明力不予确认，但原告邦瑞奇公司将上述转让债权诉至法院，法院已向被告威格尔公司的委托诉讼代理人王某送达了民事起诉状等法律文书且被告委托诉讼代理人已参加庭审，因此可认定被告已知晓债权转让的事实，该债权转让已发生法律效力，故被告威格尔公司应依法承担还款义务。原告主张的还款数额为24138894.71 元，提交还款协议为证，经被告质证，被告对还款协议的真实性无异议，但辩称对于还款协议中约定的分期还款未到期债权，被告不应当承担还款责任，根据《中华人民共和国合同法》第一百六十七条第一款之规定，分期付款的买受人未支付到期价款的金额达到全部价款的五分之一的，出卖人可以要求买受人支付全部价款或者解除合同。自 2018 年 4 月至原告起诉之日 2019 年 1 月，计 10 个月，按照协议约定，每月应偿还 67 万元，10 个月共计 670 万元，被告未支付该款项，该数额已达到全部价款 24138894.71 元的五分之一，因此，原告要求被告支付协议约定的全部价款 24138894.71 元符合法律规定，应予支持。对于原告主张的逾期利息，还款协议和债权转让协议书中对此亦并未作约定，根据《最高人民法院关于审理买卖合同纠纷案件适用法律问题的解释》第二十四条第四款的规定，买卖合同没有约定逾期付款违约金或该违约金的计算方法，出卖人以买受人违约为由主张赔偿逾期付款损失的，人民法院可以中国人民银行同期同类人民币贷款基准利率为基础，参照逾期罚息利率标准计算，原告与案外人胜通公司签订债权转让协议书的时间为 2018 年 10 月 22 日，故应自 2018 年 10 月 22 日起按照中国人民银行同期贷款利率计算利息。被告威格尔公司与案外人胜通公司签订还款协议的时间为 2018 年 4 月 17 日，原告与案外人胜通公司签订债权转让协议书的时间为 2018 年 10 月 22 日，根据相关法律对诉讼时效的规定，原告的起诉未超过诉讼时效，因此对被告所称已超诉讼时效的反驳主张不予支持。为此，依照《中华人民共和国民法总则》第一百八十八条，《中华人民共和国合同法》第八十条、第一百零七条、第一百六十七条，《最高人民法院关于审理买卖合同纠纷案件适用法律问题的解释》第二十四条第四款之规定，作出如下判决：

一、限被告威格尔公司于本判决生效后十日内给付原告邦瑞奇公司款24138894.71元（以24138894.71元为基数，利息自2018年10月22日起按中国人民银行同期贷款利率计算至实际给付日）；

二、驳回原告的其他诉讼请求。

【法官后语】

本案为涉及买卖合同、债权转让、合同逾期未履行等多项问题的相对复杂案件。就本案而言应先厘清诉讼主体之间的法律关系，重点就本案涉及的基础法律关系即原告诉讼请求的事实依据、法律依据详细分析。涉及债权转让协议，各方主体适格，意思表示真实，不违反法律规定，应认定为合法有效。债权转让通知的通知方式，本案中原债权人通过EMS快递将债权转让协议书邮寄，因投递单、快递单是由寄件人留存的，未经快递公司盖章予以确认，且收件人为他人，回执单上也不能反映投递的是何物，故对EMS投递单及回执的证明内容无法确认。但原告将上述转让债权诉至法院，法院已向被告送达了民事起诉状等法律文书且被告委托诉讼代理人已参加庭审，可认定被告已知晓债权转让的事实，并且该债权转让已发生法律效力。关于原告所诉逾期利息，因本案所涉债权系因胜通公司与被告威格尔公司买卖合同产生，根据《中华人民共和国合同法》第一百六十七条第一款之规定，分期付款的买受人未支付到期价款的金额达到全部价款的五分之一的，出卖人可以要求买受人支付全部价款或者解除合同。在胜通公司将债权转让后，本案原告邦瑞奇公司有权要求被告支付受让债务。对于原告主张的逾期利息，还款协议和债权转让协议书中对此亦并未作约定，根据《最高人民法院关于审理买卖合同纠纷案件适用法律问题的解释》第二十四条第四款之规定，买卖合同没有约定逾期付款违约金或该违约金的计算方法，出卖人以买受人违约为由主张赔偿逾期付款损失的，人民法院可以中国人民银行同期同类人民币贷款基准利率为基础，参照逾期罚息利率标准计算，原告与案外人胜通公司签订债权转让协议书的时间为2018年10月22日，故应自2018年10月22日起按照中国人民银行同期贷款利率计算利息。关于本案的诉讼时效问题，因被告与胜通公司签订还款协议的时间为2018年4月17日，原告与胜通公司签订债权转让协议书的时间为2018年10月22日，故本案未过诉讼时效。

编写人：山东省德州市乐陵市人民法院　张来

41

混凝土买卖合同中单价变更协议能否撤销

——欣达公司诉企润公司买卖合同案

【案件基本信息】

1. 裁判书字号

江苏省常州市中级人民法院（2019）苏04民终1705号民事判决书

2. 案由：买卖合同纠纷

3. 当事人

原告（上诉人）：欣达公司

被告（被上诉人）：企润公司

【基本案情】

2016年10月25日，原告作为需方（甲方）与被告作为供方（乙方）签订《预拌混凝土购销合同》，约定：供方向需方供应商品砼材料，但如遇供方砼不及时或无泵车等情况，甲方有权使用其他公司材料；结算价格：按当期常州工程造价信息中混凝土供应价优惠42%结算，项目实施过程中，结算价格优惠幅度不得因原材料市场价格波动等其他原因作调整；在任何情况下（含协会意见、市场材料涨价）不得调整双方约定的按信息指导价下浮点数，否则视乙方单方面违约，甲方有权立刻终止合同，并由乙方赔付给甲方100万元违约金。2017年3月26日、5月8日、5月24日、10月25日、11月28日、2018年4月26日，被告陆续向原告发出调价函、补充协议、通知等，表明由于各种原材料紧张导致原材料价格急剧上涨，同时《常州市混凝土信息指导价》未跟上原材料的上涨幅度，导致企业生产成本急剧上升，使公司的生产经营面临极大困难，为了维护企业的正常经营，保证混凝土产品质量，被告多次上调了合同中约定的结算价格；原告在调价函、补充协议、通知上盖章确认。其间，原告也于2017年7月15日、12月26日、2018年2月25日向被告发出过通知，表明经对周边市场行情的跟踪与了解，近期黄砂、石子、水泥价格已有所下调，常州地区商品混凝土价格已逐步回落，为维护双方合理权益，原告决定下调结算价格；双方均在通知上盖章确认。

现原告认为被告以停止供货、拖延供货为手段，胁迫其在违背内心真实意思表示的情况下调整结算价格，要求撤销自2016年10月25日后的所有关于调整价格的补充协议、调价函、通知等。

【案件焦点】

原告主张撤销自2016年10月25日后的所有关于调整价格的补充协议、调价函、通知等是否有相应的事实和法律依据。

【法院裁判要旨】

江苏省常州市武进区人民法院经审理认为：当事人应当遵循诚实信用原则，按照约定全面履行自己的义务。本案中，原告主张撤销补充协议、调价函、通知等并无依据。理由如下：第一，原、被告虽然在《预拌混凝土购销合同》中约定“项目实施过程中，砼结算价格优惠幅度不得因原材料市场价格波动等其他原因做调整”，但亦约定“在任何情况下（含协会意见、市场材料涨价）不得调整双方约定的按信息指导价下浮点数，否则视乙方单方面违约，甲方有权立刻终止合同，并由乙方赔付给甲方100万元违约金”，即双方对于被告调整价格的违约责任作了约定，赋予了原告在被告发生调整价格行为后的救济权，而原告并未以调价为由向被告提出终止合同。第二，当事人协商一致的，可以变更合同。本案中，由于价格调整，双方签订了补充协议，原告在被告所发出的载有价格调整的调价函、四份《关于调整商品砼结算价格的通知》上进行了盖章确认，同时原告也向被告发出三份调价通知，要求下调价格，被告亦予以盖章确认，原告也按照调整后的价格付款。上述补充协议、调价函、通知及原告的付款行为等充分说明双方在签订购销合同后，随着市场行情的变化，经过协商对价格进行了多次变更。第三，原告主张被告以不供料、拖延供料胁迫原告接受调价，但未提供足够的证据予以证明。原、被告于2017

年5月8日签订的《补充协议》中明确载明“本补充协议是甲、乙双方真实意思表示，不存在任何欺诈胁迫的情形，甲、乙双方均无责，甲乙双方对调整结算价格的行为互不追究对方任何责任”。另外，从被告提供的与其他公司签订的混凝土购销合同、补充协议、调价通知等可以看出，在同时期，被告向原告及其他公司所供混凝土的价格是相同或相近的，且被告非独家经营，双方在购销合同中亦约定“如遇供方砼不及时或无泵车等情况，甲方有权使用其他砼公司材料”，如被告供料不及时，原告可向其他供应商购买砼，事实上，庭审中原告也认可在此期间曾向其他供应商购买过产品。

综上，对于原告要求撤销自2016年10月25日后原、被告所签订的所有关于调整价格的补充协议、调价函、通知等的诉讼请求法院不予支持，依照《中华人民共和国合同法》第六十条、第七十七条第一款，《中华人民共和国民事诉讼法》第六十四条第一款之规定，作出如下判决：

驳回欣达公司的诉讼请求。

欣达公司不服一审判决，提起上诉。

江苏省常州市中级人民法院经审理认为：关于欣达公司与企润公司自2016年10月25日之后所形成的补充协议、调价函和调价通知是否应当予以撤销问题，《中华人民共和国合同法》第五十四条规定，下列合同，当事人一方有权请求人民法院或者仲裁机构变更或者撤销：（一）因重大误解订立的；（二）在订立合同时显失公平的。一方以欺诈、胁迫的手段或者乘人之危，使对方在违背真实意思的情况下订立的合同，受损害方有权请求人民法院或者仲裁机构变更或者撤销。当事人请求变更的，人民法院或者仲裁机构不得撤销。本案中，欣达公司以企润公司违反双方合同约定，多次停止供货，胁迫其调整结算价格为由，要求撤销欣达公司与企润公司自2016年10月25日之后所形成的补充协议、调价函和调价通知。根据上述规定，欣达公司依法应当就企润公司的胁迫事由承担举证责任。但其提交的证据却不足以证明上述事实，故依法应当承担举证不能的法律责任。欣达公司二审中补充提交了刘某萍的证言，因刘某萍无正当理由未出庭作证，故对欣达公司提交的该份证人证言，法院依法不予采信。据此，欣达公司要求撤销相应补充协议、调价函和调价通知的主张不能成立，原审法院未予支持，并无不当。需要说明的是，欣达公司与企润公司虽然在购销合同中约定“项目实施过程中，砼结算价格优惠幅度不得因原材料市场价格波动等其他原因做调整”，但在合同履行过程中，双方根据市场行情调整砼结算价格的行为并不为法律所禁止。同时，如果欣达公司不同意砼结算价格调整，完全可以根据双方合同的约定终止合同，要求欣达公司向其赔付违约金，并可通过向第三方采购的方式解决其工地的用料需求，但欣达公司不仅未按购销合同的约定行使相应的权利，反而却按照调整后的结算价格进行对账付款，这从侧面佐证了上述协议系双方当事人的真实意思表示，欣达公司现要求撤销上述补充协议、调价函和调价通知于法无据。

综上所述，欣达公司的上诉请求不能成立，应予驳回；一审判决认定事实清楚，适用法律正确，应予维持。依照《中华人民共和国民事诉讼法》第一百七十条第一款第一项之规定，作出如下判决：

驳回上诉，维持原判。

【法官后语】

在混凝土买卖合同纠纷中，常见的争议焦点是货款的结算金额问题。混凝土公司在完成供货后，双方为结算问题常常要长时间扯皮，人为地造成大量时间和资源的浪费。货款结算金额一般由两部分构成：方量和单价。在以往的案件中，双方发生争议通常是因为结算方量，而本案中导致双方产生纠葛的却是单价问题。混凝土市场的供求关系一直处于变化之中，这种行情的转变使得双方在交易过程中会产生许多不稳定因素。事实上混凝土价格从2017年下半年开始大幅上涨，2018年基本也处于高位状态，故而本案纠纷发生的背景是混凝土行业处于卖方市场的情况下。

《中华人民共和国合同法》第五十四条规定，下列合同，当事人一方有权请求人民法院或者仲裁机构变更或者撤销：（一）因重大误解订立的；（二）在订立合同时显失公平的。一方以欺诈、胁迫的手段或者乘人之危，使对方在违背真实意思的情况下订立的合同，受损害方有权请求人民法院或者仲裁机构变更或者撤销。当事人请求变更的，人民法院或者仲裁机构不得撤销。本案中，原、被告双方在《欣达公司预拌混凝土购销合同》中约定了砼结算价格优惠幅度不得因原材料市场价格波动等其他原因做调整，但被告企润公司还是基于行情趋势多次要求上调价格，原告欣达公司在被告提出上调价格后未行使合同赋予的权利即终止合同并主张违约金，而是与被告协商后签订了多份补充协议、调价函，并按照调整后的价格向被告进行付款；且原告也未能提交证据证明自2016年10月25日之后所形成的补充协议、调价函和调价通知系受胁迫签订，直至二审阶段方提供了一份证人证言，而法院也因证人无正当理由未到庭接受质证故而未予采信。综上，法院驳回了原告的全部诉讼请求。

在混凝土行情大幅波动的情况下，双方权利不对等，各方如何保护自身的权益，笔者建议：第一，根据混凝土市场价格的规律，制定合理的违约责任，使市场有利一方不敢轻易违约；第二，建立行业诚信体系，使不讲诚信的企业在行业中难以生存；第三，在“受胁迫”签订合同后，尽早向相关机关或行业协会主张权利，固定证据，使诉讼有据可依。

编写人：江苏省常州市武进区人民法院　王晶

42

出售不能上牌农用车，支持购车者返款还车主张

——曾某均诉叙业公司买卖合同案

【案件基本信息】

1. 裁判书字号

四川省泸州市中级人民法院（2019）川05民终894号民事判决书

2. 案由：买卖合同纠纷

3. 当事人

原告（被上诉人）：曾某均

被告（上诉人）：叙业公司

第三人：福达公司、贺某群

【基本案情】

曾某均与叙业公司的员工陈某系老乡，叙业公司是福达公司的销售商。2015年8月，曾某均在叙业公司工作人员陈某的手里购买了福达公司生产的福达牌多功能拖拉机一辆，双方协商了包括购车款、车子登记上户、保险等费用共13.68万

元，曾某均当时支付了定金。9月底，叙业公司通知曾某均提车，曾某均支付了大部分款项。10月4日，曾某均委托叙业公司为其办理拖拉机入籍、转户、保险的相关手续；后叙业公司委托贺某群（贺某群又委托他人）为曾某均办理了农用车牌照、拖拉机行驶证、道路运输证、拖拉机定期检验合格证，叙业公司自己为曾某均办理了车辆保险。11月，叙业公司将农用车牌照、行驶证等交给曾某均，曾某均付清了余款。后叙业公司交给曾某均由福达公司出具的机动车销售统一发票，发票上显示购车款为115150元。2018年7月，叙永县森林公安局天池派出所在办理罗某林非法采伐国家重点保护植物一案时，发现该案中曾某均为罗某林运输木材时驾驶上述大中型拖拉机的号牌及行驶证涉嫌伪造、变造。后委托甘肃省永昌县农机监理站核查，确认曾某均所驾驶的该大中型拖拉机所使用的号牌、行驶证、检验合格标志无注册登记信息，号牌、行驶证、检验合格标志均为伪造。2018年9月，叙永县公安局天池派出所介绍曾某均携带车辆注册登记相关材料到该县农机监理站为车辆登记上户。2018年10月，叙永县农机监理站出具该“机动车不符合拖拉机注册登记标准，不能予以登记注册”的证明。后曾某均与叙业公司多次协商未果，故曾某均提起诉讼，请求判决解除曾某均与叙业公司之间的农用车买卖合同；叙业公司立即退还曾某均购车款13.68万元，曾某均退还叙业公司拖拉机；叙业公司赔偿曾某均保险费和年审费损失。

【案件焦点】

1. 叙业公司是否是买卖合同相对人；2. 本案讼争的买卖合同关系应否解除；3. 原审判令合同解除后曾某均将旧损车辆予以返还是否恰当。

【法院裁判要旨】

四川省泸州市叙永县人民法院经审理认为：曾某均在叙业公司选购车辆，曾某均将购车款交给叙业公司，叙业公司将车交付曾某均，双方已经建立起买卖合同关系。虽然叙业公司交给曾某均的机动车销售统一发票是由福达公司出具的，但是叙业公司系福达公司的销售商，故这不能否认曾某均与叙业公司之间的买卖合同关系，本案拖拉机买卖的双方当事人为曾某均与叙业公司。车辆行驶证是准予机动车在我国境内道路上行驶的法定证件。曾某均在叙永公司处购买车辆，双方协商了包括购车款、车子登记上户、办道路运输证等费用共计13.68万元，叙业公司收取曾某均的办证费并由叙业公司托人办理该车证照，曾某均从叙业公司处得到相关证照后付清余款，但叙业公司交给曾某均的农机私人户（案涉拖拉机行驶证）系假牌照，已导致曾某均购买车辆的目的不能实现，故曾某均请求解除双方之间的农用车买卖合同符合法律规定。根据《中华人民共和国合同法》第九十七条“合同解除后，尚未履行的，终止履行；已经履行的，根据履行情况和合同性质，当事人可以要求恢复原状、采取其他补救措施，并有权要求赔偿损失”的规定，曾某均与叙业公司订立的买卖合同因无法实现合同目的而解除，根据双方的履行情况，以及叙业公司对于造成解除合同的原因具有故意的过错，且为牟利，故对曾某均要求叙业公司退还曾某均购车款、曾某均退还叙业公司讼争拖拉机的诉讼请求，法院依法予以支持。

四川省泸州市叙永县人民法院依照《中华人民共和国合同法》第九条、第六十条、第九十四条第四项、第九十七条、第一百零七条，《中华人民共和国民事诉讼法》第六十四条的规定，作出如下判决：

一、解除曾某均与叙业公司之间的买卖合同；

二、叙业公司于本判决生效后十日内返还曾某均 13.68 万元，同时，曾某均将福达牌拖拉机一辆返还给叙业公司；

三、驳回曾某均的其他诉讼请求。

叙业公司提起上诉。

四川省泸州市中级人民法院经审理认为：原审法院认定事实清楚，适用法律正确，同意一审法院裁判意见，依照《中华人民共和国民事诉讼法》第一百七十条第一项的规定，作出如下判决：

驳回上诉，维持原判。

【法官后语】

本案反映了当前拖拉机买卖领域普遍存在的两个问题：一是生产商代销售商向购车者出具购车发票的情况下，应认定何者为买卖合同的当事人；二是在拖拉机不符合农用车上牌规定的情况下，购车者能否以此为由诉请解除合同，解除合同导致的损失应如何承担。本案为此类案件处理提供了一个范本。

首先，在认定合同相对方的问题上，不应简单地认定发票出具人即合同相对方，而应根据达成买卖合意的双方是谁、购车人向谁付款、谁向买车人交付货物等情况综合认定。本案讼争车辆的买卖系叙业公司与曾某均之间达成的意思合意，由叙业公司向曾某均出售讼争车辆，由曾某均向叙业公司支付货款，买卖合同双方系曾某均与叙业公司。福达公司与叙业公司之间签订的销售合同，系福达公司向叙业公司出售福达牌车辆，供叙业公司对外销售，叙业公司向福达公司支付货款的销售合同，而并非福达公司委托叙业公司代为销售福达牌车辆并向叙业公司支付报酬的委托销售合同。福达公司虽然向曾某均出具了发票，但是双方并无意思联络，福达公司是应叙业公司的要求出具该发票，不能据此认定福达公司与曾某均之间存在买卖关系。

其次，若出售的拖拉机不符合农用车上牌规定导致车辆不能上路运行，则合同目的不能实现，可以解除合同，并由违约方承担相应损失。《中华人民共和国合同法》第九十四条第四项规定，当事人一方迟延履行债务或者有其他违约行为致使不能实现合同目的，可以解除合同。本案中，因叙业公司出售的讼争车辆不属于拖拉机注册登记管理目录内的农用拖拉机，依照规定不能办理登记注册并发放牌照，致使该车不能上路运营。叙业公司的违约行为导致曾某均购买该车的合同目的无法实现，依照上述规定，曾某均有权要求解除合同。依照《中华人民共和国合同法》第九十七条“合同解除后，尚未履行的，终止履行；已经履行的，根据履行情况和合同性质，当事人可以要求恢复原状、采取其他补救措施，并有权要求赔偿损失”之规定，本案中，因叙业公司的违约行为导致合同解除，曾某均有权要求叙业公司收回车辆并返还购车款。虽然该车已交付购车者使用3年，存在磨损，但合同解除系叙业公司的过错所致，相应损失应由叙业公司自行承担。因此法院判令支持购车者退款还车的请求，由此也可督促销售商诚信经营。

编写人：四川省泸州市叙永县人民法院　饶兰兰

43

协议终止，结算条款未成就，不必然阻却支付剩余货款义务

——中厦公司诉博奥公司买卖合同案

【案件基本信息】

1. 裁判书字号

青海省西宁市中级人民法院（2019）青01民终1730号民事判决书

2. 案由：买卖合同纠纷

3. 当事人

原告（上诉人）：中厦公司

被告（被上诉人）：博奥公司

【基本案情】

2018年4月25日，中厦公司（卖方）与博奥公司（买方）签订《预拌混凝土购销合同》，约定中厦公司分批次向博奥公司供应混凝土，双方以签证结果为结算依据及付款方式等。在合同履行过程中，博奥公司发现中厦公司供应的某项目5号楼第9层标号为C30泵送的混凝土、第10层标号为C30泵送的混凝土质量存在问题，进而导致不合格而拆除重建。2018年10月31日，博奥公司与中厦公司签订《混凝土购销补充协议》，将供货付款方式变更为"先货后款"，同时约定"未结算的剩余混凝土货款等法院就关于此次质量事故，应由乙方[①]承担的施工单位和建设单位全部损失赔偿与违约金责任作出判（裁）决，依据判（裁）决书里的判（裁）决金额在本项目竣工验收后进行实际结算"。在合同继续履行过程中，双方因供货付款产生纠纷，2019年4月19日，博奥公司向中厦公司发出《终止合同函》后联系其他公司向其继续供应混凝土，中厦公司亦未再向其供应混凝土。中厦公司遂向

---

① 《混凝土购销补充协议》中，"乙方"为中厦公司。

西宁市城东区人民法院诉请博奥公司支付剩余混凝土货款致纠纷产生。

【案件焦点】

案涉工程项目并未竣工验收，结算付款条件是否成就。

【法院裁判要旨】

青海省西宁市城东区人民法院经审理认为：依法成立的合同，对当事人具有法律约束力，合同履行中，当事人可以就民事法律行为附条件。中厦公司与博奥公司先后签订的《预拌混凝土购销合同》和《混凝土购销补充协议》，系双方真实意思表示，且不违反有关法律法规规定，合法有效，对双方当事人均具有约束力。在《混凝土购销补充协议》中明确约定双方就未结算的剩余混凝土款进行结算附有条件，结算条件为双方就关于此次质量事故，应由中厦公司承担的施工单位和建设单位的全部损失赔偿与违约金责任经法院作出判（裁）决，依据判（裁）决书里的判（裁）决金额在本项目竣工验收后进行实际结算。经庭审核实，双方现并未就案涉质量事故损失赔偿问题通过诉讼或者其他方式予以解决且案涉工程项目并未竣工验收，故结算条件不成就，双方应就损失赔偿问题另行解决，竣工验收后再行对未付混凝土款进行结算。故对中厦公司诉求博奥公司支付欠付混凝土款，不予支持。对中厦公司提出的博奥公司发出《终止合同函》，即视为对《预拌混凝土购销合同》和《混凝土购销补充协议》均予以终止，不应再适用《混凝土购销补充协议》中关于结算部分约定的意见，《中华人民共和国合同法》第九十八条明确规定合同的权利义务终止，不影响合同中结算和清理条款的效力，《混凝土购销补充协议》中第二条系双方对未付款项结算的约定，不受合同权利义务终止的影响，对双方均具有约束力，故对此部分意见，不予支持。

青海省西宁市城东区人民法院依照《中华人民共和国民法总则》第一百五十八条，《中华人民共和国合同法》第八条、第九十八条，《中华人民共和国民事诉讼法》第一百三十四条第一款、第一百四十二条，《最高人民法院关于适用〈中华人民共和国民事诉讼法〉的解释》第九十条之规定，作出如下判决：

驳回原告中厦公司的全部诉讼请求。

中厦公司不服一审判决，提出上诉。

青海省西宁市中级人民法院经审理认为：中厦公司与博奥公司于2018年10月

31 日签订的《混凝土购销补充协议》，由双方签字且加盖印章进行确认，系双方真实意思表示，且不违反有关法律规定，合法有效，对双方当事人均具有约束力。现中厦公司主张支付剩余货款，博奥公司抗辩认为因涉案过程未竣工验收，混凝土质量问题导致的建筑物拆除、重做及工期延误等损失无法计算，需待明确损失后提起诉讼，由法院判决确认损失后达到结算条件。但博奥公司在 2019 年 4 月 19 日的《终止合同函》中称“按照合同第十条违约责任中的第 3 项，你公司已违约，同时给我公司造成直接经济损失 4331635.72 元”，证明其自认因混凝土质量问题造成其公司直接经济损失是明确的，其应及时向中厦公司主张权利，且在本案一审中亦未对质量问题造成的损失提起反诉，属怠于行使权利，阻却本案纠纷的解决，故基于公平原则、诚实信用原则，应视为付款条件已成就。依据《中华人民共和国合同法》第九十八条之规定，当事人一方未支付价款或者报酬的，对方可以要求其支付价款或者报酬，博奥公司应承担支付剩余货款的民事责任。

二审中，双方确认涉案合同发生混凝土货款总计 10921805 元，博奥公司已付 800 万元，剩余 2921805 元未付。双方对扣减有质量问题的混凝土货款 103180 元意见一致。博奥公司还提出中厦公司供应的混凝土方量存在误差，应扣除 3 万元的误差费用。中厦公司认为双方在每个月的建筑工程分栋预（结）算书（共计 18 张）中均对供应的混凝土标号、数量、单价、金额予以签字确认，故对扣除 3 万元的混凝土方量误差费用不予认可。对于扣减因质量问题拆除重建的混凝土货款 103180 元，双方意见一致，予以确认。在履行合同的过程中，双方对于供应的混凝土方量及价款在建筑工程分栋预（结）算书中签字确认，应视为对每次供货数量及价款的最终确认，故对博奥公司扣减 3 万元的主张，不予支持。故本案欠付货款为 2818625 元（10921805 元 - 已付 800 万元 - 103180 元 = 2818625 元）。

青海省西宁市中级人民法院依照《中华人民共和国合同法》第六十条、第一百零九条、第一百三十条、第一百五十七条、第一百五十九条，《中华人民共和国民事诉讼法》第一百七十条第一款第二项之规定，作出如下判决：

一、撤销西宁市城东区人民法院（2019）青 0102 民初 2983 号民事判决；

二、博奥公司于判决生效之日起十五日内支付中厦公司货款 2818625 元。

【法官后语】

本案中，《混凝土购销补充协议》对剩余工程款结算条件约定为“双方就关于此次质量事故，应由中厦公司承担的施工单位和建设单位的全部损失赔偿与违约金责任经法院做出判（裁）决，依据判（裁）决书里的判（裁）决金额在本项目竣工验收后进行实际结算。”同时约定了中厦公司每供应300万元的混凝土时押款200万元，以此类推，博奥公司可以未达到结算条件为由拒付剩余货款。单从双方自愿原则分析，可以视为双方对剩余货款结算条件的约定，但存在几种可能性：(1) 本案因混凝土质量造成的损失计算若以施工单位和建设单位的全部损失赔偿与违约金责任由出卖方负担，势必会造成卖方责任承担扩大化，毕竟本案混凝土质量问题的范围为买受方建设的一栋楼一个单元的两层（有质量问题的混凝土货款103180元），两层混凝土出现问题导致的损失应当及时固定证据，主张损失，另外，造成全部损失的情形还有其他可能性；(2) 施工单位和建设单位的工程进度，出卖人在协议终止后，掌握工程进度存在一定的难度，若施工单位和建设单位不通过诉讼途径解决，结算条件也很难实现；(3) 项目是否能够按时通过竣工验收，出卖人在协议终止后，掌握竣工验收情况有一定难度，并且是否顺利竣工验收存在其他因素。《最高人民法院关于审理买卖合同纠纷案件适用法律问题的解释》第四十四条规定：“出卖人履行交付义务后诉请买受人支付价款，买受人以出卖人违约在先为由提出异议的，人民法院应当按照下列情况分别处理：（一）买受人拒绝支付违约金、拒绝赔偿损失或者主张出卖人应当采取减少价款等补救措施的，属于提出抗辩；（二）买受人主张出卖人应支付违约金、赔偿损失或者要求解除合同的，应当提起反诉。”在二审庭审中，被上诉人博奥公司举证拟证明上诉人中厦公司违约在先，为避免诉累，在上诉人中厦公司作为出卖人起诉请求支付价款时，如被上诉人博奥公司作为买受人因主张质量问题造成损失与违约金，应尽量在一审中通过反诉一并解决，而一审法院向博奥公司释明反诉权利后，博奥公司未向一审法院提出反诉。本案中，被上诉人博奥公司在2019年4月19日的《终止合同函》中称“按照合同第十条违约责任中的第3项，你公司已违约，同时给我公司造成直接经济损失4331635.72元”，即在自认为因混凝土质量事故造成其公司直接经济损失4331635.72元大于中厦公司主张的价款2921805元的情形下，应及时主张权利。被上诉人博奥公司仅函至上诉人中厦公司，亦未在一审法院释明其在中厦公司主张支付价款诉讼中通过反诉维护其合法权益，虽然是其权利的自由处分，但客观上通过补充协议的形式阻却了中厦公司对支付价款权利的主张，拖延了其自身的支付货款的义务，怠于纠纷解决。基于公平原则、诚实信用原则，应视为付款条件已成就，买受人可就混凝土质量问题造成的损失另诉主张。

旨在通过此案，一方面，引导买受人应在发现出卖人供应的混凝土存在质量问题时，及时固定证据、计算损失、主张权利，避免因怠于行使权利扩大损失；另一方面，为避免诉累，应积极释明权利，促使买卖双方尽可能地在一个案件中解决争议，基于公平原则、诚实信用原则，营造良好的营商环境。

编写人：青海省西宁市中级人民法院　孙丰虎

44

买卖合同双方可根据交易习惯补充合同条款

——丰新福公司诉建星经营部、陈某林买卖合同案

【案件基本信息】

1. 裁判书字号

福建省厦门市海沧区人民法院（2019）闽0205民初374号民事判决书

2. 案由：买卖合同纠纷

3. 当事人

原告：丰新福公司

被告：建星经营部、陈某林

【基本案情】

自2011年12月起，天润公司分别与晨北经营部等多家建材经营部签订《采购合同》或《补充协议》，约定天润公司向上述经营部采购砂石材料，被告陈某林均作为上述经营部的联系人在《采购合同》或《补充协议》落款处签字确认。尔后上述多家建材经营部又与原告丰新福公司签订《采购合同》，被告陈某林又作为上述建材经营部的联系人在《采购合同》落款上签字确认。在上述多家建材经营部与原告签订的《采购合同》履行后，各建材经营部均出具了相对应的《材料结算确

认表》，并由陈某林在《材料结算确认表》上签字确认。至此，上述各建材经营部所需向天润公司的供货义务，均由被告陈某林交由原告丰新福公司代为向天润公司履行。原告完成交货后均持天润公司出具的《称重计量单》与陈某林结算，上述各经营部收到天润公司支付的货款后，由陈某林按砂、石每立方米提取返点费用并扣除发票税点后，余款支付给原告或原告认可的收款主体。至2018年8月，原告丰新福公司与被告陈某林及上述经营部的砂、石交易已全部完成，双方没有争议。

2018年8月31日，被告陈某林又以建星经营部名义与天润公司签订《采购合同》，2018年10月30日，天润公司与被告建星经营部签订《补充协议》。上述《采购合同》生效后，依前述交易惯例，被告陈某林仍然将《采购合同》的部分供货义务交由原告丰新福公司代为向天润公司履行。2018年9月至2018年11月，由原告丰新福公司直接将砂石运送至天润公司，天润公司验收货物后出具《称重计量单》交付给原告丰新福公司收执。2018年11月20日，天润公司向被告建星经营部支付2018年9月至10月砂石货款6220763.81元。2018年12月24日，天润公司又向被告建星经营部支付2018年11月砂石货款2950409.57元。根据原告丰新福公司持有的《称重计量单》统计，2018年9月至11月，原告丰新福公司共代被告建星经营部及陈某林向天润公司交付砂、石共计56545.94方，货款总额为5825250.74元。由于被告陈某林及建星经营部未将该款支付原告，2019年1月17日原告向法院提起诉讼。

【案件焦点】

1. 被告陈某林是否长期通过不同的建星经营部等经营主体向天润公司供应砂、石材料及原告丰新福公司是否长期代被告陈某林控制的不同建材经营部向天润公司供应砂、石材料；2. 原告是否为本案讼争的2018年9月至11月部分砂、石材料的实际供货方；3. 关于本案讼争的货款数额；4. 关于本案讼争的2018年9月至11月原告供应的砂石货款是否属于原告应得款项；5. 关于被告陈某林与被告建星经营部应承担的还款责任。

【法院裁判要旨】

福建省厦门市海沧区人民法院经审理认为：第一，根据本案查明事实，陈某林长期担任多家不同建材经营部的联系人，代表多家不同建材经营部全权处理相应建材经营部与天润公司签订《采购合同》或《补充协议》，从而长期向天润公司供应砂石，因此，可以认定被告陈某林长期通过不同建材经营部等建材经营主体向天润公司供应砂、石材料的事实。另外，根据原告持有大量天润公司出具的《称重计量单》、发票并结合陈某林本人及陈某林作为联系人的多家建材经营部向原告及原告委托收款人支付货款等相关事实，可以认定原告长期代被告陈某林控制的多家建材经营部向天润公司供应砂石的事实。第二，根据2018年9月至11月《称重计量单》原件由原告持有、原告员工与天润公司员工庄某超商洽砂石供应事宜、原告法定代表人林某谅与被告陈某林的微信聊天内容，可以认定原告系本案讼争的2018年9月至11月《称重计量单》载明的砂石材料的实际供货方。第三，关于本案讼争的货款数额。法院认为，根据原告提交的2018年9月至11月期间的《称重计量单》并结合天润公司向法院提交的《建行客户专用回单》《建研家商城交易记录详情》《材料结算确认表》等证据，2018年9月至11月原告丰新福公司共代被告建星经营部及陈某林向天润公司供应砂石货款总额为5825250.74元，因此，对该货款数额法院予以确认。第四，虽然砂石货款总额为5825250.74元，但该款并非全部归原告所有。根据查明的事实，原告与被告陈某林在长期的交易过程中形成的交易习惯，被告陈某林及不同的建星经营部在支付给原告的货款中均应扣除相应的税费及砂石款返点费用，因此，依交易习惯，本次讼争的货款的相应税费及砂石款返点费也应由原告承担，予以扣除。法院认为，砂石款返点费用实际应为被告陈某林及建星经营部的应得利润，应当予以扣除。依之前砂碎石每立方米由被告陈某林及相应建星经营部提取返点费用的交易习惯，本案讼争砂石的返点费也应当按原告向天润公司供应的砂石方量进行扣除。第五，从本案讼争货款的时间段看，有被告建星经营部与天润公司签订的《采购合同》及《补充协议》、原告法定代表人林某谅与陈某林的微信聊天内容、被告建星经营部在厦门农村商业银行东孚支行的账户详情并结合本案其他证据，均证实陈某林是本案讼争砂石的买方，陈某林为实际交易者，因此陈某林应承担向原告支付货款的民事责任。此外，被告建星经营部与陈某林共同成为与原告砂石买卖合同的相对方，系共同买受人，因此被告建星经营部应承担本案讼争货款的共同清偿责任。被告建星经营部关于其为独立经营者、与陈某林存在独立买卖关系而未受陈某林控制的主张与本案查明的事实相悖，法院不予支持。

福建省厦门市海沧区人民法院依照《中华人民共和国合同法》第十条、第六十一条、第一百零七条、第一百零九条，《最高人民法院关于适用〈中华人民共和国合同法〉若干问题的解释（二）》第七条，《最高人民法院关于审理买卖合同纠纷案件适用法律问题的解释》第一条第一款、第二十四条第四款，《中华人民共和国民事诉讼法》第六十四条第一款，《最高人民法院关于适用〈中华人民共和国民事诉讼法〉的解释》第九十条之规定，作出如下判决：

一、被告陈某林、建星经营部应付给原告丰新福公司砂石货款5297860.51元及利息（利息以5297860.51元为基数，按照中国人民银行同期同类人民币贷款基准利率上浮50%，自2019年1月17日起计算至履行完毕之日）；

二、被告陈某林、建星经营部应付给原告丰新福公司诉讼保全申请费5000元；

三、上述第一、二项所确定的款项，被告陈某林、建星经营部应于本判决生效之日起十日内付清；

四、驳回原告丰新福公司的其他诉讼请求。

【法官后语】

1. 关于买卖合同关系的认定

本案中存在着陈某林、建星经营部、丰新福以及第三人天润锦龙等不同法律主体。因此，梳理分析各个法律主体之间的关系就是判断承担法律责任的关键和认定法律关系的前提。根据庭审查明的事实，原告丰新福公司是代陈某林和建星经营部向第三人供应砂石，建星经营部与第三人有书面的采购合同，但是原告和建星经营部却没有书面的合同关系，因此，被告建星经营部主张其没有将向天润公司供应砂石的合同义务委托给原告代为履行，也没有和被告陈某林共同跟原告形成买卖关系。但是根据《最高人民法院关于审理买卖合同纠纷案件适用法律问题的解释》第一条的规定，当事人之间没有书面合同，一方以送货单、收货单、结算单、发票等主张存在买卖合同关系的，人民法院应当结合当事人之间的交易方式、交易习惯以及其他相关证据，对买卖合同是否成立作出认定。虽然原告丰新福公司同陈某林及建星经营部不存在书面的合同关系，但是结合本案查明的事实，法院还是认定他们之间存在着买卖合同关系，主要原因是原告丰新福公司直接将砂石运送至天润公司，天润公司验收货物后出具《称重计量单》交付给原告丰新福公司收执，并结合陈某林本人及陈某林作为联系人的多家建材经营部向原告及原告委托收款人支付货款等相关事实，可以认定原告长期代被告陈某林控制的多家建材经营部向天润公司供应砂石的事实。原告与被告虽没有书面合同，但是原告凭借送货单和付款记录还是可以看出其与被告的买卖合同关系。因此，支付货款请求权的前提是要存在合法有效的买卖合同关系，而原、被告之间的买卖合同关系是存在的，这也为确定付款金额奠定了基础。

2. 关于合同关系中的交易习惯

本案中存在着所谓的“返点费”或者“劳务费”，其实质是两个买卖合同中砂石的差价。原、被告之间的砂石价格与被告同第三人之间的砂石价格名义上是一致的，但是由于被告可以通过返点等方式收取费用，这实际上减少了原告的利润，间接提高了砂石供应的价格。这里涉及所谓的交易习惯，对于原告应当收取的货款，原告认为砂石款返点费系非法，不应当予以扣除，被告陈某林陈述所谓的返点费实质上是陈某林应当获得的劳务费或利润，并结合原、被告之间所谓的交易习惯认定应当扣除返点费用。

根据《最高人民法院关于适用〈中华人民共和国合同法〉若干问题的解释(二)》第七条的规定，采用当事人双方经常使用的习惯做法，不违反法律、行政法规强制性规定的，人民法院可以认定为合同法所称“交易习惯”。对于交易习惯，由提出主张的一方当事人承担举证责任。原、被告在庭审中均不否认存在返点费用，因此，认定返点费用为原被告双方经常使用的习惯做法。《中华人民共和国合同法》是认可交易习惯的，根据该法第六十一条的规定，合同生效后，当事人就质量、价款或者报酬、履行地点等内容没有约定或者约定不明确的，可以协议补充；不能达成补充协议的，按照合同有关条款或者交易习惯确定。

交易习惯的认定应当符合以下条件：首先，原、被告之间存在生效的合同，这是适用交易习惯的前提。如果没有合法有效事实合同关系的存在，也就谈不上所谓的交易习惯。应当按照未生效合同的相关法条或者其他法律关系来解释争议和纠纷。其次，合同双方应当存在符合交易习惯的情形。(1) 合同双方虽未将某项义务列入合同条款，但是双方行为符合所属行业或特定区域、领域内经常采用的，对方订立合同时所知道或者应当知道的做法。(2) 合同双方经常使用的习惯做法。本案中返点费用应当属于原、被告经常使用的习惯做法。最后，根据“谁主张，谁举证”的民事证据原则，认为应当适用交易习惯的一方应当承担举证责任，并承担举证不能的法律后果。本案中，原、被告双方均承认存在着交易习惯做法，因此，可以将此类行为视为法律意义上的交易习惯。从裁判理由上看，由于双方并未有书面的合同，也没有进一步口头约定货款的计算方式，适用双方的交易习惯来确定货款总额是符合法律依据的。

编写人：福建省厦门市海沧区人民法院　薛自力　宁鑫

45

区分法定代表人的职务行为与个人行为，应当结合个案情况综合考量

——陈某宏诉盛博公司、冯某榕买卖合同案

【案件基本信息】

1. 裁判书字号

广东省汕头市中级人民法院（2019）粤05民终946号民事判决书

2. 案由：买卖合同纠纷

3. 当事人

原告（被上诉人）：陈某宏

被告（上诉人）：盛博公司、冯某榕

第三人：林某鑫

【基本案情】

2018年12月26日，陈某宏通过微信与林某鑫沟通、洽谈购买保时捷帕拉梅拉车辆事宜。双方就车辆、款式、配置、价格、定金及交货时间进了约定。陈某宏先后向林某鑫支付了50万元定金。2019年2月24日，林某鑫向陈某宏出具《欠条》，主要内容：我于2018年12月28日以盛博公司法定代表人的身份出售保时捷帕拉梅拉，收定金50万元，现车无法按期交还陈某宏，本人从2018年12月28日至

2019 年 3 月 1 日全数退回。2019 年 2 月 26 日，林某鑫向陈某宏出具《欠款确认书》，主要内容：本人于 2018 年 12 月 28 日以盛博公司法定代表人的身份向陈某宏出售保时捷帕拉梅拉车辆，并收取定金 50 万元，现因无法将保时捷帕拉梅拉车辆交付陈某宏，本人自愿于 2019 年 3 月 2 日将定金 50 万元退回给陈某宏。

另查明，盛博公司经核准于 2018 年 11 月 27 日成立，法定代表人林某鑫，住所汕头市潮阳区海门镇北门社区疏港路×号，注册资金 500 万元，于 2043 年 11 月 27 日前缴足，经营范围：机动车维修、销售等。2019 年 1 月 7 日，盛博公司的法定代表人由林某鑫变更为冯某榕。企业工商档案显示，2019 年 1 月 7 日至同年 3 月 5 日，林某鑫担任盛博公司监事，出资额及比例分别为 250 万元和 50%。

陈某宏向法院起诉请求：（1）解除陈某宏与盛博公司之间关于保时捷帕拉梅拉轿车的买卖合同关系；（2）盛博公司立即偿还陈某宏购车价款 50 万元以及承担违约金 110 万元；（3）冯某榕对盛博公司上述债务承担连带责任。

【案件焦点】

林某鑫向陈某宏出售汽车的行为是个人行为还是盛博公司的公司行为。

【法院裁判要旨】

广东省汕头市潮阳区人民法院经审理认为，本案林某鑫以盛博公司的名义与陈某宏因销售保时捷帕拉梅拉轿车达成的买卖合同是双方在平等、自愿基础上签订的，是双方的真实意思表示，除定金条款外，合法有效，可予确认。本案的主要焦点为：（1）买卖合同可否解除；（2）林某鑫向陈某宏出售汽车的行为是个人行为还是盛博公司的公司行为；（3）定金条款和违约金条款能否同时适用；（4）违约金数额的认定；（5）冯某榕应否承担连带责任。

第一，关于买卖合同可否解除的问题。根据《中华人民共和国合同法》第九十四条第四项的规定，当事人一方迟延履行债务或者有其他违约行为致使不能实现合同目的，当事人可以解除合同。本案中，林某鑫明确表示无法将保时捷帕拉梅拉轿车交付陈某宏，致使陈某宏不能实现合同目的。因此，陈某宏有权解除合同。

第二，林某鑫向陈某宏出售汽车的行为是个人行为还是盛博公司的公司行为。本案中，林某鑫作为盛博公司的法定代表人，在与陈某宏洽谈汽车销售的过程中，向陈某宏出示了盛博公司的名片、营业执照，并向陈某宏发送了备注有“盛博汽贸”的支付宝二维码，要求陈某宏支付定金，林某鑫的职务和权限足以代表盛博公司对外实施法律行为，也足以让陈某宏相信林某鑫是代表盛博公司向陈某宏出售汽车。另外，林某鑫向陈某宏出具的《欠条》《欠款确认书》也确认其是以盛博公司的名义向陈某宏出售保时捷帕拉梅拉，并收定金。林某鑫以盛博公司的名义向陈某宏出售保时捷帕拉梅拉的行为是其代表盛博公司的意志，是以法人的名义对外表达法人的意思，该行为应认定为法人的行为，其与陈某宏达成的合同，应当推定为公司的意思。因此，林某鑫以法人的名义与陈某宏达成的合同，对盛博公司具有约束力。

第三，关于定金条款和违约金条款能否同时适用的问题。本案中，林某鑫与陈某宏洽谈中，要求陈某宏支付50万元的定金，后来，双方约定“车不到揭阳按车身价110万赔付”的违约金条款，陈某宏既要求盛博公司支付违约金，又主张适用定金罚则，要求盛博公司双倍返还定金。根据《中华人民共和国合同法》第一百一十六条“当事人既约定违约金，又约定定金的，一方违约时，对方可以选择适用违约金或者定金条款”之规定可以看出，合同当事人既约定了违约金，又约定了定金的情况下，如果一方违约，对方当事人可以选择适用违约金或者定金条款，即对方享有选择权，可以选择适用违约金条款，也可以选择适用定金条款，但二者不能并用。故根据陈某宏的诉讼请求，确定按违约金条款处理。

第四，关于违约金数额的认定问题。本案中，双方约定了“车不到揭阳按车身价110万赔付”的违约金条款，但因陈某宏未提交任何证据证明因盛博公司未能交车的行为造成其实际损失的数额，故陈某宏的实际损失应认定为：陈某宏已付定金被盛博公司占用的贷款利息。因违约金为以补偿实际损失为主、以惩罚性为辅的基本性质，综合考虑本案事实，法院酌情将违约金调整为盛博公司未能交车占用陈某宏已付定金的贷款利息的130%。超过部分，不予支持。

第五，关于冯某榕应否承担连带责任的问题。《中华人民共和国公司法》第六十三条规定：“一人有限责任公司的股东不能证明公司财产独立于股东自己的财产的，应当对公司债务承担连带责任。”根据上述规定，对于一人公司，只要债权人提出公司财产与股东个人财产混同，股东就需要提交公司账册、记账凭证、原始凭证等证据证明个人财产与公司财产相互独立，否则就需要对公司债务承担无限连带责任。本案中，法院要求冯某榕提供公司财产独立于个人财产的证明或者提供公司完整账册，但冯某榕未能提供公司财产独立于个人财产的证明，也未提供公司完整的账册，故冯某榕需要对盛博公司的上述债务承担连带责任。

广东省汕头市潮阳区人民法院依照《中华人民共和国合同法》第九十四条第四项、第九十七条、第一百一十六条、第一百一十四条第二款，《中华人民共和国公司法》第六十三条，《最高人民法院关于适用〈中华人民共和国担保法〉若干问题的解释》第一百二十一条和《最高人民法院关于适用〈中华人民共和国民事诉讼法〉的解释》第二百四十条的规定，作出如下判决：

一、解除陈某宏与盛博公司之间关于保时捷帕拉梅拉轿车的买卖合同；

二、盛博公司应于判决发生法律效力之日起十五日内返还陈某宏定金 50 万元，并支付违约金（从 2018 年 12 月 30 日起至还清款项之日止，以已付定金 50 万元为基数，按中国人民银行发布的同期一年期人民币贷款基准利率的 130% 计算）；

三、冯某榕应对盛博公司的上述债务承担连带清偿责任；

四、驳回陈某宏的其它诉讼请求。

盛博公司、冯某榕均不服一审判决，提出上诉。

广东省汕头市中级人民法院经审理认为：本案中，林某鑫的职务和行为，足以让陈某宏相信，林某鑫是代表盛博公司向陈某宏出售汽车，陈某宏有权利以盛博公司为合同相对人请求盛博公司履行合同义务。因此，林某鑫与陈某宏达成合同的行为应认定为盛博公司的法人行为。陈某宏支付 50 万元购车定金后，盛博公司未依约向陈某宏交付汽车，已构成违约，应承担相应的民事责任。原审判决解除陈某宏与盛博公司之间的买卖合同，盛博公司返还陈某宏定金 50 万元并支付违约金，处理正确，予以维持。盛博公司系一人有限责任公司，冯某榕系盛博公司的股东，冯某榕没有提供充分证据证明其个人财产与公司财产相互独立，故冯某榕需要对盛博公司的上述债务承担连带责任。盛博公司、冯某榕主张盛博公司的法定代表人自 2019 年 1 月 7 日起由林某鑫变更为冯某榕，林某鑫在法律上代表不了盛博公司。因林某鑫与陈某宏沟通、洽谈购买车辆及收取 50 万元购车定金的时间均发生在林某鑫担任盛博公司法定代表人期间，故盛博公司、冯某榕的上述主张，缺乏法律依据，不予采纳。关于盛博公司、冯某榕提出陈某宏串通林某鑫，嫁祸盛博公司的意见，因盛博公司、冯某榕没有举证证明陈某宏串通林某鑫嫁祸盛博公司、冯某榕的证据，故该上诉意见，缺乏事实依据，不予支持。盛博公司、冯某榕主张陈某宏委托汇入林某鑫支付宝的定金50万元定性为公司资金，应当通过刑事程序确定。因盛博公司、冯某榕上述主张缺乏法律依据，不予采纳。对于林某鑫提出陈某宏没有给林某鑫付过购车款的意见，因陈某宏与林某鑫的微信聊天内容，林某鑫向陈某宏出具的《欠条》《欠款确认书》以及姚某鑫、黄某雄的支付宝账单能相互印证证明陈某宏于2018年12月28日、29日委托姚某鑫、黄某雄共向林某鑫支付50万元购车定金的事实，故对于林某鑫的上述意见，缺乏事实依据，不予支持。盛博公司和冯某榕的上诉请求均不能成立，应予驳回；一审判决认定事实清楚，适用法律正确，应予维持。依照《中华人民共和国民事诉讼法》第一百七十条第一款第一项的规定，作出如下判决：

驳回上诉，维持原判。

【法官后语】

公司法人与自然人乃我国民法上明确承认的两类重要民事主体，与自然人不同的是，公司法人的权利能力和行为能力必须通过其代表机关成员即代表人的代表行为才能得以实现。法定代表人是最为典型的公司代表人，我国实行单一的、须经登记的法定代表人制度。法定代表人依照公司章程的规定，由董事长、执行董事或者经理担任，并依法登记。公司法定代表人变更，应当办理变更登记。对于法定代表人的行为后果，《中华人民共和国民法通则》第四十三条规定："企业法人对它的法定代表人和其他工作人员的经营活动，承担民事责任。"也就是说，如果法定代表人的行为被认定为职务行为，则其行为后果皆由法人承担；反之，如果法定代表人的行为只是纯粹的个人行为，则法人对此无承担责任的必要。而法定代表人的自然人属性决定了其具有双重人格，即个人人格和公司法人人格，这就导致公司法定代表人在为民事行为时可能出现人格混同与错位。因而，合理界定法定代表人行为的属性，是明确法定代表人行为后果归属的前提。对相对方而言，是维护交易安全之必要，对公司法人及法定代表人而言，则是规范法定代表人履行职责，优化公司内部治理的题中之意。公司法定代表人的双重人格，决定了对其行为属性的判断存在一定难度。对此，我国现行法上无明确指引，学理上未有过多关注，更未形成统一的认识，司法实践中的做法也不尽一致。我们认为，区分法定代表人的职务行为与个人行为，应当结合个案情况，从是否以公司名义、具体交易的标的、公司的经营范围以及交易双方的具体行为等角度综合加以考量判断。例如，行为与公司经营活动是否存在关联性以及是否符合公司与相对方之间的交易习惯等要素。本案争议的焦点就在于林某鑫向陈某宏出售汽车的行为是个人行为还是盛博公司的公司行为。就本案而言，(1) 盛博公司的经营范围为机动车维修、销售等；(2) 林某鑫为盛博公司法定代表人的身份；(3) 在与陈某宏洽谈汽车销售的过程中，向陈某宏出示了盛博公司的名片、营业执照，并向陈某宏发送了备注有“盛博汽贸”的支付宝二维码，要求陈某宏支付定金；(4) 买卖的标的物为全新的高档进口轿车，其品牌堪称奢侈品，而不是一般的生活用品，从常识而言，消费者购买高档的进口轿车，因为涉及上牌手续以及信任的原因，交易习惯也是购买人向公司购买，而不是向不是很熟悉的个人支付大额的资金购买。因此，林某鑫的职务和行为，足以认定林某鑫是代表盛博公司向陈某宏出售汽车，陈某宏有权利以盛博公司为合同相对人请求盛博公司履行合同义务。林某鑫以盛博公司的名义向陈某宏出售保时捷帕拉梅拉的行为是其代表盛博公司的意志的职务行为。

编写人：广东省汕头市中级人民法院　江炯坤

46

对非因不可抗力、情势变更致合同目的不能实现的认定需以一方当事人存在违约行为为前提

——江某诉和某买卖合同案

【案件基本信息】

1. 裁判书字号

广东省茂名市中级人民法院（2018）粤09民终999号民事判决书

2. 案由：买卖合同纠纷

3. 当事人

原告（上诉人）：江某

被告（上诉人）：和某

【基本案情】

江某作为甲方与和某作为乙方于2013年9月1日签订了林地转让合同，约定江某将其持有林权证的位于金垌镇上磨村（送船岗、清社口、落岭）、北界镇文垌村（昂天螺、牛岭、屋地岗、大水头山、白付坑、水涡坑）的林地（以下简称案涉林地）一并转让给和某，并约定了转让林地面积、转让价款及价款支付方式等内容。江某持有的案涉林地的林权证号为信林权证字（2007）第00××××2号，该林权证中载明包含三块林地，其中《森林、林木、林地状况登记表》载明的林地位于金垌镇上么村，小地名为送船岗、清社口、落岭（以下简称争议林地）。上述林地转让合同签订后，和某对案涉林地上的林木进行了砍伐但未按合同约定支付价款，江某对此提起诉讼请求和某按合同约定支付价款并承担违约责任。和某抗辩主张案涉林地中的争议林地的权属存在纠纷，致上述林地转让合同的合同目的无法实现故其未按合同约定支付价款，并要求解除涉及争议林地转让的合同条款并提供了相关村民到争议林地阻挠和某砍伐林木的报警回执等相关证据予以证明。

【案件焦点】

案涉林地中的争议林地权属纠纷是否致林地转让合同目的无法实现。

【法院裁判要旨】

广东省茂名市信宜市人民法院经审理认为：经查，和某确实未按林地转让合同的约定支付价款，和某虽抗辩争议林地权属纠纷致林地转让合同目的无法实现，但和某提交的证据不足以证实争议林地确实存在权属纠纷，应承担举证不能的不利后果，对和某的上述抗辩该法院不予采纳。故和某构成违约，应依法依约支付价款并承担违约责任。因此，依照《中华人民共和国合同法》第六条、第四十四条、第六十条、第一百零七条、第一百零八条、第一百一十四条、第一百二十五条，《最高人民法院关于适用〈中华人民共和国合同法〉若干问题的解释（二）》第二十九条，《中华人民共和国民事诉讼法》第六十四条的规定，作出如下判决：

和某在判决发生法律效力之日起十五日内支付999316元及违约金299795元给江某并驳回江某的其他诉讼请求。

江某与和某均不服一审判决，提起上诉。

广东省茂名市中级人民法院经审理认为：关于焦点一，案涉《木山转让合同》林地结算面积应如何确认的问题。遵循私法自治的原则，双方的权利义务应以合同的约定为准，有约定的按约定处理，没有约定或者约定不明确的，才由法律进行认定和调整。本案中，虽然双方签订的《木山转让合同》所涉转让木山的证载登记面积是 1183 亩，但根据该合同中第一款“……甲方提供林权证面积共 1183 亩，如实际面积与林权证面积差额大于 5%，则甲方要按实际面积计款，即实际面积不能小于 1128.85 亩。如小于 1128.85 亩，乙方按合同价扣除甲方部分款项”之约定，双方在履行合同中如对证载登记面积有异议则按实际面积结算转让款，这实质赋予了双方均享有对涉案木山信林权证字（2007）第 00 ××××2 号林权证登记范围内的林地面积提出重新测绘的权利。由于测算林地实际面积具有专业性，在目前法律制度框架下，有赖于专业机构的判断。据此，上诉人和某 2016 年 6 月 15 日提出的重新测绘要求于法有据。经一审法院委托重新测绘，最终结论林地的实际面积为 906 亩。一审法院结合重新测绘结果及案涉《木山转让合同》中约定的转让每亩单价标准确认转让结算价款为 1799316 元（1986 元/亩 ×906 亩），扣除和某已支付的 80 万元，和某还应支付 999316 元并无不当，法院予以支持。上诉人江某主张按林权证所载面积 1183 亩结算理由不成立，法院不予支持。至于上诉人认为本案林木转让合同中的林地面积已有林权证登记载明，不能以重新测绘实际面积来否定证载面积的问题。在林木转让合同中，林地结算面积条款与国家有关部门林地初始登记的面积具有不同的功能和目的。前者的功能在于确定标的物的转让价格，属于当事人意思自治的范围，后者则主要是基于行政管理、公共政策的目的，当事人就林地面积如何计算价款的约定不受登记规范的影响，双方约定的权利义务应以合同的约定为准，双方可以根据约定重新测绘确定结算面积。至于上诉人江某认为一审法院委托重新测绘不符合鉴定测绘规定的问题。经查，一审委托测绘的机构信宜市林业调查规划设计队是经该院司法委托管理室选定，该机构及其测绘人员具备相应的勘验资质，委托程序并无不当，其所作的勘验报告在案亦无证据显示在程序上存在瑕疵或实体上存在错误。上诉人江某虽对该勘验报告有异议并陈述了自身的分析与判断，但经一审法院释明后并没有提出重新鉴定勘验申请，一、二审中均未能提供足以推翻该勘验报告的相关证据，依据《司法鉴定程序通则》和《最高人民法院关于民事诉讼证据的若干规定》来评定该勘验报告，可以作为本案认定事实的有效依据。至于上诉人江某认为上诉人和某在审理（2016）粤0983民初721号案时已针对其本诉提出反诉，但一审法院针对反诉并没有合并审理而另立（2017）粤0983民初2115号案进行审理的问题。因本诉与反诉属于相互独立之诉，是否合并审理属于人民法院的自由裁量权，故一审针对和某的反诉另立（2017）粤0983民初2115号案审理并无不妥。

关于焦点二，案涉《木山转让合同》中第一片林山所涉的365亩转让合同条款可否解除？经查，该片林山所涉的365亩林地已有信林权证字（2007）第00×××
×2号林权证作出明确的证载登记，权属清楚，上诉人和某在案提供的报警回执和北界林业站的证明不足以对抗该证记载登记的证明效力，不能据此认定所涉365亩林地存在权属争议。至于受到群众阻挠不能砍伐的问题，因合同中并没有约定这可作为解除合同的条件，这完全可以通过协商或报警求助处理解决，并不必然致使不能实现合同目的。此外，基于所涉的365亩转让木山条款属于合同内容约定的一部分，合同内容具有不可分性，当事人请求解除合同个别条款没有法律依据。据此，法院对上诉人和某该主张不予采信。

关于焦点三，一审判令和某向江某支付299795元违约金是否恰当。因和某在没有与江某协商一致的情况下，即在合同履行期间停止向江某支付剩余的合同转让价款，其行为已经构成违约，应当承担相应的违约责任。根据《中华人民共和国合同法》第一百一十四条“当事人可以约定一方违约时应当根据违约情况向对方支付一定数额的违约金，也可以约定因违约产生的损失赔偿额的计算方法。约定的违约金低于造成的损失的，当事人可以请求人民法院或者仲裁机构予以增加；约定的违约金过分高于造成的损失的，当事人可以请求人民法院或者仲裁机构予以适当减少。当事人就迟延履行约定违约金的，违约方支付违约金后，还应当履行债务”之规定以及《最高人民法院关于适用〈中华人民共和国合同法〉若干问题的解释（二）》第二十九条“当事人主张约定的违约金过高请求予以适当减少的，人民法院应当以实际损失为基础，兼顾合同的履行情况、当事人的过错程度以及预期利益等综合因素，根据公平原则和诚实信用原则予以衡量，并作出裁决。当事人约定的违约金超过造成损失的百分之三十的，一般可以认定为合同法第一百一十四条第二款规定的‘过分高于造成的损失’”之规定，同时结合案涉《木山转让合同》第六条“……如乙方在砍伐过半时未付清欠款，甲方有权终止砍伐，并且违约方每6个月处违约金额的20%给甲方，并以此类推……”之约定，一审法院结合本案实际，判定和某按尚欠转让款999316元的30%标准向江某支付违约金恰当，法院予以支持。

综上所述，一审认定事实清楚，判决并无不当，依照《中华人民共和国民事诉讼法》第一百七十条第一款第一项之规定，作出如下判决：

驳回上诉，维持原判。

【法官后语】

本案涉及的是法定解除权形成条件之一“合同目的无法实现”如何认定的问题。《中华人民共和国合同法》第九十四条规定了法定解除权形成的五个条件，其中涉及合同目的无法实现的为第一项和第四项，分别为因不可抗力及因当事人一方迟延履行债务或者有其他违约行为。此外，《最高人民法院关于适用〈中华人民共和国合同法〉若干问题的解释（二）》第二十六条亦规定了因情势变更致合同目的无法实现的当事人可以请求人民法院解除合同。因此，法律规定的致合同目的无法实现形成合同法定解除权的原因包括不可抗力、情势变更及一方当事人的违约行为。不可抗力指不能预见、不能避免并且不能克服的客观情况。情势变更指合同成立以后客观情况发生了当事人在订立合同时无法预见的、非不可抗力造成的不属于商业风险的重大变化。当事人主张其因合同目的无法实现而享有法定解除权时必须以存在上述三种情形为前提。本案中，和某主张的致林地转让合同目的无法实现的原因是争议林地的权属纠纷，村民阻挠其行使案涉林地林木的砍伐权，该原因不属于不可抗力和情势变更。而结合案件查明事实，争议林地的权属有江某持有的未撤销的林权证证明，江某已履行了将权属清晰的案涉林地交付给和某砍伐林木的林地转让合同约定义务，江某对此并未存在违约行为，因此，江某主张的致林地转让合同目的无法实现的原因也不属于一方当事人的违约行为。和某所主张的村民因争议林地权属纠纷而阻挠其砍伐林木实质上是村民对其享有砍伐权的侵权行为，可以通过相关行政或司法途径解决。故村民的阻挠并未致林地转让合同目的无法实现。综上，和某的上述主张不存在法律规定的三种前提情形，实质也不属于合同目的无法实现，故其主张不能得到支持。

另外，根据《中华人民共和国合同法》第九十四条及《最高人民法院关于适用〈中华人民共和国合同法〉若干问题的解释（二)》第二十六条的规定，法定解除权的行使包括通知另一方当事人及请求人民法院或仲裁机构确认两种途径，而和某仅将法定解除权作为抗辩理由并未提出诉讼请求，其行使法定解除权的方式亦不符合法律规定。

编写人：广东省茂名市中级人民法院　邹辉球　王舟宇

六、买卖合同的违约责任

47

违约后如何适用定金罚则

——建工一建公司诉威玻公司买卖合同案

【案件基本信息】

1. 裁判书字号

广西壮族自治区崇左市中级人民法院（2019）桂14民终1104号民事判决书

2. 案由：买卖合同纠纷

3. 当事人

原告（反诉被告、上诉人）：建工一建公司

被告（反诉原告、被上诉人）：威玻公司

【基本案情】

建工一建公司与威玻公司于2017年4月9日经协商签订了《材料购销合同》，约定建工一建公司向威玻公司购买乙牌喷涂钛金属聚合物涂料碳钢玻璃钢复合管，用于建工一建公司位于崇左市渠弄供水工程一期管网工程项目。双方约定购买数量3500米，规格为DN600，单价为每米700元，货款总额245万元。关于结算方式，双方约定：甲方（建工一建公司）支付总货款的20%作为定金，之后每三车结一次货款。关于交货方式、时间、地点，合同第四条约定乙方（威玻公司）按甲方供应计划组织发货。甲方所需材料须提前5天以传真、电话、短信方式通知乙方供应数量、供应时间，以便乙方及时组织发货。关于违约责任，双方约定甲、乙双方应严格履行合同规定的各项条款，如合同一方违约，由违约方承担责任，并参照合同法及双方商定的有关条款赔偿经济损失。合同签订后，建工一建公司于2017年4月14日通过银行转账方式向威玻公司支付定金50万元，同年4月28日支付货款75.6万元。威玻公司先后于2017年4月19日至2017年5月3日，向建工一建公司供应9车管材，并于2017年5月10日出具材料发票金额113.53万元。后建工一建公司要求威玻公司继续供货，威玻公司以合同有约定每三车结一次货款，要求建工一建公司按约定先结货款后供货。建工一建公司遂于2017年5月15日向威玻公司发出《停止供货通知书》，要求停止供货，并要求威玻公司在收到通知书后10日内结清货款及退还剩余货款。威玻公司收到通知后未退款。2018年7月18日，建工一建公司委托广西桂盟律师事务所向威玻公司发出《律师函》，要求威玻公司退还剩余款项。次日，威玻公司收到通知后，也没有配合办理结清货款手续。另查明，涉案项目工程已于2017年12月完工。

【案件焦点】

本案是否适用定金罚则。

【法院裁判要旨】

广西壮族自治区崇左市江州区人民法院经审理认为：双方签订的《材料购销合同》系双方真实意思表示，未违反法律的规定，属合法有效合同，对双方均有约束力，双方应当按照合同约定全面履行自己的义务。合同约定，建工一建公司购买材料数量为3500米，货款总额245万元，建工一建公司按照合同约定向威玻公司支付了50万元作为定金。整个项目实际所需管道数量为3000米，双方签订的合同管道数量为3500米，由此可知，双方签订涉案合同的目的是为威玻公司提供整个工程项目所需的管道。但在合同履行过程中，建工一建公司实际只购买了9车货值113.53万元的货物（管道数量为1620米+1个管道接头），与合同约定的管道数量3500米尚差1880米，在合同尚未完全履行，双方未协商一致的情况下，建工一建公司即单方向威玻公司发出《停止供货通知书》，致使双方签订的合同目的不能完全实现，建工一建公司构成违约，应承担违约责任。双方签订的合同标的为245万元，约定的50万元定金超过了主合同标的额20%的规定，因此只有49万元定金适用定金罚则，多出的1万元可抵作货款。建工一建公司部分履行合同，依照《最高人民法院关于适用〈中华人民共和国担保法〉若干问题的解释》第一百二十条的规定，实际履行部分所占的定金为22.706万元（113.53/245×49万元），未履行部分所占的定金为26.294万元（49万元－22.706万元），这部分定金建工一建公司不能抵作价款或者收回。建工一建公司购买9车价值113.53万元的材料，扣除可以抵做价款的22.706万元定金及定金超出标的额20%部分的1万元，建工一建公司实际尚应支付威玻公司货款14.224万元。广西壮族自治区崇左市江州区人民法院依照《中华人民共和国合同法》第六十条第一款、第九十四条、第一百零七条、第一百三十条，《中华人民共和国担保法》第八十九条，《最高人民法院关于适用〈中华人民共和国担保法〉若干问题的解释》第一百二十条、第一百二十一条的规定，作出如下判决：

一、解除原告（反诉被告）建工一建公司与被告（反诉原告）威玻公司于2017年4月9日签订的《材料购销合同》；

二、驳回原告（反诉被告）建工一建公司的诉讼请求；

三、原告（反诉被告）建工一建公司支付被告（反诉原告）威玻公司货款14.224万元；

四、驳回被告（反诉原告）威玻公司的其他反诉请求。

建工一建公司不服一审判决，提起上诉。

广西壮族自治区崇左市中级人民法院经审理认为：一审法院认定事实清楚，适用法律问题正确，同意一审法院裁判意见。依照《中华人民共和国民事诉讼法》第一百七十条第一款第一项之规定，作出如下判决：

驳回上诉，维持原判。

【法官后语】

定金罚则只有在违约行为和无法实现合同目的两个条件同时存在才能适用，当事人一方不完全履行合同的，应当按照未履行部分所占合同内容的比例，适用定金罚则。定金数额的约定不能超过主合同标的额的20%，超过的部分，可抵作货款。《中华人民共和国担保法》中规定的担保方式有保证、抵押、质押、留置和定金。定金作为债权担保的一种，类型有立约定金、解约订金、成约定金、证约定金、违约定金等。《中华人民共和国担保法》第八十九条“当事人可与约定一方向对方给付定金作为债权的担保。债务人履行债务后，定金应当抵作价款或者收回。给付定金的一方不履行约定的债务的，无权要求返还定金；收受定金的一方不履行约定的债务的，应当双倍返还定金”及《最高人民法院关于适用〈中华人民共和国担保法〉若干问题的解释》第一百二十条是对违约定金的规定。2021年1月1日实施的《中华人民共和国民法典》对上述规定在文字上略作调整，主要体现在第五百八十六条“当事人可以约定一方向对方给付定金作为债权的担保。定金合同自实际交付定金时成立。定金的数额由当事人约定；但是，不得超过主合同标的额的百分之二十，超过部分不产生定金的效力。实际交付的定金数额多于或者少于约定数额的，视为变更约定的定金数额”的规定和第五百八十七条“债务人履行债务的，定金应当抵作价款或者收回。给付定金的一方不履行债务或者履行债务不符合约定，致使不能实现合同目的的，无权请求返还定金；收受定金的一方不履行债务或者履行债务不符合约定，致使不能实现合同目的的，应当双倍返还定金”的规定。

本案中，建工一建公司与威玻公司为约束双方全面履行合同内容，签订的《材料购销合同》约定由建工一建公司向威玻公司购买3500米的喷涂钛金属聚合物涂料碳钢玻璃钢复合道，合同总价款为245万元，并由建工一建公司向威玻公司支付50万元作为定金。在合同的实际履行过程中建工一建公司向威玻公司购买1620米管道+1个管道接头后便向威玻公司发出《停止供货通知书》，建工一建公司的解约行为，导致威玻公司签订合同的目的落空。《最高人民法院关于适用〈中华人民共和国担保法〉若干问题的解释》第一百二十条规定：“因当事人一方迟延履行或者其他违约行为，致使合同目的不能实现，可以适用定金罚则。但法律另有规定或者当事人另有约定的除外。当事人一方不完全履行合同的，应当按照未履行部分所占合同约定内容的比例，适用定金罚则。”该条款是对定金罚则的适用规定。本案中，建工一建公司实际购买数与合同所约定的3500米管道相差了1880米，致使威玻公司不能实现合同的目的，故本案符合适用定金罚则的规定。从适用定金的结果来看，这种担保功能的核心是对违约者的惩罚，惩罚的目的是平衡当事人之间的利益，尽可能实现当事人之间的公平。本案中，建工一建公司购买1620米管道，已履行将至合同的一半，如将49万元的定金全部不返还，则显然有损建工一建公司的利益，造成新的不公，故按照未履行部分的比例计算定金返还数额，既体现对守约者维护，亦起到对违约者的惩罚。

编写人：广西壮族自治区崇左市江州区人民法院　黄洁

48

一方当事人本可在不违约情况下主动避免标的物毁损却拒绝采取措施的应该承担标的物毁损的主要后果

——田某怀诉汪某召买卖合同案

【案件基本信息】

1. 裁判书字号

湖南省湘西土家族苗族自治州中级人民法院（2019）湘31民终1034号民事判决书

2. 案由：买卖合同纠纷

3. 当事人

原告（上诉人）：田某怀

被告（被上诉人）：汪某召

第三人：岩某

【基本案情】

原、被告经第三人介绍，于2018年11月28日签订《收柑子协议书》一份，主要内容是：原告收购被告柑橘（带叶的鲜果），原告给被告支付定金1.5万元，定于腊月二十六前采完，价格为0.72元每斤，规格为60起步，大公路上认货。协议签订后，在下第一场雪后，被告给原告打过电话，要原告来提货，以免柑橘被冻坏，原告要求被告降价，被告不同意，原告说那就按照合同约定，在腊月二十六前采完，原告没有来提货。第三人和原告亲戚到被告柑橘园看了树上的柑橘，认为影响不大。在下第二场雪后，树上柑橘全被冻坏。原告要求被告返还定金1.5万元而诉至法院。

【案件焦点】

本案《收柑子协议书》约定由原告收购被告家在树上的柑橘，但没有约定风险负担。合同约定的履行期内，这些柑橘在树上全部被冻坏，原告要求被告退还定金，能否得到法院支持。

【法院裁判要旨】

湖南省永顺县人民法院经审理认为：买卖合同是出卖人转移标的物的所有权于买受人，买受人支付价款的合同。本案争议的焦点是定金应否返还。买卖合同中定金的法律属性是作为债权的担保。债务人履行债务后，定金应当抵作价款或者收回。给付定金的一方不履行约定的债务的，无权要求返还定金；收受定金的一方不履行约定的债务的，应当双倍返还定金。即考查违约行为，从而适用定金罚则。本案标的物是被告家柑橘树上60以上带叶的鲜果，那么，被告不得事先采摘，存放在家里等原告来收购，否则为被告违约。被告必须按照原告指定的时间临时采摘，摘后即由原告装车运走。本案中，原告没有通知被告采摘柑橘，显然，被告在本案中没有违约行为。双方约定于2018年腊月二十六前采摘完柑橘，约定的履行期间尚未届满，原告未提货也不为违约。本案双方均无违约行为，故不适用定金罚则。本案两次下雪均发生在双方约定的履行期间内，履行期间届满前，柑橘已全部冻坏在树上而引发纠纷。当地冬季很可能会下雪，双方应当预见，但双方在合同中未对此风险的负担作出约定。下雪是自然天气原因，是当事人意志以外的因素，但应当预见而没有预见、没有约定下雪的风险负担，该风险造成标的物毁损灭失双方均有责任。现实中橘农销售柑橘，经常属于弱势的一方，本案原告要求被告按照原告指定的时间临时采摘，采摘前下雪造成柑橘毁损灭失的风险不应完全归结于被告一方。下第一场雪后，被告给原告打过电话，要求原告及时提货，以免柑橘被冻坏，即被告已向原告明确提示了标的物面临的风险，第三人和原告亲戚到被告柑橘园看了树上的柑橘，认为影响不大，原告鉴于当时市场价格低而没有及时提货，导致树上的柑橘因第二场雪全部毁损灭失，此处责任在原告。原告在电话中要求被告降价，即要求变更合同，被告未同意，原告表示按合同办，即放弃了要求变更合同的请求。被告已向原告明确提示了标的物面临的风险，原告没有通知被告采摘，被告信守合同，没有采摘柑橘，不为过错。现原告有定金损失，被告有柑橘损失（被告述有5万斤，第三人述有3万斤至4万斤），本案应适用公平原则进行处理。原告收到被告电话，已明知标的物面临的风险，而没有及时提货以规避风险，对标的物的毁损灭失，原告的责任大于被告。权衡双方的损失，从公平原则出发，本案不予返还定金较为合理。根据第三人所述，下第一场雪后，其与原告亲戚到被告家看了树上的柑橘，叫被告用棚布把柑橘树盖起来。对此，被告否认，第三人举不出证据加以证实，法院不予认定。据此，依照《中华人民共和国合同法》第一百一十五条、第一百三十条，《中华人民共和国民法总则》第六条，《最高人民法院关于民事诉讼证据的若干规定》第二条之规定，作出如下判决：

驳回原告田某怀要求被告汪某召返还定金1.5万元的诉讼请求。

原告田某怀不服该判决，提起上诉。

湖南省湘西土家族苗族自治州中级人民法院经审理认为：一审判决认定事实清楚，适用法律正确，应予维持。依照《中华人民共和国民事诉讼法》第一百七十条第一款第一项的规定，作出如下判决：

驳回上诉，维持原判。

【法官后语】

本案原、被告原籍均是湖南省永顺县，对于位于武陵山区的永顺县冬季很可能会下雪从而导致树上的柑橘被冻坏，双方都应当预见却在合同中未对此风险负担作出任何约定。本案中，冬季下雪依法不属于"不可抗力"事件，自无争议。本案合同中，明确约定原告给被告支付定金1.5万元。这是处理本案必须注意的事项。

对于本案处理，以下几个方面有必要进一步阐述。

1. 严格来说，本案原、被告都不构成违约，不存在适用定金罚则的前提条件

原告于当年农历腊月二十六前通知被告采摘树上的柑橘并运到长官大公路上，被告接到原告通知后及时安排采摘树上的柑橘，都符合本案合同的明确约定。因而严格说来双方都不构成违约，也就不存在适用定金罚则的前提条件。

2. 本案不应适用《中华人民共和国合同法》及《最高人民法院关于审理买卖合同纠纷案件适用法律问题的解释》关于"标的物的风险负担"的一般性规定和具体规定

《中华人民共和国合同法》第一百四十二条规定："标的物毁损、灭失的风险，在标的物交付之前由出卖人承担，交付之后由买受人承担，但法律另有规定或者当事人另有约定的除外。"这是关于"标的物的风险负担"最基本的规定。该法关于

“标的物的风险负担”其他规定及买卖合同司法解释关于“标的物的风险负担”的具体规定，应该认为都源自该最基本规定。它们共同构成《中华人民共和国合同法》及《最高人民法院关于审理买卖合同纠纷案件适用法律问题的解释》关于“标的物的风险负担”的一般规定。

本案中，因为买卖合同标的物是带叶的新鲜柑橘，被告如果在没有接到原告要货通知时即将树上的柑橘提前摘下储存，必然不能按合同约定交付原告所要的柑橘，从而构成违约。所以，如果径直按照《中华人民共和国合同法》第一百四十二条的规定判令被告承担“标的物的风险负担”的后果，必然严重显失公平，因而应该认为是错误适用该法条。又因为原、被告均不构成违约，也就不存在适用该法相关的其他规定及买卖合同司法解释相关具体规定的前提条件。因此，本案不能径直适用该法及买卖合同司法解释关于“标的物的风险负担”的一般规定。

3. 本案应该适用公平原则和诚实信用原则，判令原、被告分担因为自然原因造成标的物毁损灭失的后果

公平原则和诚实信用原则是《中华人民共和国合同法》及《中华人民共和国民法总则》明确规定的民事法律基本原则。在法律对案件所涉情形没有具体规定的，可以直接依据该两项基本原则来裁判。若适用法律具体规定进行裁判的结果，严重违背该两项基本原则要求，应该对法律具体规定不予适用，改为按该两项基本原则来裁判，这已成通识。

本案中，原、被告对于因为自然原因造成标的物毁损灭失的后果，没有约定。法律法规及司法解释关于“标的物的风险负担”的规定如果径直适用于本案，必然造成严重违背公平原则和诚实信用原则的后果。因此，对于本案因为自然原因造成标的物毁损灭失的后果，应该适用该两项基本原则，判令原、被告进行分担。

4. 原告本可以在不违约情况下主动避免标的物毁损灭失的后果，却拒绝主动采取措施，应该承担标的物毁损灭失的主要后果

首先，合同纠纷领域适用公平原则进行裁判，不要求双方当事人均无过错。这与侵权责任法领域的公平原则适用条件，明显不同。

其次，在不违约的情况下主动避免标的物毁损灭失的后果，本案中只有原告才能够做到。原告为了实现其利益最大化，在被告已经明确提示的情况下，仍然拒不及时通知被告采摘树上的柑橘以规避自然风险，以致树上的柑橘因第二场雪全部毁

损灭失。此时，显然应该认为原告的行为明显不符合诚实信用原则之要求，有较大过错。

再次，被告的损失巨大。被告因第二场雪全部毁损灭失的柑橘，不论是被告主张的5万斤，还是第三人主张的3万斤至4万斤，直接经济损失额至少在2万元以上。被告没有因为不退还定金而获利，更谈不上不当得利。

最后，可以适当参考《中华人民共和国合同法》第一百四十三条的规定。该条规定："因买受人的原因致使标的物不能按照约定的期限交付的，买受人应当自违反约定之日起承担标的物毁损、灭失的风险。"本案原告虽然不构成违约，但只有原告在不违约的情况下才能主动避免标的物毁损灭失的后果。判令原告承担在被告已经明确提示自然灾害风险后的标的物毁损灭失的风险，应认为符合该法条规定的精神实质。

编写人：湖南省湘西土家族苗族自治州中级人民法院　胡基厚

湖南省永顺县人民法院　彭学军

49

违约损失的认定

——顺业公司诉中天公司买卖合同案

【案件基本信息】

1. 裁判书字号

广西壮族自治区崇左市中级人民法院（2019）桂14民终258号民事判决书

2. 案由：买卖合同纠纷

3. 当事人

原告（上诉人）：顺业公司

被告（被上诉人）：中天公司

【基本案情】

顺业公司系一家经营范围包括货物进出口的企业。2018年2月3日，顺业公司与越南公司签订《经济合同》，约定越南公司向顺业公司采购一批无缝钢管，合同标的为1130797元，交货时间为2018年4月12日前，如因卖方过错造成无法按期交货，一周内延迟交货卖方将被处以每日按合同总值1%罚款，超过一周的每日按合同总值2%罚款，罚款不超过合同总价值的15%。同时约定了产品规格质量、包装、验收、结算方式等。

2018年1月，顺业公司在“采钢宝”APP上发布需采购的钢产品品种、数量及规格，中天公司进行报价。通过该发布平台提供的信息，顺业公司与中天公司的工作人员联系购买货物事宜。2018年2月4日，顺业公司与中天公司签订《工矿产品购销合同》(合同编号20180204/SY-ZT)，约定中天公司向顺业公司供应每根管长6000毫米的无缝钢管27SiMn外径92毫米内径76毫米的12吨，单价5700元；无缝钢管27SiMn外径102毫米内径62毫米的10吨，单价5700元，无缝钢管27SiMn外径18毫米内径10毫米的5吨，每吨8850元；无缝钢管C45外径127毫米内径85毫米的5吨，每吨5200元；合同总价为195650元，2018年3月30日前保证发货，延迟视为违约，需方可认为供方不能提供货物；收货地点为广西壮族自治区东兴市；结算方式及期限为预付定金30%，发货前提供产品完工照片及包装信息汇尾款，款到即发货。同时约定了运输方式、验收标准等内容以及在开具发票、办理退税方面的违约责任，如发生争议则由原告所在地人民法院裁决。2018年2月5日，顺业公司按合同约定向中天公司预付货物定金58695元。2018年3月30日，中天公司未能发货。4月3日，顺业公司又向中天公司预付货款141488.75元，中天公司仍未发货。4月7日，顺业公司工作人员发短信给中天公司工作人员：“季总，今天怎么说？有货吗？没有就把货款退回来给我吧。”4月8日，中天公司回复“确定不要了吗？如果不要今天申请款了。”顺业公司工作人员回复：“确定”。中天公司回复：“我需要申请老板签字，今天不行，后天给你退。”

顺业公司为了向越南公司履行合同重新寻找货源，于2018年4月11日向芸熙公司采购每根管长6000毫米的无缝钢管27SiMn外径92毫米壁厚8的12吨，单价7200元；无缝钢管27SiMn外径102毫米壁厚20的10吨，单价6650元；无缝钢管C45外径127毫米壁厚31的5吨，每吨5600元；合同总价为18.09万元，分别于

2018年4月11日、5月25日、5月30日转款90450元、81428.1元、3500元，货款实际共计175378.1元。顺业公司于4月12日向建元公司采购无缝钢管27SiMn外径18毫米内径10毫米的5吨，每吨9500元，合同总价为47500元，分别于2018年4月12日、5月4日转款14250元、36518元，货款实际共计50768元。2018年4月17日，顺业公司与越南公司签订《赔偿协议》，约定顺业公司向越南公司赔偿1万美元（当日折合人民币63200元）。4月23日，顺业公司按照《赔偿协议》约定赔偿了越南公司1万美元（当日折合人民币63200元）。2018年5月28日，顺业公司在凭祥市将向芸熙公司和建元公司采购的92×8规格钢材11.05吨、102×20规格钢材9.714吨、18×4规格钢材5.344吨、127×21规格钢材4.95吨出口到越南公司。2018年8月，顺业公司按国家税务总局要求缴纳该笔赔偿款的税金共6926.66元。

【案件焦点】

1. 顺业公司与中天公司签订的《工矿产品购销合同》应否解除；2. 中天公司应否返还顺业公司的预付货款并支付利息；3. 中天公司应否赔偿顺业公司对越南公司的赔付款、赔付款缴纳税金、重新购置无缝钢管的差价等经济损失。

【法院裁判要旨】

广西壮族自治区凭祥市人民法院经审理认为：第一，关于顺业公司与中天公司签订的《工矿产品购销合同》应否解除的问题。顺业公司与中天公司签订的《工矿产品购销合同》系双方当事人的真实意思表示，合同内容不违反法律、法规强制性规定，合法有效，双方当事人均应按照合同的约定全面履行自己的义务。按双方合同约定：2018年3月30日前保证发货，延迟视为违约，需方可认为供方不能提供货物；结算方式及期限为预付定金30%，发货前提供产品完工照片及包装信息汇尾款，款到即发货。在合同签订后，顺业公司已按合同约定支付了定金，但中天公司未能在2018年3月30日前发货。中天公司答辩称系因顺业公司违约4月3日才支付货款，但其未能提供证据证明其已按照合同约定向顺业公司提供产品完工照片及包装信息并要求顺业公司汇尾款，且顺业公司于4月3日汇尾款后，中天公司仍然未能发货，按双方合同约定“延迟视为违约，需方可认为供方不能提供货物”，故顺业公司请求解除其与中天公司签订的《工矿产品购销合同》，符合法律规定，依法予以支持。

第二，关于中天公司应否返还顺业公司的预付货款并支付利息的问题。中天公司对收到顺业公司的预付货款200183.75元无异议，双方签订的《工矿产品购销合同》解除后，中天公司应将该款返还给顺业公司，故顺业公司主张中天公司返还其预付货款200183.75元的诉讼请求，应予以支持。中天公司取得预付货款后，未能履行交付货物的义务，构成违约，顺业公司可主张中天公司违约之日起占用该货款期间的利息。综合双方合同约定及中天公司承诺2018年4月10日退还货款的事实，认定中天公司自2018年4月11日起未退还货款应赔偿资金占用期间的利息。因双方未对利息的计算方法进行约定，利息应按中国人民银行同期同类贷款利率计算为宜。

第三，关于中天公司应否赔偿顺业公司对越南公司的赔付款、赔付款缴纳税金、重新购置无缝钢管的差价等经济损失的问题。本案中，中天公司未能按照与顺业公司签订的《工矿产品购销合同》的约定履行交付货物的义务，构成违约，应承担违约责任。顺业公司因中天公司不能交货，而向其他公司购买相同或相似规格、相同数量产品支出货款175378.1元+50768元=226146.1元，中天公司无证据证实该价格明显高于市场价格，该价格比顺业公司与中天公司的合同价款195650元多出30496.1元，该差价是中天公司违约而导致顺业公司产生的实际经济损失，应由中天公司予以赔偿。根据合同相对性原则，合同当事人对其违约行为会给合同关系以外的第三人造成何种损害是不可预见的，中天公司表示不知道顺业公司与越南公司之间的合同及赔偿事宜，在双方签订的购销合同中也未约定违约金条款，且顺业公司亦无证据证明中天公司知道或者应当知道其与越南公司之间的约定。根据《中华人民共和国合同法》第一百一十三条第一款规定："当事人一方不履行合同义务或者履行合同义务不符合约定，给对方造成损失的，损失赔偿额应当相当于因违约所造成的损失，包括合同履行后可以获得的利益，但不得超过违反合同一方订立合同时预见到或者应当预见到的因违反合同可能造成的损失。"故顺业公司要求中天公司赔偿其对越南公司的赔付款6.32万元及赔付款缴纳税金6926.66元，依法不予支持。综上，依据《中华人民共和国合同法》第六十条第一款、第九十四条第四项、第一百零七条、第一百一十三条第一款之规定，作出如下判决：

一、解除顺业公司和中天公司于2018年2月4日签订的《工矿产品购销合同》

（合同编号 20180204/SY－ZT）；

二、中天公司返还顺业公司预付货款 200183.75 元并支付利息（利息以 200183.75 元为基数，从 2018 年 4 月 11 日起，按中国人民银行同期同类贷款利率计算至还清货款之日止）；

三、中天公司赔偿顺业公司重新购置无缝钢管的差价损失 30496.1 元；

四、驳回顺业公司的其他诉讼请求。

顺业公司不服一审判决，持原审起诉意见提起上诉。

广西壮族自治区崇左市中级人民法院经审理认为：至于中天公司应否赔偿顺业公司支付越南公司的 6.3 万元违约金的问题。首先，中天公司因无法按合同约定向顺业公司供货，造成顺业公司逾期向越南公司供货，顺业公司因此按合同约定支付越南公司违约金 6.3 万元的事实清楚，该 6.3 万元是中天公司违约造成顺业公司的直接经济损失。其次，《中华人民共和国合同法》第一百一十三条第一款规定："当事人一方不履行合同义务或者履行合同义务不符合约定，给对方造成损失的，损失赔偿额应当相当于因违约所造成的损失，包括合同履行后可以获得的利益，但不得超过违反合同一方订立合同时预见到或者应当预见到的因违反合同可能造成的损失。"顺业公司在"采钢宝"APP 平台发布需求信息后，中天公司进行报价，之后和顺天公司签订《工矿产品购销合同》，在这种情况下，中天公司应知道顺业公司的企业性质、经营范围等，即使中天公司不知道顺业公司与越南公司签订合同事宜，但其也应对与顺业公司的交易风险进行评估，充分预见到其如果违约将给对方造成的损失。合同违约方对合同关系以外的第三人造成何种损害是不可预见，但对合同相对方造成何种损害和可能损害的后果应当预见。因此，顺业公司给付越南公司的违约金 6.3 万元，是中天公司在签订合同时应当预见的因违反合同可能造成的损失。一审以顺业公司给付越南公司的违约金超过中天公司订立合同时预见到或者应当预见到的因违反合同可能造成的损失为由判决驳回顺业公司的该项诉讼请求不符合法律规定，法院予以纠正。综上所述，顺业公司的上诉请求成立，予以支持。依照《中华人民共和国民事诉讼法》第一百四十四条、第一百七十条第一款第二项之规定，作出如下判决：

一、维持广西壮族自治区凭祥市人民法院（2018）桂 1481 民初 201 号民事判决第一、二、三项；

二、撤销广西壮族自治区凭祥市人民法院（2018）桂1481民初201号民事判决第四项；

三、中天公司赔偿顺业公司的违约金损失6.3万元；

四、驳回顺业公司的其他诉讼请求。

【法官后语】

本案中，主要涉及《中华人民共和国合同法》第一百一十三条完全损害赔偿原则和可预见规则的适用，正确理解两者的内涵、表现形式等，才能正确地判断原告的各项损失是否因被告违约造成的。

1. 完全损害赔偿原则

完全损害赔偿指违约方因违约行为造成可得利益的减少，违约方依法承担赔偿责任。《中华人民共和国合同法》第一百一十三条第一款规定："当事人一方不履行合同义务或者履行合同义务不符合约定，给对方造成损失的，损失赔偿额应当相当于因违约所造成的损失，包括合同履行后可以获得的利益，但不得超过违反合同一方订立合同时预见到或者应当预见到的因违反合同可能造成的损失。"《中华人民共和国合同法》的该条规定确立了对违约损害完全赔偿原则，因违约所造成的损失包括对直接损失的赔偿，又包括对可得利益损失的赔偿。直接损失是指因合同一方当事人违约造成守约方现有财产的减损灭失和费用支出，包括因标的物交付瑕疵而要承担的全部损失；因履行迟延造成的利息损失和其他财产损失等。赔偿直接损失的目的在于使受损方的财产达到合同订立以前的状态。可得利益损失是指受损方在合同适当履行以后可以实现和取得的财产利益因违约方的违约行为而没能实现和取得的财产利益损失。本案中顺业公司主张返还货款并支付利息，向第三方违约而支付的延迟交货罚金6.3万元、重新购置无缝钢管的差价32750元。

2. 可预见规则

《中华人民共和国合同法》第一百一十三条规定在确立完全赔偿原则的同时确立了可预见性规则。从该法条中可以看出，我国的可预见规则是在合同订立之时，合同当事人应当预见到的包括违约造成的损失。顺业公司在"采钢宝"APP平台发布需求信息后，中天公司进行报价，之后和顺天公司签订《工矿产品购销合同》，在这种情况下，中天公司应当知道顺业公司的企业性质、经营范围等，哪怕中天公司不知道顺业公司与越南公司签订合同事宜，但其也应对与顺业公司的交易风险进行评估，充分预见到如果己方违约将给对方造成的损失。合同违约方对合同关系以外的第三人造成何种损害是不可预见的，但对合同相对方造成何种损害和可能损害的后果应当预见。因此，顺天公司给付越南公司的违约金6.3万元，是中天公司在签订合同时应当预见的因违反合同可能造成的损失。

编写人：广西壮族自治区凭祥市人民法院　冷应洪

50

违约金过高的认定标准及法院如何调整

——港中旅公司诉快捷公司、叁壹捌公司买卖合同案

【案件基本信息】

1. 裁判书字号

北京市密云区人民法院（2019）京0118民初12415号民事判决书

2. 案由：买卖合同纠纷

3. 当事人

原告：港中旅公司

被告：快捷公司、叁壹捌公司

【基本案情】

2016年3月11日，港中旅公司与快捷公司签署长城房车销售合同，被告购入10辆长城房车，金额共计2556666元，原告已将车辆交付给被告，且双方签署了长城房车抵押合同，约定以购入的房车作为抵押财产，目前，快捷公司尚欠房车款599305.75元；2016年6月，双方签署宇通房车销售合同，快捷公司购入10辆宇通房车，金额共计4966382.54元，双方签署了宇通房车抵押合同，以购入房车作为抵押，目前尚欠房车款3204437.52元；2016年6月，双方签署大通房车销售合同，快捷公司购入10辆房车，金额共计3091489.5元，双方签署了大通房车抵押合同，约定以购入房车作为抵押，目前尚欠房车款1994708.36元；2016年8月，双方签

署帝盛房车销售合同，被告购入21辆帝盛房车拖挂车，金额4354886.24元，原告已交付上述车辆，目前尚欠房车款1307301.36元，原告与叁壹捌公司签署保证合同，约定叁壹捌公司就2016年8月签订的帝盛房车销售合同提供连带责任担保。另查明，在2017年4月28日至2019年1月25日，原告港中旅公司针对以上四份房车销售合同的欠款向叁壹捌公司发过数次催款函。叁壹捌公司于2018年11月10日向港中旅公司回函中提出余款7846036.51元的还款计划。2019年4月26日，港中旅公司向二被告公司发了律师函。叁壹捌公司于2019年5月16日向港中旅公司回函，针对采购房车余款7846036.51元做出还款计划。后又于2019年10月17日，叁壹捌公司针对7846036.51元又重新做出了关于房车还款计划的函。

【案件焦点】

1. 叁壹捌公司是否对四份合同全部承担担保责任；2. 双方约定的违约金是否过高及如何调整。

【法院裁判要旨】

北京市密云区人民法院经审理认为：快捷公司从港中旅公司购买房车，双方形成买卖合同关系，该法律关系系双方当事人的真实意思表示，且未违反法律、法规的强制性规定，应属合法有效，双方应按约定履行各自的义务。原告公司向快捷公司供应了房车，履行了合同义务，快捷公司亦给付过部分货款，现双方经过往来函件，叁壹捌公司出具了还款计划，载明了欠款数额及还款期限，视为其对合同关系及尚欠款项的确认。快捷公司认可拖欠港中旅公司的部分货款未付，原因是因为公司经营困难无力支付，但公司经营状况不能成为其拒绝支付所欠货款的正当理由。叁壹捌公司虽然单方以书面形式向港中旅公司出具还款计划书，但快捷公司已接受且未提出异议，故该保证合同成立。由于叁壹捌公司在还款计划中未明确约定保证方式，故应认定为连带责任保证。因快捷公司未按还款计划的约定支付货款，故叁壹捌公司应承担连带责任保证的民事责任。鉴于双方约定的违约金过高，法院依法予以调整。北京市密云区人民法院依照《中华人民共和国担保法》第六条、第十八条、第十九条、第二十一条、第三十一条，《最高人民法院关于适用〈中华人民共和国担保法〉若干问题的解释》第二十二条，《中华人民共和国合同法》第四十四条第一款、第六十条、第一百零七条、第一百一十四条之规定，作出如下判决：

一、被告快捷公司于本判决书生效之日起十日内给付原告港中旅公司合同款7846036.51元；

二、被告快捷公司于本判决书生效之日起十日内给付原告港中旅公司自2018年6月29日起至2019年8月28日违约金2200813.24元；

三、被告快捷公司自2019年8月29日起至付清之日止，以7846036.51元为基数，按年利率24%计算，给付原告港中旅公司违约金；

四、被告叁壹捌公司对以上合同款及违约金承担连带清偿责任；

五、驳回原告港中旅公司的其他诉讼请求。

【法官后语】

本案在审理的时候，《最高人民法院民商事审判工作会议纪要》（即九民会议纪要）刚刚颁布，其中有对违约金过高相关问题进行规定，下面就本案在审理过程中对违约金过高的判断及调整问题进行点评。

1. 违约金过高如何判断

违约金是否过高的判断标准在司法实践中常常引发争议，但是通说认为，判断违约金是否过高，应以实际损失为基础，兼顾合同的约定及履行情况、当事人的过错程度以及逾期利益等，根据公平原则、诚实信用原则对违约金是否过高作出衡量。九民会议纪要对违约金过高的判断标准也进行了规定。但当双方当事人均未提供证据证明违约方造成的实际损失时，法院该如何判断，现实问题是实际损失在落实到具体案件时往往因举证困难而无法进行充分证明，而且很多时候当事人并无实际损失。所以，无法以一个确定的标准适用于不同的合同违约情形。笔者认为，违约金过高的具体认定标准应由法官根据个案情况，在一定幅度内进行较为宽松的自由裁量，但裁量的基础要结合合同的约定及履行情况、当事人的过错程度以及逾期利益等，根据公平原则、诚实信用原则对违约金是否过高作出衡量。以下是在该案判决时判断违约金是否过高考虑的几点要素。

首先，从本案被告即买方履行合同的情况看，卖方交付了货物，买方需支付相应的货款，被告快捷公司已经支付了一半以上的货款，尚欠部分未付，并不是完全没有履行，而是部分履行。

其次，从买受方的过错程度进行分析，从被告快捷公司向法庭提交的答辩状以及其与原告方的往来函件等证据中可以看到，基于地震等自然灾害原因导致整个四川区域的房车租赁市场受到打击，被告公司的经营状况受到了严重影响，所以致使被告无法偿还原告方全部货款，其已经尽最大努力支付了部分货款，剩余货款也在积极与原告协调偿还时间，并没有刻意躲避债务，也没有拒绝与原告协商解决。

最后，对于逾期利益部分，双方都没有提供相关证据来进行说明，所以根据社会经济实际情况进行综合考虑。本案中，如果按照当时合同中约定的日千分之五计算到起诉日，最后的违约金数额原告主张为16672827.58元，这已经远远超出了合同原本的总标的额。况且，原告方也没有提出具体证据证明自己的实际损失。

综上，根据违约方合同履行的情况和主观过错程度，以及根据合同中对违约金的约定进行计算来综合判断，如果按照合同约定的违约金进行判决，显然有失公正，所以综合本案可以认定，属于合同中约定的违约金过分高于所造成的损失的情形。

2. 违约金过高时法院如何调整

首先，法院在调整违约金前应遵循的原则是以当事人提出申请为前提，即违约方当事人提出守约方要求的违约金过高时，法院才能对违约金进行干预。其次，从法律规定和司法实践来看，基本上对于违约金性质的认定已经达成共识，即以补偿损失为主，以惩罚违约为辅。纵容过高的违约金，容易造成实质不公，这也是要对过分高于实际损失的违约金进行调整的依据。法院在决定对违约金进行调整后，应综合考虑以下几点因素确定调整幅度。

第一，坚持法律规定与自由裁量相结合。即法律对违约金有明确限制的从其规定，如借贷案件中有“利率不得超过同期银行贷款利率四倍”的规定，房地产合同中有“当事人以约定的违约金过高为由请求减少的，应当以违约金超过造成损失30%为标准适当减少”的规定。没有法律明确规定的，应自由裁量从宽把握，这时法官要综合考虑社会经济状况、当事人心里对高额违约金可接受的幅度、违约方的现实经济状况等因素综合考量。本案中，被告公司在履行合同义务时，由于受自然灾害的影响，公司经营现金流紧张，公司业绩遭受严重打击，致使无法按时支付原告货款。如果判决被告支付高额违约金，不仅给被告造成更大的经济负担影响其正常经营活动，而且会造成判决实质上的不公正。所以，本案在酌减过高违约金问题时，重点考虑了其所处的社会经济状况、对高额违约金的可接受幅度以及现实经济能力。另外，笔者认为，司法在保证公平公正的基础上，还要有促进社会经济良性运行的功能，如果判决一方支付高额违约金，甚至足以导致其破产的程度，那就过犹不及了，不仅起不到惩罚作用，而且还会给经济市场秩序造成破坏，不利于营造良好的营商环境。

第二，考虑案件不同性质和合同履行情况。法官在遇到不同类型的案件时，需要结合案件性质和案件的具体实际情况综合考虑，如当事人间平等的民商事合同与公司和雇员间劳动合同相比，考虑的情况就会有所差异，劳动合同中违约金赔偿时更要考虑劳动者处于弱势地位的现实情况。对于部分履行合同的情形，对比完全未履行合同的情形，部分履行的在计算违约金时可酌情减少。所以，本案在判决时也适当考虑了被告履行情况进行相应酌减。

需要注意的是，2021 年 1 月 1 日起实施的《中华人民共和国民法典》第六百八十六条颠覆性地改变了《中华人民共和国担保法》第十九条的规定，即对于当事人对保证方式没有约定或者约定不明确的，不再将保证人的保证方式推定为连带责任保证，而推定为一般保证。本案中叁壹捌公司在还款计划中未明确约定保证方式，在以后办理类似案件时依照《中华人民共和国民法典》第六百八十六条的规定就应认定为承担一般保证责任而不再承担连带保证责任。

编写人：北京市密云区人民法院　高天　刘云

51

出卖人未证明实际损失的，可将逾期付款违约金利率调整至贷款基准利率或贷款市场报价利率的 1.69 倍至 1.95 倍

——宏远公司诉白某汝买卖合同案

【案件基本信息】

1. 裁判书字号

河北省邢台市宁晋县人民法院（2019）冀 0528 民初 717 号民事判决书

2. 案由：买卖合同纠纷

3. 当事人

原告：宏远公司

被告：白某汝

【基本案情】

白某汝多次购买宏远公司电缆，时间与货款数额分别为：2018年4月27日1110元，6月19日128911元，7月4日4320元，7月10日5005元，8月17日5795元。白某汝曾在2份送货清单上签字确认以上货物。其中，6月19日货物载于1份送货清单，注明：预付款5万元，剩余货款自签字后2个月内付清，如有违约，对未付货款金额按年利率24%承担违约金……；其余货物载于另1份送货清单，该清单货款合计16230元。

2018年5月27日，宏远公司工作人员杨某兴向案外人潘某平发送手写电缆清单1份，该手写清单中货物型号与6月19日清单基本一致。2018年5月28日，杨某兴将指定银行账号发送给潘某平，5月29日，潘某平向该银行账号转账5万元。白某汝于2018年8月10日向宏远公司支付货款4万元，10月13日支付货款2万元。双方未约定已付货款的抵充顺序。2018年12月11日，杨某兴向白某汝发送上述2份送货清单照片及“35141”“共计”等微信消息。

宏远公司请求判令白某汝支付货款85141元，并以2018年6月19日所购电缆未付货款为基数，按年利率24%支付2018年8月19日至2019年2月19日的逾期付款违约金10217元，并继续计算违约金至该笔货款付清之日止。

【案件焦点】

在买卖合同中，出卖人未能证明实际损失的，约定逾期付款违约金为年利率24%是否过高。

【法院裁判要旨】

河北省邢台市宁晋县人民法院经审理认为：约定的违约金过分高于造成的损失的，当事人可以请求人民法院予以适当减少，约定的违约金超过造成损失的30%的，一般可以认定为过分高于造成的损失。买受人迟延履行付款义务，出卖人不能证明实际损失的，可将买受人未履行部分的逾期贷款利息作为出卖人的主要损失构成，即按中国人民银行同期同类人民币贷款基准利率或全国银行间同业拆借中心公布的贷款市场报价利率上浮30% ~50%计算。因此，约定的逾期付款违约金利率超过逾期贷款利率30%的，一般可认定为过分高于损失，当事人主张减少的，可调整至逾期贷款利率的1.3倍，即贷款基准利率或贷款市场报价利率上浮30% ~50%后的1.3倍，亦即1.69倍至1.95倍。宏远公司未举证证明实际损失，综合考虑双方过错情形，法院认为违约金年利率24%过高，应调整至贷款基准利率或贷款市场报价利率的1.95倍。因此，对于双方争议的逾期付款违约金，根据本案中确定的抵充顺序及前述计算方式，2019年2月19日前的逾期付款违约金为1498.62元，并应按贷款基准利率或贷款市场报价利率的1.95倍计算至货款全部清偿之日止。

河北省邢台市宁晋县人民法院依照《中华人民共和国合同法》第一百零七条、第一百一十四条、第一百三十条等规定，作出如下判决：

一、被告白某汝支付原告宏远公司货款35141元及截至2019年2月19日的逾期付款违约金1498.62元，合计36639.62元，于本判决生效之日起三日内付清；并以2018年6月19日清单中未付货款为基数，自2019年2月20日起至2019年8月19日止，按中国人民银行同期同类人民币贷款基准利率的1.95倍向原告宏远公司支付逾期付款违约金，自2019年8月20日起至货款全部清偿之日止，按全国银行间同业拆借中心公布的贷款市场报价利率的1.95倍向原告宏远公司支付逾期付款违约金；以上债务清偿过程中，优先抵充债务负担较重的债务，并按先逾期付款违约金后本金的顺序抵充；

二、驳回原告宏远公司的其他诉讼请求。

【法官后语】

本案中最主要的争议焦点为逾期付款违约金是否约定过高及调整标准如何确定。

买受人逾期支付货款时，出卖人未举证证明其损失的，对于如何判断双方约定的逾期付款违约金是否过高及如何确定调整标准，实践中主要有以下意见：

1. 合同双方约定了逾期付款需支付固定数额违约金的，若超过总价款数额30%的，为约定过高，可调整至总价款的30%；

2. 合同双方约定了逾期付款违约金利率，一方认为过高的，可参照民间借贷纠纷关于利率上限的规定，调整至年利率24%；

3. 合同双方约定了逾期付款违约金利率，一方认为过高的，可调整至贷款基准利率或贷款市场报价利率。

第一种意见以总价款数额的30%作为判断违约金是否过高的标准，是将未付价款作为了出卖人的损失，实际上混淆了合同义务与损失的概念。在买卖合同中，买受人支付价款属于主合同义务，买受人迟延支付价款的，除应就迟延履行支付违约金外，仍应继续履行付款义务，收取价款系出卖人交付货物而取得的对价权利，未付价款并非买受人迟延付款所造成的出卖人损失，以是否超过价款数额的30%为标准判断违约金是否过高，并无法律依据。

第二种意见参照适用了民间借贷纠纷年利率24%上限的规定，虽然具有较强的可操作性和明确的标准，但是同样缺乏法律依据。民间借贷与买卖合同是两种不同性质的合同，民间借贷中出借人利润产生于利息，年利率24%的上限是在综合考虑合同风险和利润构成等因素后确定的。而在买卖合同中，价款一般是由成本与利润构成，合同价款已包含一定比率的利润在内，如果准用民间借贷的年利率24%上限规定，将使买卖合同利润在原基础上增加24%，可能造成合同利益失衡。同时，《中华人民共和国合同法》仅规定有偿合同可参照适用买卖合同的有关规定，并未规定买卖合同可参照适用民间借贷相关规定。因此，该种意见缺乏足够的法律依据。

第三种意见相对较为合理，但有一定不足之处。《最高人民法院关于审理买卖合同纠纷案件适用法律问题的解释》（2012年）第二十四条第四款规定，买卖合同没有约定逾期付款违约金或者该违约金的计算方法，出卖人以买受人违约为由主张赔偿逾期付款损失的，人民法院可以贷款基准利率为基础，参照逾期罚息利率标准计算。对于逾期罚息利率，根据《中国人民银行关于人民币贷款利率有关问题的通知》规定，可按贷款利率上浮30%～50%计算。也就是说，在买卖合同双方未约定违约金或违约金的计算方式时，可按贷款基准利率或贷款市场报价利率上浮30%～50%确定逾期付款损失。但若根据第三种意见，在当事人约定了违约金的情形下，因为约定过高，违约金利率会被调整至贷款基准利率或贷款市场报价利率，反而低于当事人未约定违约金情形下的贷款基准利率或贷款市场报价利率上浮30%～50%的标准。违约金调整是为衡平当事人利益而以公平原则突破了约定优先原则的特殊规则，在约定违约金的情形下，违约方反较未约定违约金的情形获取更大利益，有悖违约金的填平与惩罚功能。

因此，在出卖人不能证明己方损失的情形下，可按以下标准确定违约金的调整标准。当事人约定的违约金超过造成损失的30%的，一般可以认定为过分高于造成的损失，出卖人不能证明己方损失时，买受人迟延履行期间内未支付价款的逾期贷款利息为出卖人的主要损失构成，因此，约定的逾期付款违约金利率超过逾期贷款利率30%的，可认定为过分高于损失，并可调整至逾期贷款利率的1.3倍。根据前述30%～50%的上浮区间，可将逾期付款违约金利率调整至贷款基准利率（或市场报价利率）×（1+30%）×1.3至贷款基准利率（或市场报价利率）×（1+50%）×1.3的区间内，即贷款基准利率或贷款市场报价利率的1.69倍至1.95倍之间。此利率既高于未约定违约金情形下的计算方式，又兼顾约定优先原则与公平原则，应为更合理的处理方式。

但需要注意的是，上述1.3倍的标准并非严格标准，仅是一种参考标准。在确定违约金计算方式时，应兼顾合同的履行情况、当事人的过错程度以及预期利益等综合因素，根据公平原则和诚实信用原则予以衡量，并作出裁判。

2020年修正的《最高人民法院关于审理买卖合同纠纷案件适用法律问题的解释》第十八条第四款规定：买卖合同没有约定逾期付款违约金或者该违约金的计算方法，出卖人以买受人违约为由主张赔偿逾期付款损失，违约行为发生在2019年8月19日之前的，人民法院可以中国人民银行同期同类人民币贷款基准利率为基础，参照逾期罚息利率标准计算；违约行为发生在2019年8月20日之后的，人民法院可以违约行为发生时中国人民银行授权全国银行间同业拆借中心公布的一年期贷款市场报价利率（LPR）标准为基础，加计30%～50%计算逾期付款损失。

逾期付款损失主要表现为价款接受方的利息损失，即当价款支付方按照约定的期限支付价款时，价款接受方本可以获得由该金钱所产生的法定孳息，但由于价款支付方并未按期支付，由此给价款接受方造成了法定孳息的损失。在利息损失中，究竟以何种利率标准计算逾期付款损失见解各异，同样存在着存款利率说、区分说、贷款基准利率说、逾期罚息利率说等不同观点，对此同前所述，不再赘言。本条解释基于与上述同样的理由，采纳了逾期罚息利率说，规定合同当事人没有约定逾期付款违约金的，守约方如主张逾期付款利息损失，同样应以中国人民银行规定的同期同类贷款基准利率为基础，按逾期罚息利率标准计付。

确定逾期付款损失，应当综合考虑违约方履行合同的积极程度、过错程度以及守约方的实际损失等因素，根据公平原则，应以违约方逾期付款部分为基数，根据中国人民银行同期贷款利率计算利息，作为违约方承担违约责任的范围。

编写人：河北省邢台市宁晋县人民法院　李建勋

52

汽车经销商在销售时未向消费者披露车辆原厂瑕疵隐患，消费者是否有权要求汽车经销商更换新车

——白某雷诉骏宝威公司买卖合同案

【案件基本信息】

1. 裁判书字号

北京市第三中级人民法院（2019）京03民终2568号民事判决书

2. 案由：买卖合同纠纷

3. 当事人

原告（被上诉人）：白某雷

被告（上诉人）：骏宝威公司

【基本案情】

2016年9月22日，白某雷从骏宝威公司购买并提取大众牌FV7187ZADBG汽车一辆（以下简称涉案车辆），支付购车款23.38万元。同日，双方签订《车辆销售明细表》，约定：购车用途为新车，骏宝威公司向白某雷提供的车辆必须符合厂家的出厂质量标准；购买汽车后，如发现属于生产厂家的质量问题，可由双方协助与厂家联系、解决等。10月9日，白某雷向骏宝威公司反映涉案车辆存在保险杠脱漆等问题。10月14日至11月16日，白某雷向北京市朝阳区消费者协会望京分会投诉骏宝威公司，称其新购车辆在洗车后出现倒车雷达附近严重掉漆问题，怀疑受骏宝威公司欺骗购买了事故车，要求换车。后双方协商未果。11月1日，白某雷就涉案车辆车身掉漆是否为外力撞击所形成进行司法鉴定。11月23日，北京通达首城司法鉴定所出具《司法鉴定意见书》，鉴定结论为涉案车辆车身上的多处漆皮脱落痕迹不是外力碰撞所形成，后备厢锁的固定螺母及发动机右侧处螺母有疑似工具

扭动痕迹。12 月 13 日，白某雷委托律所向骏宝威公司发送《律师函》，告知上述鉴定结论，要求骏宝威公司退还购车款并进行相应赔偿。后骏宝威公司拒绝退款，故白某雷起诉要求：（1）判令白某雷将涉案车辆退还给骏宝威公司，骏宝威公司为白某雷更换全新完好的大众牌 FV7187ZADBG 汽车 1 辆；（2）判令骏宝威公司赔偿白某雷鉴定费 3000 元、律师费 1.5 万元、保险费 9404.6 元、交通费 2159 元、误工费 5000.4 元。

诉讼中，依白某雷申请，北京市朝阳区人民法院向涉案车辆生产商一汽大众公司发送协助调查函。一汽大众公司回函表示：2016 年 8 月 30 日，一汽大众公司通过公司 HST 系统给经销商发送与涉及涉案车辆的“全新 CC 保险杠漆面脱落维修指导方案”（主要内容为由于保险杠供应商生产原因，个别车辆在使用中倒车雷达处出现漆面脱落；售后解决方案为检查漆面脱落的倒车雷达区域，在排除外力碰撞和人为损伤后，参照维修手册更换全新保险杠，按照索赔管理规定办理索赔），要求经销商按照文件执行。

【案件焦点】

汽车经销商在销售时未向消费者披露车辆原厂瑕疵隐患，消费者是否有权要求汽车经销商更换新车。

【法院裁判要旨】

北京市朝阳区人民法院经审理认为：《中华人民共和国合同法》规定，出卖人应当按照约定的质量要求交付标的物。本案中，骏宝威公司作为卖方应就履行义务举证。双方签订的《车辆销售明细表》约定，骏宝威公司向白某雷提供的车辆是全新完好车辆，必须符合厂家的出厂质量标准。签订《车辆销售明细表》后十几天，白某雷即向骏宝威公司提出车辆质量问题。《司法鉴定意见书》显示，涉案车辆不仅在保险杠处存在脱漆问题，车辆前方左右两侧、前翼子板和后部等部位均有掉漆的痕迹，且均不是外力碰撞所形成。骏宝威公司未提供充分的证据证明其向白某雷交付的车辆符合《车辆销售明细表》约定的车辆标准。

《中华人民共和国消费者权益保护法》规定，消费者享有知悉其购买、使用的商品或者接受的服务的真实情况的权利。消费者享有自主选择商品或者服务的权利。经营者向消费者提供有关商品或者服务的质量、性能、用途、有效期限等信息，应当真实、全面，不得作虚假或者引人误解的宣传。经营者应当保证在正常使用商品或者接受服务的情况下其提供的商品或者服务应当具有的质量、性能、用途和有效期限。本案中，白某雷购买小轿车用于日常生活使用，其权益受《中华人民共和国消费者权益保护法》保护。涉案车辆生产商一汽大众公司向一审法院回函表明，骏宝威公司在销售涉案车辆前已获悉包括涉案车辆在内批次车辆的前后保险杠倒车雷达处存在漆面脱落问题。骏宝威公司在向白某雷出售涉案车辆时，未在《车辆销售明细表》《售前检查证明》《商品车检查记录表》《三包凭证》等书面材料中予以告知，现亦无证据证明骏宝威公司曾通过其他方式进行告知，事实上骏宝威公司交付的车辆确出现上述问题，其销售行为有违诚实信用原则，并影响到白某雷的知情权及购买选择权的行使。

综合全案，北京市朝阳区人民法院认定骏宝威公司在未披露车辆瑕疵隐患的情况下向白某雷交付了不符合双方约定的车辆，白某雷在知悉上述情况后，选择要求更换，系依法维护消费者权益的合理、正当行为。故白某雷要求骏宝威公司更换同款全新完好车辆的诉讼请求，于法有据，一审法院予以支持。

北京市朝阳区人民法院依照《中华人民共和国消费者权益保护法》第八条、第九条、第二十条、第二十三条，《中华人民共和国合同法》第一百一十一条、第一百一十三条、第一百五十三条之规定，作出如下判决：

一、判令被告骏宝威公司于本判决生效之日起十日内给原告白某雷更换全新完好的大众牌FV7187ZADBG汽车1辆，原告白某雷将案涉大众牌FV7187ZADBG汽车1辆退还被告骏宝威公司；

二、被告骏宝威公司于本判决生效之日起十日内赔偿原告白某雷鉴定费3000元、律师费1.5万元及交通费200元；

三、驳回原告白某雷的其他诉讼请求。

后骏宝威公司不服上述判决提起上诉。

北京市第三中级人民法院经审理认为：一审判决认定事实清楚，适用法律正确，应予维持。依照《中华人民共和国民事诉讼法》第一百七十条第一款第一项之规定，作出如下判决：

驳回上诉，维持原判。

【法官后语】

2018年11月22日，最高人民法院对迄今为止索赔数额最高的“豪车退一赔三”案作出终审判决，为在汽车产品销售环节如何认定“侵犯知情权”这一常见又敏感的问题提供了裁判思路。

依据《中华人民共和国消费者权益保护法》第八条和第二十条的规定，消费者享有知悉商品相关信息的权利，经营者负有主动向消费者提供商品真实、全面信息的义务。那么，应如何理解“主动提供全面信息义务”呢？众所周知，汽车的生产制造涉及上万个零部件，从生产制造到经销商，再最终交付给消费者，车辆还要经历长途运输以及存储等环节，汽车的商品属性和流通属性形成了海量的信息，要求经营者将车辆所有的信息全部告知消费者，对经营者来说是不现实的，也不利于消费者知情权的保护。

对此，最高人民法院认为，经营者所应提供的商品全面信息并非指与商品有关的所有信息，而是指可能影响消费者人身健康、安全或一定财产利益的全部重要信息。对新车轻微瑕疵合理的整理措施不属于经销商必须告知的信息。而对于局部轻微问题的修复措施，如更换原装配件，则属于经销商应主动向消费者告知的信息，否则构成对消费者知情权的侵犯。

在对新车交付前轻微瑕疵合理的整理行为与轻微问题的修复行为作出区别认定的基础上，最高人民法院院对赔偿问题作出了处理。即对新车交付前轻微瑕疵合理的整理行为，经销商未予告知不承担赔偿责任；而经销商对车辆窗帘问题的处理属于对局部轻微问题的修复行为，对与此相关的信息经销商在车辆交付前或交付时应予告知但未予告知，虽然经销商一定程度上对相关信息已予以披露，但其毕竟未在车辆交付前或交付时以更直接、更明确、更便捷的方式告知消费者，对消费者的知情权产生了一定程度的影响，对此经销商应承担相应的赔偿责任。在酌定赔偿金额时，最高人民法院考量的因素包括涉案车辆的问题严重程度，处理措施的复杂程度，是否危及车辆安全性能、主要功能、基本用途，是否给消费者造成了较大程度的不利影响，经销商是否已经无偿解决了车辆的问题等。

本案中，涉案车辆生产商一汽大众公司向法院回函表明，骏宝威公司在销售涉案车辆前已获悉包括涉案车辆在内批次车辆的前后保险杠倒车雷达处存在漆面脱落问题。骏宝威公司在向白某雷出售涉案车辆时，未在《车辆销售明细表》《售前检查证明》《商品车检查记录表》《三包凭证》等书面材料中告知，现亦无证据证明骏宝威公司曾通过其他方式进行告知，事实上骏宝威公司交付的车辆确出现上述问题，其销售行为有违诚实信用原则，并影响到白某雷的知情权及购买选择权的行使。白某雷在购车后十几天内，即向骏宝威公司提出车辆质量问题，选择要求更换，系依法维护消费者权益的合理、正当行为。

编写人：北京市朝阳区人民法院　李有光　温晓汾

53

钢材买卖逾期加价条款的性质为违约金

——盛泰兴公司诉闽南建筑公司买卖合同案

【案件基本信息】

1. 裁判书字号

福建省厦门市中级人民法院（2019）闽02民终3732号民事判决书

2. 案由：买卖合同纠纷

3. 当事人

原告（上诉人）：盛泰兴公司

被告（上诉人）：闽南建筑公司

【基本案情】

2013年5月11日，盛泰兴公司作为供方与需方闽南建筑公司签订《钢材购销合同》，约定：盛泰兴公司向闽南建筑公司供应螺纹钢、线材、盘螺等建筑材料，实际履行数量以需方工地验收数量为准，货物交付到闽南建筑公司指定工地上，闽南建筑公司应在7日内付款，所欠货款价格按确认书确认的单价结算，如超过7日未付款，则每吨单价按第5条第3款实行加价；双方同意对钢材单价实施浮动加价方式，闽南建筑公司同意，在货物到工地之日起7日内付清货款，则该批次货物以现款价结算，否则从收货日第1日起，按以下标准实行加价，第1日至第30日内按每日加价3元/吨计算，第31日至第60日内按每日加价4元/吨计算，第61日至第90日内按每日加价5元/吨计算，第91日起每日加价7元/吨，加价总额为以上各阶段加价的合计数额；双方同意价款的支付期限为每一次货物签收后60日内付清该次货物的全部价款，如产生加价款，闽南建筑公司支付的款项中应先支付加价款，有剩余再抵扣原价款；若闽南建筑公司不能按本合同约定期限付款，盛泰兴公司有权停止供货，除实行加价外，闽南建筑公司还应支付货款总额5%的逾期付款违约金，该违约金为双方真实意思表示，双方同意在任何情况下对此标准均不作任何调整；双方确认加价是行业惯例，属于因时间变化价格浮动产生的货款本金，不具有违约金性质，加价和违约金可同时计算；违约方应承担守约方为实现债权而支付的律师费、差旅费、诉讼费、公证费等相关费用；等等。该合同落款处由邱某强代表闽南建筑公司签字，并加盖闽南建筑公司“漳浦丽舍森邻‘A’地块二期13号楼至20号楼工程项目部”印章。2013年5月13日至2014年3月10日，盛泰兴公司先后向闽南建筑公司上述工地供应钢材合计5960.352吨。闽南建筑公司已向盛泰兴公司支付款项合计2155.5万元。2016年2月23日的《对账单》载明，截至2016年2月23日，闽南建筑公司应付货款合计21562669.71元，已付16100925.53元，未付货款5462744.17元；应付加价款合计8385131.13元，已付721977.05元，未付加价款7663154.08元，合计欠款13125898.25元。

【案件焦点】

钢材加价款的法律性质。

【法院裁判要旨】

福建省厦门市湖里区人民法院经审理认为：原、被告之间签订的《钢材购销合同》是双方真实意思表示，没有违反法律、行政法规的强制性规定，并已实际履行，对双方有约束力。盛泰兴公司主张，按照约定及交易习惯，加价款属于价格条款，不属于违约金。闽南建筑公司反驳认为，加价款系针对迟延付款行为，是对迟延付款损失计算方法的约定，性质上属于违约金。法院认为，虽然合同中约定加价款是货款，不是违约金，但从该合同形式及内容上看，该条款明显属于盛泰兴公司提供的格式条款。依照《中华人民共和国合同法》第三十九条第一款的规定，采用格式条款订立合同的，提供格式条款的一方应当遵循公平原则确定当事人之间的权利和义务，并采取合理的方式提请对方注意免除或者限制其责任的条款，按照对方的要求，对该条款予以说明。《钢材购销合同》中对加价款的解释是属于因时间变化价格浮动产生的货款本金，但从约定的加价款的计算方式来看，与市场供需价格的变化没有关联性，而是按照迟延付款天数累加递进计算，可见，加价款并非随行就市的价格调整机制，而是对买受人迟延履行付款义务造成的损失赔偿的计算方法，依照《中华人民共和国合同法》第一百一十四条第一款的规定，当事人可以约定一方违约时应当根据违约情况向对方支付一定数额的违约金，也可以约定因违约产生的损失赔偿额的计算方法，因此，对加价款的性质应按违约金予以认定。案涉合同通过格式条款将加价款计入货款本金，实际上排除了买受人一方基于法律规定享有的对过高违约金请求调整的权利，有违公平原则，依照《中华人民共和国合同法》第四十条的规定，该条款应认定为无效。

闽南建筑公司认为按加价条款计算违约损失，明显过高，应当予以调整。综合考虑本案实际情况，法院认为，2016年2月23日的《对账单》是双方认可的有效结算协议，应当履行，故对该《对账单》所确认的应付加价款（即违约金）不做调整，但之后不应当继续计算加价款，否则将导致双方利益的失衡，对盛泰兴公司主张的逾期付款违约金，法院亦不予支持。经查明，2016年2月23日之后，闽南建筑公司又陆续付款合计420万元。按照约定，已付款优先抵充加价款，余额抵充货款。由此计算，闽南建筑公司尚应支付货款本金5462744.17元，加价款（违约金）3463154.08元。

福建省厦门市湖里区人民法院依照《中华人民共和国合同法》第一百零七条、第一百一十四条、第一百五十九条、第一百六十一条，《中华人民共和国民事诉讼法》第六十四条第一款之规定，作出如下判决：

一、闽南建筑公司应于本判决生效之日起十日内向盛泰兴公司支付钢材货款5462744.17元及加价款（违约金）3463154.08元，合计8925898.25元；

二、闽南建筑公司应于本判决生效之日起十日内向盛泰兴公司支付因本案诉讼产生的律师费20万元、财产保全费5000元和保全责任保险费1.5万元，合计22万元；

三、驳回盛泰兴公司其他诉讼请求。

宣判后，盛泰兴公司、闽南建筑公司不服，分别向福建省厦门市中级人民法院提出上诉。

福建省厦门市中级人民法院经审理认为：盛泰兴公司向闽南建筑公司交付了货物，闽南建筑公司也结算确认欠付货款，其已构成违约，应承担相应的违约责任。合同约定逾期付款后应按日加收“资金占用费”，还约定按比例计收逾期付款违约金。前述条款均属于对违约方违约责任的约定，属于违约金条款。根据2016年2月23日的《对账单》显示，双方交易总额为21562669.71元，一审判决支持并保护违约金（加价款数额）为8385131.13元，综合合同履行情况及当事人过错程度等因素，一审法院依法调整不再另行继续计算违约金并无不当。盛泰兴公司、闽南建筑公司的上诉请求不能成立，应予驳回；一审判决认定事实清楚，适用法律正确，应予维持。综上，福建省厦门市中级人民法院依照《中华人民共和国民事诉讼法》第一百七十条第一款第一项之规定，作出如下判决：

驳回上诉，维持原判。

【法官后语】

相对于普通商品交易而言，钢材买卖有其自身特殊性。逾期加价条款在钢材买卖合同中普遍存在，通常设置在计价结算方式、付款期限等条款中。因逾期加价条款并非法律上的概念，实践中对该条款的理解和认定上存在较大分歧。一种观点认为，逾期加价条款系对钢材价格计算方式的约定，性质上属于结算条款，未违反法律规定，是有效的，出卖人可依据该条款要求买受人支付加价款，并同时主张逾期付款违约金。本案原告就是持这种观点。另一种观点认为，逾期加价条款并非对价格调整机制的约定，而是对逾期付款违约行为的惩罚约定，带有违约金性质，属于对违约损失赔偿额计算方式的约定，出卖人可依据该条款要求买受人承担违约责任，但买受人亦可以违约金过高为由请求法院予以调整。本案被告就是以此为由提出抗辩。

依照《中华人民共和国合同法》第一百二十五条第一款的规定，当事人对合同条款的理解有争议的，应当按照合同所使用的词句、合同的有关条款、合同的目的、交易习惯以及诚实信用原则，确定该条款的真实意思。众所周知，钢材主要使用在公路、港口、房屋等建设工程施工中，交易量大，供货时间和结算周期较长，又因钢材买卖经常采用赊销形式，在一定程度上增加了出卖人垫资的风险。在通常情况下，约定的逾期加价款计算方式与市场供需价格的变化没有关联性，而是按照迟延付款天数累加递进计算，可见“逾期加价条款”并非随行就市的价格调整机制，而是对买受人迟延履行付款义务造成的损失赔偿额的计算方法，是为了弥补因逾期付款给出卖人造成的资金占用损失。依照《中华人民共和国合同法》第一百一十四条第一款的规定，当事人可以约定一方违约时应当根据违约情况向对方支付一定数额的违约金，也可以约定因违约产生的损失赔偿额的计算方法。因此，逾期加价条款的性质应按违约金予以认定。如仅从字面上理解为价格变更方式的约定，在出卖人怠于主张权利的情况下，势必造成加价后的钢材价格严重背离市场价格，从而导致双方利益上的明显失衡。因此，将逾期加价条款解释为价格变更约定，显然是不妥的。作为违约金约定，如加价款的计算过分高于实际损失，违约方可以请求法院予以调整。当然，是否进行调整，应根据案件情况灵活掌握。如买卖双方基于真实意思表示对拖欠的钢材货款及按约定计算的逾期加价款已达成结算协议，应视为双方对自身民事权利的合法处分，对结算协议中确认的加价款数额可不予调整。

编写人：福建省厦门市湖里区人民法院　姚亮

54

专业性合同当事人双方的注意义务对违约责任的影响

——鑫绿源公司诉明峰公司买卖合同案

【案件基本信息】

1. 裁判书字号

湖北省宜昌市中级人民法院（2019）鄂05民终2170号民事判决书

2. 案由：买卖合同纠纷

3. 当事人

原告（被上诉人）：鑫绿源公司

被告（上诉人）：明峰公司

【基本案情】

原告系从事植物提取物生产的企业，被告系从事污水处理设备的研发和制造的企业，经营范围包括环保设备生产销售、环保工程设计施工、水污染治理等。2017年原告因污染防治需要，向被告定制污水处理设备，双方经过沟通协商后，确定最终设计方案。2017年11月10日，原、被告双方签订《设备采购合同》一份，约定原告向被告购买污水处理一体化设备一套，价款为37.64万元，Q235材质，质保金为总货款的3%，即11292元，一年质保期满后设备无任何质量问题，原告向被告一次性支付剩余货款；合同中约定，被告必须保证原告废水经处理后达到一级B排放标准，若达不到一级B标准，由被告全权负责，被告所供设备不符合合同约定的要求或认定为质量不合格的，原告有权单方面解除本合同，并要求被告退还所收取的款项。合同签订后，原告依约定支付货款，被告进行设备制造，于2017年12月18日向原告送货，于2018年5月20日左右将设备安装完毕，同年5月28日试运行。2018年7月24日，原、被告共同将污水样品送至净雅污水处理公司进行检验，该公司于2018年8月13日出具检验结果，其中COD原水为823mg/L，出水为303.4mg/L。因出水不能达到合同约定排放标准，原告认为被告所提供的设备质量不合格，遂委托律师向被告发出律师函，通知被告解除双方的《设备采购合同》，并要求被告返还已收取合同约定97%的货款365108元，支付合同约定的违约金37640元。2018年8月16日，被告向原告复函，否认其设备存在质量问题，该回复第二条写明："按贵公司环评来看，废水来源主要为车间洗灌水、卫生间水和厨房生活废水……"

同时查明，原告提交的项目《环境影响报告书》中载明了项目回用废水执行《农田灌溉水质标准》（GB 5084－2005），该标准COD最高允许排放浓度为200mg/L，并对主要污染源进行了分析，主要包括生产废水和生活污水，在拟定的污染防治措施中对污水处理工艺进行了建议，其中经公司污水处理装置预处理后主要污染物浓度情况表分析为COD处理前浓度为750mg/L，处理后为150mg/L。

【案件焦点】

专业性合同缔约过程中当事人双方的注意义务对违约责任的影响。

【法院裁判要旨】

湖北省宜都市人民法院经审理认为：定作合同是由承揽人根据定作人要求的品种、数量、质量及规格，使用自己的原材料、设备、劳动为定作人加工特定的产品，定作人给付相应报酬的协议。根据原、被告签订的《设备采购合同》及附件《设计方案》，双方成立定作合同关系，被告有依照原告的合同目的为原告设计污水处理方案、制作、安装、调试污水处理设备的义务，原告签订合同的目的是达到《环境影响报告书》中载明的污水处理标准，从而经过环评验收，而该《环境影响报告书》对于原告的废水进行了分析，写明了其主要污染物浓度，其中COD处理前的浓度为750mg/L，在处理后应达到《农田灌溉水质标准》要求的COD浓度200mg/L，而按照被告提供的设计方案中确定的原水浓度数据COD150－180，原告完全没有必要定制污水处理设备，明显与原告的合同目的不符。虽然双方在磋商的过程中，原告签章认可了设计方案中对原水浓度COD150－180的描述，但从被告向原告发出的复函第二条内容看，被告是有原告的《环境影响报告书》的，应该结合原告的实际需求为原告制作能够实现其合同目的的方案，其作为专业从事污水处理设备的研发和制造的企业，在双方合同关系中具有优势地位，其应该结合其专业知识在协商过程中对该关键数据进行确认，明确原告是否认识到了自己的实际需求，但被告提交的证据不能证明其尽到了上述义务。所以，根据《中华人民共和国合同法》第九十四条“有下列情形之一的，当事人可以解除合同：（一）因不可抗力致使不能实现合同目的；（二）在履行期限届满之前，当事人一方明确表示或者以自己的行为表明不履行主要债务；（三）当事人一方迟延履行主要债务，经催告后在合理期限内仍未履行；（四）当事人一方迟延履行债务或者有其他违约行为致使不能实现合同目的；（五）法律规定的其他情形”的规定，应认定被告有违约行为导致不能实现合同目的的情形，原告已在2018年8月通知被告解除双方签订的《设备采购合同》，又根据《中华人民共和国合同法》第九十六条第一款“当事人一方依照本法第九十三条第二款、第九十四条的规定主张解除合同的，应当通知对方。合同自通知到达对方时解除。对方有异议的，可以请求人民法院或者仲裁机构确认解除合同的效力”的规定，法院确认《设备采购合同》已经于2018年8月解除。同时，原告对于其合同目的应该是明确的，即使不具备关于污水处理的专业知识，但其持有的《环境影响报告书》进行了专业的分析，可能对具体处理工艺不能明确，但关键数据应该能够清楚理解，从而对于被告的设计方案是否合理作出判断，所以，原告在对设计方案的确认过程中也未尽到自身的审慎注意义务，其应该对合同目的不能实现承担相应的责任。原告诉称被告提供的设备还存在其他质量问题，但未提交有效的证据予以证明，法院对该项主张不予支持。根据《中华人民共和国合同法》第九十七条“合同解除后，尚未履行的，终止履行；已经履行的，根据履行情况和合同性质，当事人可以要求恢复原状、采取其他补救措施，并有权要求赔偿损失”的规定，法院确定对于原告的损失，原、被告各承担50%的责任，被告应该返还原告价款176908元（365108元－376400元×50%）。对于原告要求被告承担违约金的诉讼请求，因原告自身存在责任，法院不予支持。综上，依照《中华人民共和国合同法》第六十条、第九十四条、第九十六条、第九十七条、第二百五十一条、第二百五十二条，《中华人民共和国民事诉讼法》第六十四条第一款，《最高人民法院关于适用〈中华人民共和国民事诉讼法〉的解释》第九十条的规定，作出如下判决：

一、确认原告鑫绿源公司与被告明峰公司在2017年11月10日签订的《设备采购合同》于2018年8月解除；

二、被告明峰公司于本判决生效之日起十日内向原告鑫绿源公司返还价款176908元；

三、驳回原告鑫绿源公司的其他诉讼请求。

明峰公司不服一审判决，持原审答辩意见提起上诉。

湖北省宜昌市中级人民经审理认为：一审判决认定事实清楚，适用法律、法规正确，应予维持。依照《中华人民共和国民事诉讼法》第一百七十条第一款第一项的规定，作出如下判决：

驳回上诉，维持原判。

【法官后语】

定作合同是承揽合同的表现形式之一，其广泛存在于日常生活及生产领域，是社会经济生活中非常普遍的一类合同。定作合同区别于其他合同的显著特征就在于承揽人按照定作人的要求完成并交付工作成果，该工作成果是按照定作人的特定要求为满足定作人的特殊需要由承揽人完成的。承揽人的首要义务是按照约定完成工作。那么，在缔约过程中，承揽人和定作人有无其他义务呢？定作合同的标的物一般具有专业性，而承揽人在该领域具有专业性，其在合同的缔约过程中是具有一定优势地位的。故在缔约过程中，承揽人应该本着诚实信用原则尽到相应的说明义务，即合同当事人对合同相对方利益有着重大影响的事项负有说明义务。而定作人虽然不具备相关专业知识，但是也应该尽到审慎注意义务，即尽到条件允许的应尽注意。

本案中，合同双方在洽谈定作事宜时就合同目的即为达到定作人鑫绿源公司通过环评验收、正常经营的状态。双方曾进行了口头协商，且承揽人明峰公司持有定作人鑫绿源公司的《环境影响报告书》，故在缔约过程中承揽人明峰公司应该尽到相应说明义务，就关键数据向定作人鑫绿源公司进行确认，明确定作人鑫绿源公司是否认知到自己的实际需求。而定作人鑫绿源公司虽然不具备关于污水处理的专业知识，但其持有的《环境影响报告书》进行了专业的分析，对于关键数据应该能够清楚理解，从而对承揽人的设计方案是否合理作出判断，而定作人鑫绿源公司在对设计方案确认过程中未尽到审慎注意义务。合同双方当事人都未尽到相应的合同附随义务，以致于合同目的不能实现，故均应承担相应的责任。

编写人：湖北省宜都市人民法院　李清滢

55

预期违约的构成及法律后果

——张某孝诉王某买卖合同案

【案件基本信息】

1. 裁判书字号

山东省济南市章丘区人民法院（2019）鲁0181民初1852号民事判决书

2. 案由：买卖合同纠纷

3. 当事人

原告：张某孝

被告：王某

【基本案情】

2013 年，王某自张某孝处购买石子，由张某孝直接向第三方冠亿公司送石子。2013 年 10 月 8 日，经结算，王某欠张某孝石子款 243264 元，王某为张某孝书具欠条一份。2016 年 9 月 9 日，王某与张某孝签订还款协议，该协议载明王某欠张某孝石子款 24 万元，在 2017 年春节前支付 12 万元，剩余货款在冠亿公司结清货款后付清。2017 年春节前支付的 12 万元已支付 1 万元，余款 2016 年 9 月支付 3 万元，2016 年 10 月、11 月、12 月及 2017 年 1 月各支付 2 万元。协议签订后，被告王某共支付 4 万元（含协议中已支付的 1 万元），余款 20 万元至今未付。另查明，2018 年 6 月 20 日，冠亿公司因公司成立后无正当理由超过 6 个月未开业，或者开业后自行停业连续 6 个月以上被吊销营业执照。

【案件焦点】

1. 王某与张某孝是否形成买卖合同关系；2. 在冠亿公司未付清货款的情形下，王某是否负有偿还剩余货款 12 万元的义务。

【法院裁判要旨】

山东省济南市章丘区人民法院经审理认为：关于第一个争议焦点问题，居间合同是居间人向委托人报告订立合同的机会或者提供订立合同的媒介服务，委托人支付报酬的合同，在居间合同中居间人不参与委托人与第三人的合同，不对委托人与第三人的合同内容作出决定。本案中，根据张某孝提交的欠条、还款协议，结合王某提交的收料单，王某向张某孝出具石子款欠条及还款协议，王某又为冠亿公司石子的供料单位，因此王某不是为张某孝与冠亿公司提供订立合同的机会，而是参与合同并与张某孝形成买卖合同关系，对王某主张其与张某孝为居间介绍关系不予支持。

王某自张某孝处购买石子，双方形成买卖合同关系，原告张某孝交付货物后，被告王某应依法履行支付价款的义务。因双方在还款协议中约定，2017 年春节前支付货款 12 万元，王某仅支付 4 万元，余款 8 万元至今未付，现原告张某孝要求支付该 8 万元货款，于法有据应予以支持。

关于第二个争议焦点问题，本案中，双方在还款协议中约定了部分债务的履行条件即剩余货款在冠亿公司结清货款后付清，现冠亿公司因营业执照被吊销，陷入非正常经营状态，存在丧失或者可能丧失履行债务能力的情形。现王某以冠亿公司尚未结算货款为由主张履行条件未成就，并拒绝履行该部分债务。作为非违约方的原告张某孝在履行交付货物的义务之后，被告王某的行为已经构成预期违约。根据《中华人民共和国合同法》第一百零八条“当事人一方明确表示或者以自己的行为表明不履行合同义务的，对方可以在履行期限届满之前要求其承担违约责任”之规定，因此原告张某孝有权在履行期限未届至的情况下要求被告王某承担实际履行的违约责任，原告张某孝要求被告王某支付剩余货款12万元，于法有据，予以支持。

山东省济南市章丘区人民法院依照《中华人民共和国合同法》第一百零七条、第一百零八条、第一百零九条、第一百六十一条之规定，作出如下判决：

被告王某于本判决生效之日起十日内向原告张某孝支付货款20万元。

【法官后语】

本案中，双方当事人签订的还款协议系附条件履行的协议，在合同约定的条件未成就时即冠亿公司未向王某结清货款时，该债务的履行期限尚未届至，原告张某孝无权要求被告王某履行债务。但是，本案中冠亿公司因超过6个月未开业，或者开业后自行停业连续6个月以上被吊销营业执照，陷入非正常经营状态，出现丧失或者可能丧失债务履行能力的情形，被告王某亦怠于通过诉讼或者仲裁方式向债务人冠亿公司主张权利，并同时以履行条件未成就为由拒绝履行其对原告张某孝所负债务，此时如果仍按照还款协议约定的履行条件未成就约束债权人，将使债权人的债权陷入不能实现，亦不能向债务人主张违约责任的尴尬境地，显失公平。

《中华人民共和国合同法》第一百零八条规定：“当事人一方明确表示或者以自己的行为表明不履行合同义务的，对方可以在履行期限届满之前要求其承担违约责任。”此条款为该法中规定的预期违约制度，该法将违约形态分为预期违约与实际违约，预期违约又包括明示毁约和默示毁约，明示毁约是指在履行期界至前，债务人无正当理由明确肯定地表示其将不履行合同义务的违约状态；默示毁约是指履行期限届至前，债权人有确切证据证明，在合同履行期限届至时，债务人将不履行或者不能履行债务，且债务人拒绝为履行债务提供相应担保的违约形态。该两种预期违约的形态均是在债务履行期限届至前，债务人以明示或者默示的方式拒绝履行合同义务。本案中还款协议约定的履行条件成就的可能性因冠亿公司陷入非正常经营状态而变得极为渺茫，此时王某仍以条件未成就为由拒绝履行债务，应视为债务人在合同履行期限届至前拒绝履行债务，构成预期违约，原告主张被告王某承担违约责任，继续履行支付货款的义务，应得到支持。

编写人：山东省济南市章丘区人民法院　李敏

56

违约金请求权与损害赔偿请求权可同时适用

——嘉信公司诉顺荣公司买卖合同案

【案件基本信息】

1. 裁判书字号

福建省厦门市思明区人民法院（2019）闽 0203 民初 13430 号民事判决书

2. 案由：买卖合同纠纷

3. 当事人

原告：嘉信公司

被告：顺荣公司

【基本案情】

2019 年 1 月 6 日，嘉信公司（甲方、需方）与顺荣公司（乙方、供方）签订一份《石材供货合同》，由顺荣公司向嘉信公司位于厦门市思明区塔埔路与半屏山路交叉口西南侧的“海西金谷广场塔楼公共区域二次装修工程”供应石材，双方在合同中对石材的质量、色差等做了约定，同时还约定，如果甲方对特定石材需要进行异形加工，需向乙方提供加工图样并附具体加工要求的书面说明；乙方根据确认的加工单并收到合同定金后，7 个工作日内分批供货，具体供货进度乙方应配合甲方施工进度要求，甲方除图纸要求外，新增的数量必须书面下单通知乙方，供货期限顺延；首批供货以甲方确认的下单日后 15 天内货到工地，后续到货时间以甲方确认的下单日后 7 天内；供货期限至 2019 年 4 月 30 日，如因甲方没及时付款，延误供货与乙方无关；乙方应安排运输车辆运输至项目地址甲方指定位置；甲方指定洪某德为石材验收人。

合同签订后，嘉信公司于2019年1月8日向顺荣公司转账支付合同订金30万元。顺荣公司从2019年1月17日至2019年4月13日共计向嘉信公司供应5批次货物，货值66274元。

2019年4月22日，嘉信公司指定验收人洪某德在名称为《T1－24层品种：G655光面》的图纸上签字，并手写“图纸风格无误共11页，规格以工厂实际放样为准”。顺荣公司在该图纸上盖章。

根据双方提交的微信聊天记录，嘉信公司一直在调整和修改设计方案。2019年5月24日，顺荣公司收到嘉信公司寄送的《律师函》，嘉信公司在《律师函》中明确表示不接受顺荣公司提出的“款到发货”的要求，并认为顺荣公司以自己的行为表示不履行合同主要义务，已构成违约，嘉信公司有权行使法定解除权，《合同解除函》自送达之日起发生效力，双方签订的合同已于2019年5月5日解除。

审理中，嘉信公司主张石材设计方案图纸于2019年4月18日确定并下单要求生产，顺荣公司主张设计图纸于2019年4月22日确定，但嘉信公司并未下单要求生产。

【案件焦点】

1. 合同解除后能否适用违约金条款；2. 合同解除后违约金与损害赔偿的关系。

【法院裁判要旨】

福建省厦门市思明区人民法院经审理认为：顺荣公司与嘉信公司签订的《石材供货合同》为合法有效的合同。顺荣公司于2019年5月24日收到嘉信公司解除合同的律师函，故法院确认案涉供货合同已于2019年5月24日解除。

根据《中华人民共和国合同法》的有关规定，合同解除后，尚未履行的，终止履行；已经履行的，根据履行情况和合同性质，当事人可以要求恢复原状、采取其他补救措施，并有权要求赔偿损失。因此，在合同解除后，顺荣公司应立即返还嘉信公司已支付的订金30万元，顺荣公司未返还订金，应自合同解除之日的次日起向嘉信公司支付资金占用利息。

关于损失。根据嘉信公司提交的证据，嘉信公司与案外人志展公司于2019年5

月10日签订《石材供货合同》，同日，双方签订《终止合同协议书》，之后，双方于2019年6月3日再次签订《石材供货合同》，第二份合同显示的单价明显高于第一份合同报价。嘉信公司主张该期间案涉合同所需石材的单价增幅较大，导致其支付更多货款，嘉信公司提交了鸿投石材公司及鸿源石材公司出具的《石材报价表》以及嘉信公司与志展公司的《结算表》佐证。嘉信公司未提交其已实际支付货款的凭证，不足以证明嘉信公司已实际支付该货款。法院认为，嘉信公司提交的上述证据不足以证明案涉石材价格上涨的真实性和合理性，嘉信公司也未提交其他足以认定案涉石材市场价格上涨的证据，故嘉信公司主张的损失依据不足，法院不予认可。综上，嘉信公司的全部诉讼请求，法院予以部分支持。

福建省厦门市思明区人民法院依照《中华人民共和国合同法》第六十条第一款、第六十八条、第九十三条、第九十七条、第九十九条、第一百零七条，《中华人民共和国民事诉讼法》第六十四条的规定，作出如下判决：

一、顺荣公司应于本判决生效之日起十日内向嘉信公司返还订金233726元，并支付利息（其中以30万元为基数，按照中国人民银行同期同类贷款利率，自2019年5月25日起计至2019年8月13日；以233726元为基数，按照中国人民银行同期同类贷款利率，自2019年8月14日计至2019年8月19日；此后按全国银行间同业拆借中心公布的贷款市场报价利率计至款项实际支付之日止）；

二、顺荣公司应于本判决生效之日起十日内向嘉信公司支付违约金7800元；

三、顺荣公司应于本判决生效之日起十日内向嘉信装公司支付保全费5000元；

四、驳回嘉信公司的其他诉讼请求。

【法官后语】

1. 合同解除后能否适用违约金条款

笔者认为，合同解除后可以适用违约金条款。原因如下：

从违约金的性质来看，违约金具有以赔偿性为主，以惩罚性或担保性为辅的特性。违约金具有赔偿性质，除非当事人明确约定或法律明确规定为惩罚性或履约担保性违约外，违约金应推定为赔偿性违约金。实务中绝大多数违约金条款为赔偿性违约金条款。而赔偿性违约金（大陆法系把它叫作损害赔偿额的预定），是双方当事人对违约行为造成损失的预先约定。根据《中华人民共和国合同法》第九十七条之义，合同解除后并不影响当事人主张损害赔偿的权利。由此推出，合同解除后也不影响当事人主张违约金的权利。

从违约金的属性看，违约金与损害赔偿均属于承担违约责任的一种方式。根据《中华人民共和国合同法》第九十七条之文义，合同解除后，当事人仍可主张损害赔偿。在合同解除的同等情境下，如果将损害赔偿与违约金作不同处理，则会引发违约金和损害赔偿之间不恰当的区别对待。①

从违约金的功能看，违约金兼具压力功能和赔偿功能。在合同解除后，主张适用违约金条款有助于发挥违约金的双重功能。合同解除后主张适用违约金条款，是对合同利益的保障。当合同因一方违约而解除时，否定违约金条款的适用，便是迫使守约方在行使合同解除权时，也放弃行使违约金条款的权利。当合同解除基于非违约事项，如一方虽然存在违约行为，但未达到违约解除权的程度，合同因非违约行为而解除，此时如果否定违约金条款的适用，则是助长违约方利用合同解除权逃避责任。

2. 合同解除后违约金与损害赔偿的关系

当违约金请求权与损害赔偿请求权因一方当事人违约而同时产生效力时，应以违约金请求权与损害赔偿请求权所指向的对象是否同一为标准，判断二者是否可以累加。损害赔偿的目的在于填补损害，法律上不能允许当事人基于一个损害获得两次赔偿，② 因此如违约金请求权与损害赔偿请求权指向的是同一利益，则二者不能累加主张。如违约金请求权与损害赔偿请求权指向的是不同利益，则二者可以累加主张。

违约金请求权和损害赔偿请求权指向同一利益时，违约金数额高于损害赔偿数额的，不缩减违约金数额。违约金数额低于损害赔偿数额的，债权人仍可主张损害赔偿，此时违约金数额作为最低损害赔偿额，计入损害赔偿数额。③

3. 合同解除后违约金与损害赔偿的举证责任分配

当事人以违约金请求权主张权利的，只需举证证明触发违约金条款的违约行为存在即可，此为违约金条款的举证简化规则。当事人主张损害赔偿的，需要按照一般的法定损害赔偿前提进行证明。

编写人：福建省厦门市思明区人民法院　杨聪惠　吴彩凤

---

① 姚明斌：《〈合同法〉第114条（约定违约金）评注》，载《法学家》2017年第5期。
② 转引自王洪亮：《违约金请求权与损害赔偿请求权的关系》，载《法学》2013年第5期。
③ 赵蕾：《违约金和赔偿损失并用的范畴界定》，载《人民司法》2018年第20期。

57

买卖双方采取非正规方式交易导致损失的行为定性及责任承担

——齐某东诉周某斌买卖合同案

【案件基本信息】

1. 裁判书字号

浙江省丽水市莲都区人民法院（2019）浙 1102 民初 1220 号民事判决书

2. 案由：买卖合同纠纷

3. 当事人

原告：齐某东

被告：周某斌

第三人：元通公司

【基本案情】

2017 年 4 月 23 日，案外人叶某出具借条向被告借款 10 万元，并于当日出具收条确认收到借款。为担保该债务，叶某签订汽车质押借款合同一份。同日，叶某出具车辆处理授权书、委托书给被告，授权被告对案涉车辆进行处理以偿还债务。同日，叶某还在一份关于案涉车辆的买卖协议上签字，并将合同交给被告。2017 年 6 月 18 日，被告与原告签订车辆转押协议一份，将案涉车辆“转押”给原告，并向原告交付了前述由叶某出具的系列文书材料。后第三人元通公司将该车辆拖走，并留下案涉车辆的信用卡汽车分期付款合同一份，该协议载明，案涉车辆被叶某抵押给了中国银行，元通公司系该抵押合同的保证人。

【案件焦点】

1. 案涉合同的法律定性是买卖合同还是质押合同；2. 车辆因被抵押权人取走

而导致买受人丧失占有使用的权利，对于该损失应由谁承担何种责任。

【法院裁判要旨】

浙江省丽水市莲都区人民法院经审理认为：原告齐某东与被告周某斌签订车辆转押协议，但双方并无主债权合同，庭审中双方均确认实为车辆买卖合同，故法院认定该合同的法律性质为买卖合同。原告以合同目的无法实现为由诉请解除合同。对此法院认为，首先，《中华人民共和国合同法》第九十四条规定的合同法定解除权条件之一为因不可抗力致使不能实现合同目的，但本案中并不存在不可抗力情形，故原告该理由不能成立，且本案亦不存在导致合同解除的其他情形。其次，因原告在购买该车辆时已确知车辆登记所有权人并非被告，也即原告明知不论被告对车辆享有何种权利，其均不能直接经由被告转移车辆登记。在此情况下，原告仍继续付款交易，应认为其不谋求由被告将案涉车辆登记到自己名下，其所欲达成的目的仅为占有使用。鉴于被告已在车辆丢失的一年多前就车辆已完成交付，若非出现车辆丢失的情况，双方实际也不会再继续发生联系，应认为案涉合同已经履行完毕，已经履行完毕的合同无法解除。综上，法院对原告解除合同的诉请不予支持。原告诉请被告返还购车款，对此法院认为，案涉车辆在交付一年多后，因被车辆其他相关权利人取走导致原告丧失占用使用的权利，应认为其产生损失，对于该损失的责任承担应根据原、被告的过错程度予以确定。因产生损失的直接原因系该车辆还有其他权利人，原、被告采取非正规的方式交易该车辆是导致本案损失的原因。被告作为案涉车辆的出让方，负有标的物权利瑕疵担保义务，应承担主要责任；原告作为买受方，在订立合同时就应当知晓该交易可能存在的潜在风险，应承担次要责任。基于以上认识，法院根据车辆交易价格并结合车辆使用情况，综合确定由被告赔偿原告6.5万元。原告诉请律师费，未提供相应证据，且无相关依据，法院不予支持。据此，依照《中华人民共和国合同法》第五条、第九十四条、第一百五十条、第一百五十一条的规定，作出如下判决：

一、被告周某斌于本判决生效后十五日内支付原告齐某东6.5万元；

二、驳回原告齐某东的其他诉讼请求。

【法官后语】

质押合同签订的目的理应指向设立质权，并以此为相应的债权提供质押担保，这也是担保物权的价值所在。如果当事人订立质押合同的目的偏离质押担保这一根本目标，就足以质疑其签订合同的表面意思。车辆的交易双方达成质押的合意实系虚假/虚伪的意思表示，其订立的质押合同行为为虚假/虚伪行为，不能发生相应法律效力，应适用隐藏的法律行为即买卖行为，故应认为双方之间成立买卖合同关系。

《中华人民共和国合同法》第九十四条（现为《中华人民共和国民法典》第五百六十三条）第四项规定的合同目的不能实现，系指在合同的履行过程中出现的违约行为导致合同目的不能实现。即必须是违约行为导致合同目的不能实现才可作为合同解除的条件，而不是说只要出现合同目的不能实现的客观后果便可解除合同。具体到本案，车辆购买人也好，出卖人也好，对于该车辆上设立有抵押权这一客观事实是明知的，也就是说，买受人对该车辆存在权利瑕疵的事实是明知的，既然买受人已经确知该车辆上附加有先在的抵押权，则理应预见到未来可能存在的抵押权人要求实现抵押权这一影响其权利的潜在风险，但买受人仍选择完成交易表明其接受该权利瑕疵，这也是为什么这种带有权利瑕疵的车辆买卖价格会远低于一般市场价的原因所在。买受人在购买时便知晓权利瑕疵并选择继续交易，事后便不得再以该权利瑕疵导致车辆丢失为由主张出卖人违约。也即该车辆上设立有抵押权实际构成双方交易合同中的默示条款，在双方均清楚明白的情况下不存在因违约导致合同目的不能实现的问题。

因车辆进行过抵押登记，设立了抵押权，而质押并未实际完成（如前所述质押行为属于虚假/虚伪行为，真实的法律行为是买卖，严格来说质押合同都不成立），质权未设立。买受人所享有的权利类型应属于带有权利瑕疵的合同债权，而抵押权人享有的权利类型是合法的抵押权。根据担保物权优先于一般债权的规则，抵押权人为了实现抵押权而取走抵押物，买受人的有瑕疵债权无法与之对抗，故从权利位阶角度比较衡量，抵押权人行使权利合法，不构成侵权。

买卖双方采取非正规方式交易该车辆是导致损失的原因。作为出卖方负有对标的物的瑕疵担保义务，违反该法定义务的，应承担相应的责任；买受方在订立合同时就应当知晓该交易可能存在的潜在风险，但仍持放任心态，违反了交易中的必要谨慎义务，应承担相应的责任。至于责任的具体划分，则需要根据具体案情予以确定，笔者倾向认为，主要考量因素是对于该车辆上存在抵押权这一权利瑕疵的认识程度，认识程度越高注意义务越大，相应的责任也越重。具体而言，出卖方因为负有物的瑕疵担保责任这一法定义务，故其对该问题的认识程度应该相对更高，违反之则责任较大；买受方在交易过程中对于买卖的车辆不能过户这一事实，理应保持一定的警惕，负有一定的审查义务，但相对出卖人而言较低，故违反之责任较小。

编写人：浙江省丽水市莲都区人民法院　黄野松

58

违约金过高的认定及调整

——一定好公司诉美霖公司买卖合同案

【案件基本信息】

1. 裁判书字号

广东省广州市中级人民法院（2019）粤01民终20918号民事判决书

2. 案由：买卖合同纠纷

3. 当事人

原告（被上诉人）：一定好公司

被告（上诉人）：美霖公司

【基本案情】

2017年6月27日，被告名称由美霖装饰有限公司变更为美霖装饰股份公司（以下简称美霖公司）。2017年6月20日，原告（卖方）与被告（买方）签订了一份《办公家具定制购销合同》，合同主要有以下约定：（1）由被告购买原告提供的办公家具；（2）合同标的总额是66360元；（3）付款条件是合同签订的同时先支付合同总额的50%即33180元作为材料定金，自原告将该批家具物流至被告指定地点并安装调试完成，经被告验收合格后3个工作日内支付至合同总价的50%，以上款项均以电汇或转账方式支付；（4）交货地点是东山紫园大厦19楼慧聪网公司，交货方式是代办货运，包安装，并按图纸摆放就位，交货期是自合同签订收到合同订金当天起12天内（即2017年7月5日）安装交货完毕；（5）如被告未按本合同确定时限支付定金、进度款、余款等款项，原告可延期交货并收取欠款部分滞纳金0.2%/天。逾期7天以上未能全额结算，则以甲方自愿用整批货物作实物抵偿论处，该合同项下货物的所有权自动归原告所有，原告有权对该批货物执行销售或撤离，甲方应自行开放场地，不得以任何方式阻挠。同时原告有权没收订金，并由被告承担违约责任。2017年8月23日，原告（卖方）与被告（买方）又签订了一份《办公家具定制购销合同》，合同主要有以下约定：（1）由被告购买原告提供的办公家具；（2）合同标的总额是79289元；（3）付款条件是合同签订的同时先支付合同总额的65%即51303元作为材料定金，自原告将该批家具物流至被告指定地点并安装调试完成，经被告验收合格后3个工作日内支付至合同总价的45%，以上款项均以电汇或转账方式支付；（4）交货地点是东山紫园大厦19楼慧聪网有限公司，交货方式是代办货运，包安装，并按图纸摆放就位，交货期是自合同签订收到合同订金当天起12天内（即2017年8月23日内）安装交货完毕；（5）如被告未按本合同确定时限支付定金、进度款、余款等款项，原告可延期交货并收取欠款部分滞纳金0.2%/天。逾期7天以上未能全额结算，则以甲方自愿用整批货物作实物抵偿论处，该合同项下货物的所有权自动归原告所有，原告有权对该批货物执行销售或撤离，被告应自行开放场地，不得以任何方式阻挠。同时原告有权没收订金，并由被告承担违约责任。以上两份合同均由原、被告双方公司授权代表签名及盖公司公章予以确认。

原告在庭审中明确于2017年6月22日收到第一份合同货款33180元，于2017年9月5日收到第二份合同货款51303元，两份合同被告尚欠原告货款61166元。原告并向被告开具了两张金额为66360元及79289元的广东增值税专用发票。

【案件焦点】

美霖公司是否应向一定好家具公司支付货款和延期付款滞纳金。

【法院裁判要旨】

广东省广州市从化区人民法院经审理认为：本案主要涉及以下两个方面的问题：

第一，关于原告要求被告支付逾期货款61166元的问题。根据原、被告庭审情况及原告提供的发票、微信聊天记录及被告已支付的货款情况，对于原告要求被告向原告支付逾期货款61166元的诉求，法院予以支持。

第二，利息及滞纳金的计算问题。根据《最高人民法院关于审理买卖合同纠纷案件适用法律问题的解释》第二十四条第四款的规定，因本案原、被告双方在两份涉案合同中均约定了若被告逾期付款违约则按欠款部分0.2%/天收取滞纳金，故原告要求被告从2017年10月16日起计至2019年6月3日支付滞纳金、从起诉之日（即2019年6月13日）起计至付清之日为止支付利息，符合事实和法律依据，法院予以支持，但原告要求按欠款部分0.2%/天的标准收取滞纳金已超过尚欠货款本金61166元，故基于公平原则，原告主张的滞纳金和利息以61166元为限为宜。

综上所述，依照《中华人民共和国合同法》第一百零七条、第一百零九条、第一百一十四条，《最高人民法院关于审理买卖合同纠纷案件适用法律问题的解释》第二十四条第四款、第二十六条，《中华人民共和国民事诉讼法》第六十四条之规定，作出如下判决：

一、被告美霖公司自本判决发生法律效力之日起十日内支付逾期货款61166元给原告一定好公司；

二、被告美霖公司自本判决发生法律效力之日起十日内支付滞纳金61166元；

三、驳回原告一定好公司的其他诉讼请求。

美霖公司不服一审判决，提起上诉。

广东省广州市中级人民法院经审理认为：本案主要争议焦点在于美霖公司是否应向一定好家具公司支付货款和延期付款滞纳金。

关于货款支付争议，《中华人民共和国合同法》第一百零七条规定："当事人一方不履行合同义务或者履行合同义务不符合约定的，应当承担继续履行、采取补救措施或者赔偿损失等违约责任。"第一百零九条规定："当事人一方未支付价款或者报酬的，对方可以要求其支付价款或者报酬。"本案中，一定好公司与美霖公司签订的两份《办公家具定制购销合同》为双方真实意思表示，双方买卖合同关系成立，双方理应依约全面履行各自义务。一定好公司为证明其已经履行合同，美霖公司应向其支付尚欠的货款，提供了《办公家具定制购销合同》《报价单》、广东增值税专用发票、微信聊天记录，虽然一定好公司无法提供已经交货的凭证，但一定好公司称由于双方熟人所以没有要求签收送货单有一定合理性，结合一定好公司提交的与案外人杨某来的微信聊天记录中，原审采信美霖公司的主张认定该公司已经履行交货义务并无不当。鉴于美霖公司未能举证证实向一定好家具公司支付全部合同货款以及收到货物后提出异议，原审判决支持一定好公司根据涉案两份合同货款合计 145649 元，扣除美霖公司已支付的货款，要求美霖公司支付尚欠货款 61166 元的请求，合法合理。美霖公司上诉主张无须支付的理由不充分，法院不予支持。

关于逾期付款滞纳金的问题，《中华人民共和国合同法》第一百一十四条规定："当事人可以约定一方违约时应当根据违约情况向对方支付一定数额的违约金，也可以约定因违约产生的损失赔偿额的计算方法。约定的违约金低于造成的损失的，当事人可以请求人民法院或者仲裁机构予以增加；约定的违约金过分高于造成的损失的，当事人可以请求人民法院或者仲裁机构予以适当减少。当事人就迟延履行约定违约金的，违约方支付违约金后，还应当履行债务。"本案中，根据双方签订的《办公家具定制购销合同》约定，美霖公司未按合同确定时限支付定金、进度款、余款等款项，一定好公司可延期交货并收取欠款部分滞纳金 0.2%/天。美霖公司收货后未付清货款，一定好公司主张从 2017 年 10 月 16 日之日支付逾期付款滞纳金合法合理。但双方约定的逾期付款违约金过高，对于美霖公司上诉请求调整符合前述规定，法院予以采纳，法院酌定美霖公司按年利率 24%，以 61166 元为本金，从 2017 年 10 月 16 日起至付清款项之日止向一定好公司计付逾期付款的违约利息。

综上所述，原审判决第一项、第三项并无不当，法院予以维持。原审判决第二项处理欠妥，法院予以变更。依照《中华人民共和国合同法》第一百一十四条，《中华人民共和国民事诉讼法》第一百七十条第一款第二项之规定，作出如下判决：

一、维持广州市从化区人民法院（2019）粤 0117 民初 2631 号民事判决第一项、第三项；

二、变更广东省广州市从化区人民法院（2019）粤 0117 民初 2631 号民事判决第二项为：美霖公司自本判决发生法律效力之日起十日内向一定好公司支付逾期付款违约利息（以 61166 元为本金，从 2017 年 10 月 16 日起至付清款项之日止，按年利率 24% 计算）。

【法官后语】

买卖合同中违约金的调整既要考虑当事人的抗辩，亦要考虑公平原则，在当事人未提出抗辩的情况下，法院对于违约金的计算标准应尊重当事人的意思自治，但可根据公平原则对于违约金的总额予以限制。如当事人一审未提出抗辩，而在二审中提出违约金过高抗辩，二审法院是否必然予以调整且改判。根据《中华人民共和国合同法》第一百一十四条的规定，当事人可以约定一定数额的违约金，违约金过分高于造成的损失的，当事人可以请求人民法院或者仲裁机构予以适当减少。此外，《最高人民法院关于适用〈中华人民共和国合同法〉若干问题的解释（二）》第二十九条规定，当事人约定的违约金超过造成损失的30%的，一般可以认定为《中华人民共和国合同法》第一百一十四条第二款规定的“过分高于造成的损失”。本案中，即便美霖公司因逾期支付货款造成一定好公司损失，而需要承担违约责任，也应与一定好公司的实际损失相当。一审法院在被告到庭且对违约金标准不予抗辩的情况下已经以本金为限限制了违约金总额，但二审法院却认为一审法院支持的违约金过高，调整为年利率24%，按照二审法院的计算标准，截至本案裁判生效，其违约金亦已经达到几乎本金的60%，况且未计算申请执行阶段，其标准并未比一审法院支持的本金的违约金计算方式更为合理，且是对被告出庭而不主动行使抗辩权的放任。因此，对于违约金是否调整及如何调整应综合考虑一审、二审的案件审理情况及当事人权利的行使及公平原则，尽快统一该标准则势在必行。

编写人：广东省广州市从化区人民法院　薛志军

七、证据与时效

59

关于买卖合同中货物是否交付的举证责任承担

——李某泽诉桂标石场、卢某彬买卖合同案

【案件基本信息】

1. 裁判书字号

广西壮族自治区贵港市中级人民法院（2019）桂08民终1308号民事判决书

2. 案由：买卖合同纠纷

3. 当事人

原告（被上诉人）：李某泽

被告（上诉人）：桂标石场、卢某彬

第三人：杨某业、余某坚、杨某佑

【基本案情】

李某泽与余某坚系合伙关系，2015年6月，余某坚通过杨某佑、杨某业介绍，与桂标石场（达成购买石材的口头买卖协议，约定的总货款为60万元，同时约定桂标石场收到电话通知后方供货。2015年7月8日，李某泽通过其账户向桂标石场指定的其法定代表人卢某彬账户汇入30万元预付款。李某泽于2017年7月4日以桂标石场收到预付款后至今未交付任何石材为由，向法院起诉，要求解除其与桂标石场的买卖协议，桂标石场返回预付款30万元，并赔偿损失。余某坚向法院明确表示放弃作为本案原告所享有的实体权利。李某泽未提供证据证实其于何时开始向

桂标石场主张返还预付款之事实。法院于2018年6月4日作出（2017）桂0804民初868号民事判决，桂标石场、卢某彬不服，向广西壮族自治区贵港市中级人民法院提起上诉，该院于2018年11月15日作出（2018）桂08民终1269号民事裁定，裁定撤销（2017）桂0804民初868号民事判决，发回重新审理。重审查明事实与原审查明事实一致。

【案件焦点】

1. 谁与桂标石场存在买卖合同关系；2. 李某泽请求解除与桂标石场达成的买卖合同并由桂标石场、卢某彬返还预付款30万元及从2015年10月9日起至返还预付款之日止按年利率6%计付利息有否事实和法律依据。

【法院裁判要旨】

广西壮族自治区贵港市覃塘区人民法院经审理认为：李某泽提供了桂标石场出具的并盖有石场公章的报价单原件、银行转账回单原件，证实了其原告主体适格。而实际与桂标石场洽谈人、报价单原持有人余某坚提出其与李某泽在本案中为合伙关系，李某泽对此项主张没有异议，故真正桂标石场达成买卖合同的当事人应是李某泽与余某坚两人。因余某坚向法院明确表示放弃作为本案原告所享有的实体权利，故本案只有李某泽作为原告参加诉讼符合法律规定。因无证据证实李某泽、余某坚、杨某业、杨某佑四人为合伙关系，故对桂标石场、卢某彬认为李某泽、余某坚、杨某业、杨某佑四人为合伙关系的主张，法院不予采信。桂标石场向李某泽出具了报价单，李某泽向桂标石场汇款30万元作为货物预付款，双方之间便形成了合法的买卖合同关系，合同各方均应当按照约定全面履行自己的义务。现桂标石场没有证据证明其已向李某泽或余某坚履行供货义务，已构成违约，李某泽依法可以解除买卖合同，并有权要求桂标石场返还已付的货款及赔偿因此而造成的经济损失。因桂标石场是个人独资企业，卢某彬作为桂标石场的投资人，对上述债务在桂标石场的财产不足以清偿的情况下，应当以其个人的其他财产予以清偿。

广西壮族自治区贵港市覃塘区人民法院依照《中华人民共和国合同法》第八条、第十条第一款、第九十四条第四项、第九十七条、第一百零七条、第一百一十三条及《中华人民共和国个人独资企业法》第三十一条之规定，作出如下判决：

一、解除李某泽与桂标石场于2015年6月达成的口头形式买卖合同；

二、桂标石场向李某泽返还货物预付款30万元，并以30万元为基数，从2017年7月4日起按年利率6%计付利息至本案生效判决规定的履行期限最后一日止；

三、卢某彬对上述债务在桂标石场的财产不足以清偿的情况下，以其个人的其他财产予以清偿；

四、驳回李某泽的其他诉讼请求。

桂标石场、卢某彬不服一审判决，提出上诉。

广西壮族自治区贵港市中级人民法院经审理认为：《最高人民法院关于民事诉讼证据的若干规定》第二条规定："当事人对自己提出的诉讼请求所依据的事实或者反驳对方诉讼请求所依据的事实有责任提供证据加以证明。没有证据或者证据不足以证明当事人的事实主张的，由负有举证责任的当事人承担不利后果。"本案中，上诉人主张被上诉人与一审第三人余某坚、杨某佑、杨某业为合伙关系，上诉人已通过向被上诉人的合伙人即杨某佑提供了价值300151.09元的石材，上诉人已按被上诉人的要求履行完毕30万元的供货义务。但被上诉人与一审第三人余某坚、杨某佑、杨某业对上诉人主张的合伙关系均予以否认且上诉人在本案中所提交的证据亦不足以证实被上诉人与一审第三人余某坚、杨某佑、杨某业之间存在合伙关系，故上诉人称已向杨某佑供货就是履行其与被上诉人之间的口头买卖合同，与法院在案证据反映的法律事实不符，对其该上诉主张不予采信。因此，在上诉人没有证据证实其已履行供货义务的情况下，一审法院判决支持被上诉人的诉求是正确的，法院依法予以维持。

广西壮族自治区贵港市中级人民法院依照《中华人民共和国民事诉讼法》第一百七十条第一款第一项之规定，作出如下判决：

驳回上诉，维持原判。

【法官后语】

本案中，当事人对于李某泽与余某坚系合伙关系，李某泽于2015年7月8日向桂标石场的法定代表人卢某彬账户转账30万元的事实均无争议。本案的争议焦点在于谁与被告桂标石场存在买卖合同关系，桂标石场是否应该向李某泽返还30万元并赔偿损失。综合本案证据，笔者认为本案中与桂标石场达成买卖合同关系的应该系李某泽与余某坚，桂标石场应该返还李某泽30万元并赔偿相应的利息损失。主要理由如下：

1. 本案中，虽然一起在桂标石场洽谈购买石材事宜的是余某坚、杨某佑和杨某业三人，但是余某坚、杨某佑和杨某业并没有向桂标石场明确表明其三人系合伙关系，且根据各方洽谈的结果是杨某佑和余某坚各支付30万元购买石材，桂标石场向余某坚、杨某佑出具了报价表，提供了桂标石场法定代表人卢某彬的个人银行账户作为收受预付款的账户。但最后只有李某泽向卢某彬的账户转账30万元，杨某佑并未依约转账，实际上根据当事人的陈述可知，杨某佑在余某坚与桂标石场洽谈购买本案石材之前已与桂标石场有业务上的往来，杨某业作为“中间人”，也已经为桂标石场介绍了多年的业务，且杨某业对外是以桂标石场员工的身份和客户联系的，在法院向杨某佑调查时其不承认其与李某泽、杨某业、余某坚之间属于合伙关系，而杨某业亦否认其与李某泽之间属于合伙关系。在李某泽、杨某业、杨某佑等人均不予认可桂标石场关于李某泽、余某坚、杨某业、杨某佑是合伙关系的主张时，根据“谁主张，谁举证”的证据规则，应由桂标石场对其所要证明的问题进一步提供证据加以证明，如没有证据或者证据不足以证明其事实主张的，则由桂标石场承担不利后果。现桂标石场无法提供充足的证据予以证明其所主张的事实，因此本案不能认定余某坚、李某泽、杨某业、杨某佑四人属于合伙关系。

因余某坚、李某泽、杨某业、杨某佑四人并非合伙关系，而到桂标石场进行洽谈的是余某坚，支付石材预付款的是李某泽，现由李某泽向法院提供了桂标石场出具的并盖有石场公章的报价单原件、银行转账回单原件，且余某坚提出其与李某泽在本案中为合伙关系，李某泽对此没有异议，根据《最高人民法院关于审理买卖合同纠纷案件适用法律问题的解释》第一条第一款“当事人之间没有书面合同，一方以送货单、收货单、结算单、发票等主张存在买卖合同关系的，人民法院应当结合当事人之间的交易方式、交易习惯以及其他相关证据，对买卖合同是否成立作出认定”的规定，并结合本案的实际情况，因此可以认定真正与桂标石场达成买卖合同的当事人应是李某泽与余某坚两人。至于余某坚未作为原告起诉，是因为余某坚向法院明确表示放弃作为本案原告所享有的实体权利，而余某坚对其权利的放弃并不违反法律的规定，所以法院准许其不以原告的身份参加诉讼。

2. 根据桂标石场提供的提货明细、磅单、销售单等材料，因这些证据均是桂标石场自行制作，材料上均无李某泽或余某坚的签名确认，而现在李某泽对此不予认可，即使结合法院向案外人黄某俭调查了解的情况可以证明桂标石场在2015年7

月29日至2015年8月25日还向黄某俭开设的搅拌站供应石材，且这些石材也是以杨某佑名义供应的，但是并不能证明这批石材与李某泽或者余某坚存在关联，更不能据此证明桂标石场已向李某泽或者余某坚履行了交付价值30万元石材的义务。现桂标石场于2015年7月8日收取了李某泽支付的30万元预付款，但其一直未向李某泽交付石材或者说其没有提供充足的证据证明其已经向李某泽或者余某坚交付石材，在李某泽或者余某坚要求履行合同的前提下，桂标石场仍负有向李某泽或余某坚交付石材的义务。而李某泽现要求桂标石场退还款项，因此桂标石场则负有向李某泽退还30万元石材预付款的责任。在李某泽起诉向桂标石场主张权利之后，因桂标石场未履行退款责任，持续占用李某泽的30万元，造成李某泽该款项被桂标石场占用期间的利息损失，因此桂标石场也应该向李某泽赔偿相应的利息损失。

此外，关于桂标石场主张李某泽在支付预付款后未收到货且在两年时间内都没有向桂标石场追要货款不符合常理的问题，笔者认为，桂标石场据此为由欲免除其的退款责任理由不成立。因为李某泽在支付预付款后将近两年才向法院起诉行使权利并不违反法律规定，《中华人民共和国民法通则》明确规定向人民法院请求保护民事权利的诉讼时效期间为二年，法律另有规定的除外。而《中华人民共和国民法总则》更是将诉讼时效期间由二年修改成三年。根据前述法律规定可知，当事人只要在法律规定的诉讼时效期间内行使向法院起诉请求保护民事权利，在提供了确实充分证据的前提下，就不会失去胜诉权，至于当事人是在诉讼时效期间的第一天还是最后一天起诉在所不问，也不要求当事人在诉讼时效期间内须向对方主张过权利。因此，当事人在发现自己的权利遭受侵害后，其具有一定的时间来考虑并慎重决定采取何种方式（私下协商、请求人民调解委员会组织调解、诉讼等）维护权利，只是如果当事人怠于行使权利导致超过法律规定的诉讼时效期间后再向法院起诉的，其将丧失胜诉权。因此桂标石场的该意见于法无据，不能成为免除其应向李某泽退还30万元预付款义务的理由。

编写人：广西壮族自治区贵港市覃塘区人民法院　梁倚志

60

买卖合同出具没有还款日期欠条诉讼时效的起算

——张某诉孟某林买卖合同案

【案件基本信息】

1. 裁判书字号

江苏省江阴市人民法院（2019）苏0281民初4921号民事判决书

2. 案由：买卖合同纠纷

3. 当事人

原告：张某

被告：孟某林

【基本案情】

张某与孟某林之间素有纺织面料业务往来。2015年2月24日，经双方进行结算，孟某林共计结欠张某纺织面料货款13万元。孟某林随即向张某出具欠据一份：载明："2015年2月24日欠张某现金13万元。2015年以前欠条全部作废。欠款人：孟某林2015年2月24日。"此后，2016年3月21日，案外人刘某苓向张某转款2万元，张某陈述刘某苓系孟某林的妻子，上述2万元系支付本案结欠货款。2019年3月7日，张某将孟某林诉至法院，要求法院依法判令孟某林支付剩余货款11万元及该款自起诉之日起至实际给付之日止按银行同期同类贷款利率计算的利息损失。

【案件焦点】

张某向孟某林主张货款是否已超过法定诉讼时效。

【法院裁判要旨】

江苏省江阴市人民法院经审理认为：张某与孟某林没有签订书面买卖合同，也没有证据证明双方对合同的履行期限进行了约定，因此该合同属于未定履行期限的合同。履行期限不明确的，债务人可以随时向债权人履行义务，债权人也可以随时要求债务人履行义务，但应当给对方必要的准备时间。故本案的诉讼时效期间应从张某向孟某林主张权利时起算，即张某提起本次诉讼时起算，其向人民法院请求保护民事权利的诉讼时效期间为三年。因此本案张某主张孟某林支付货款并未超过诉讼时效。并且双方之间的买卖合同系真实意思表示，不违反法律、行政法规的强制性规定，合法有效，双方应按约履行合同义务。张某自认2016年3月21日刘某苓所汇2万元系归还本案货款，孟某林对剩余11万元货款及利息应承担给付责任，故法院对张某要求孟某林支付剩余货款11万元及该款自起诉之日起至实际给付之日止按同期同类银行贷款利率计算的利息的诉讼请求依法予以支持。据此，根据《中华人民共和国民法总则》第一百八十八条，《中华人民共和国合同法》第一百零七条、第一百零九条、第六十一条、第六十二条第一款第四项，《最高人民法院关于审理民事案件适用诉讼时效制度若干问题的规定》第六条，《中华人民共和国民事诉讼法》第一百四十四条之规定，作出如下判决：

被告孟某林应于本判决发生法律效力之日起十日内给付原告张某货款11万元并承担该款自2019年3月26日起至实际给付之日止按银行同期同类贷款利率计算的利息。

【法官后语】

关于买卖合同中出具没有还款日期欠条诉讼时效的起算问题，最高人民法院有两个批复，一个是法复〔1994〕3号，主要内容为："需方收货后因无款可付，经供方同意写了没有还款日期的欠款条，根据《中华人民共和国民法通则》第一百四十条的规定，对此应认定诉讼时效中断。如果供方在诉讼时效中断后一直未主张权利，诉讼时效期间则应从供方收到需方所写欠条之日的第二天开始重新计算。"另一个是〔2005〕民二他字第35号，主要内容为冯某根向白云农业公司购买农药，双方并未签订书面买卖合同，也无证据证明双方对合同的履行期限进行约定，因此，该合同属于未定履行期限的合同。根据《中华人民共和国民法通则》第八十八条第二款第二项、第一百三十七条的规定，该案诉讼时效期间应从白云农业公司向冯某根主张权利时起算。对上述批复，在审判实践中应该根据不同的案情进行综合认定，不能一概而论。首先，法复〔1994〕3号适用的前提条件是供需当事人原来约定供方交货后，需方立即付款，但需方收货后无款可付，经供方同意，需方书写了没有还款日期的欠条，此种情况下诉讼时效中断。从中断时起，诉讼时效期间重新计算。如果供方在诉讼时效中断后一直未主张权利，又无诉讼时效再次中断的事由，诉讼时效期间应从供方收到需方书写欠条之日的次日重新计算。债权人应在收到欠条之日起三年内向人民法院起诉主张权利，才能获得胜诉权；如超过三年再主张权利，一旦债务人提起诉讼时效抗辩，就不能获得胜诉权。其次，如果供需双方在交易时，并没有书面或口头约定供方交货后需方立即付款，而是需方收货后只给付部分货款，经供方同意，需方向供方出具了没有还款日期的欠条，对此就不能认定诉讼时效中断，只能认定供需双方的买卖关系发生后，双方同意不立即结清货款，而产生了债权债务关系。由于欠条未明确还款时间，债权人可随时要求债务人还款。只有当债权人向债务人主张还款权利，而债务人不能履行或者拒绝履行还款义务时，债权人的权利才受到侵害。诉讼时效期间从权利人知道或者应当知道权利被侵害时起算，此时不适用法复〔1994〕3号的规定。本案中，张某与孟某林之间存在长期的买卖往来，双方没有签订书面买卖合同，也没有证据证明双方对合同的履行期限进行了约定，因此该合同属于未定履行期限的合同。孟某林可以随时向张某履行义务，张某也可随时要求孟某林支付货款。故本案的诉讼时效期间应从张某向孟某林主张权利时起算，即张某提起本次诉讼时起算，其主张权利并未超过法定的三年诉讼时效。

编写人：江苏省江阴市人民法院　王晓丹

61

买卖合同中诉讼时效起算点的认定

——鑫世进公司诉雍大公司买卖合同案

【案件基本信息】

1. 裁判书字号

福建省厦门市湖里区人民法院（2019）闽0206民初1727号民事判决书

2. 案由：买卖合同纠纷

3. 当事人

原告：鑫世进公司

被告：雍大公司

【基本案情】

鑫世进公司持有一张《收条》原件，载明："今收到鑫世进公司增值税普通发票（壹）份，发票号码01257664，开票日期：2010年12月29日，发票合计金额：肆仟肆佰玖拾零元整。并附客户欠款签名清单（捌）份。客户欠款清单合计金额与发票开票金额相符。注：客户如付转账与鑫世进公司，本收条自行作废。收据单位：庆某达；收据人：胡某会。"上述《收条》上未加盖相关公司公章，亦未载明相关落款时间。

鑫世进公司还持有一张《厦门增值税普通发票》复印件，体现开票日期为2010年12月29日，购货单位为"庆某达"，销货单位为鑫世进公司，货物或应税劳务名称为蓄电池，价税合计为4490元。

雍大公司系由庆某达公司更名而来。胡某忠原系庆某达公司的法定代表人及股东。

2010年8月11日，福建省厦门市思明区人民法院作出（2010）思民初字第5100号民事判决书，判决胡某忠应于判决生效之日起15日内，将所持有的庆某达公司29%股权以81.2万元的价款转让给晏某梅等。上述判决已于2010年11月21日发生法律效力。2010年11月21日，胡某忠与晏某梅签订《庆某达公司股权转让协议》。2010年11月22日，庆某达公司作出股东会决定，决定免去胡某忠执行董事职务、经理职务等。2010年12月1日，胡某忠与庆某达公司的相关人员办理交接手续并签订一份《庆某达公司移交表》。

鑫世进公司2018年11月30日即已诉至法院主张本案权利，法院依法进行预立案调解，案号（2018）闽0206诉前调4010号，后因双方协商未果于2019年1月26日正式立案。

【案件焦点】

鑫世进公司提起本案诉讼是否已过诉讼时效。

【法院裁判要旨】

福建省厦门市湖里区人民法院经审理认为：第一，《中华人民共和国民法总则》第一百八十八条规定："诉讼时效期间自权利人知道或者应当知道权利受到损害以及义务人之日起计算。法律另有规定的，依照其规定。但是自权利受到损害之日起超过二十年的，人民法院不予保护；有特殊情况的，人民法院可以根据权利人的申请决定延长。"《中华人民共和国合同法》第六十一条规定："合同生效后，当事人就质量、价款或者报酬、履行地点等内容没有约定或者约定不明确的，可以协议补充；不能达成补充协议的，按照合同有关条款或者交易习惯确定。"《最高人民法院关于审理民事案件适用诉讼时效制度若干问题的规定》第六条规定："未约定履行期限的合同，依照合同法第六十一条、第六十二条的规定，可以确定履行期限的，诉讼时效期间从履行期限届满之日起计算；不能确定履行期限的，诉讼时效期间从债权人要求债务人履行义务的宽限期届满之日起计算，但债务人在债权人第一次向其主张权利之时明确表示不履行义务的，诉讼时效期间从债务人明确表示不履行义务之日起计算。"本案中，根据已查明的事实及鑫世进公司、雍大公司所述，双方就讼争货款未签订书面合同，但按双方交易惯例应当月开票、下个月结算。之后，虽然鑫世进公司向雍大公司提出了付款请求、雍大公司也表示需查账后再决定是否付款，但因至2012年时雍大公司已明确表示拒绝向鑫世进公司支付讼争货款，故本案诉讼时效最迟亦应于2012年雍大公司第一次明确表示不履行付款义务之日起计算。第二，《中华人民共和国民法通则》第一百三十五条规定："向人民法院请求保护民事权利的诉讼时效期间为二年，法律另有规定的除外。"《最高人民法院关于适用〈中华人民共和国民法总则〉诉讼时效制度若干问题的解释》第三条规定："民法总则施行前，民法通则规定的二年或者一年诉讼时效期间已经届满，当事人主张适用民法总则关于三年诉讼时效期间规定的，人民法院不予支持。"《中华人民共和国民法总则》第一百九十五条第一项规定："有下列情形之一的，诉讼时效中断，从中断、有关程序终结时起，诉讼时效期间重新计算：（一）权利人向义务人提出履行请求……"《最高人民法院关于适用〈中华人民共和国民事诉讼法〉的解释》第二百一十九条规定："当事人超过诉讼时效期间起诉的，人民法院应予受理。受理后对方当事人提出诉讼时效抗辩，人民法院经审理认为抗辩事由成立的，判决驳回原告的诉讼请求。"本案中，鑫世进公司系主张其2012年之后还有陆续联系了雍大公司几次、雍大公司仍拒绝付款等，但未对此提交任何证据且明确具体时间，故其迟至 2018 年 11 月 30 日才诉至法院主张相关权利，早已超过法定的诉讼时效期间。因此，鑫世进公司长期怠于行使权利，应承担不利的法律后果，故法院对其要求雍大公司支付货款 4490 元及利息等诉讼请求，依法不予支持。

福建省厦门市湖里区人民法院依照《中华人民共和国民法通则》第一百三十五条，《中华人民共和国民法总则》第一百八十八条、第一百九十五条，《中华人民共和国合同法》第六十一条，《最高人民法院关于适用〈中华人民共和国民法总则〉诉讼时效制度若干问题的解释》第三条，《最高人民法院关于审理民事案件适用诉讼时效制度若干问题的规定》第六条，《中华人民共和国民事诉讼法》第六十四条，《最高人民法院关于适用〈中华人民共和国民事诉讼法〉的解释》第二百一十九条之规定，作出如下判决：

驳回鑫世进公司的诉讼请求。

【法官后语】

诉讼时效，是指民事权利受到侵害的权利人在法定的时效期间内不行使权利，当时效期间届满时，债务人获得诉讼时效抗辩权。在法律规定的诉讼时效期间内，权利人提出请求的，人民法院就强制义务人履行所承担的义务，而在法定的诉讼时效期间届满之后，权利人行使请求权的，人民法院就不再予以保护。

《中华人民共和国民法总则》第一百八十八条第二款规定：“诉讼时效期间自权利人知道或者应当知道权利受到损害以及义务人之日起计算。法律另有规定的，依照其规定。但是自权利受到损害之日起超过二十年的，人民法院不予保护；有特殊情况的，人民法院可以根据权利人的申请决定延长。”由此可见，“知道或者应当知道”和“权利受到损害”是人民法院民事审判中认定诉讼时效起算点的关键：其一，“知道”系指权利人了解权利被侵害事实，可以开始请求人民法院保护其民事权利，至于权利人在事实上能否请求人民法院保护其权利则在所不问，这一规定从民法意思自治的精神出发，完全有效地维护了权利人的合法权益；其二，“应当知道”则是法律上的推定，不论当事人事实上是否知道权利受到侵害，只要从客观上存在知道的条件和可能性，即使权利人由于主观过错，应当知道而没有知道其权利受到侵害的，也应当作为诉讼时效的起算点。这一规定是对前一规定的补充，是为了防止权利人的权利滥用，可能借口不知道权利被侵害而规避诉讼时效；其三，

“权利受到损害”主要是指债权包括合同之债、侵权之债、无因管理之债、不当得利之债等没有得到完全及时地履行，或者人身受到损害而没有得到赔偿。

涉及买卖合同纠纷时，根据《最高人民法院关于审理民事案件适用诉讼时效制度若干问题的规定》第六条的规定，未约定履行期限的合同，依照《中华人民共和国合同法》第六十一条、第六十二条的规定，可以确定履行期限的，诉讼时效期间从履行期限届满之日起计算；不能确定履行期限的，诉讼时效期间从债权人要求债务人履行义务的宽限期届满之日起计算，但债务人在债权人第一次向其主张权利之时明确表示不履行义务的，诉讼时效期间从债务人明确表示不履行义务之日起计算。上述规定已经明确了买卖合同中相关诉讼时效期间的起算日，其中对于债务人在债权人第一次向其主张权利之时明确表示不履行义务的，应视为债权人知道或者应当知道其权利受到损害，诉讼时效期间的起算点即应从当日起计算。

具体到本案，根据已查明的事实及鑫世进公司、雍大公司所述，双方就讼争货款未签订书面合同，但按双方交易惯例应当月开票、下个月结算。之后，虽然鑫世进公司向雍大公司提出了付款请求、雍大公司也表示需查账后再决定是否付款，但因至2012年雍大公司已明确表示拒绝向鑫世进公司支付讼争货款，故本案诉讼时效最迟亦应于2012年雍大公司第一次明确表示不履行付款义务之日起计算。

编写人：福建省厦门市湖里区人民法院　田炜

八、其他

62

买卖合同纠纷管辖权如何确定

——明鑫公司诉中铁十五局、揭惠高速公路管理中心买卖合同案

【案件基本信息】

1. 裁判书字号

广东省普宁市人民法院（2019）粤5281民初1575号民事裁定书

2. 案由：买卖合同纠纷

3. 当事人

原告：明鑫公司

被告：中铁十五局、揭惠高速公路管理中心

【基本案情】

中铁十五局中标承建揭惠高速公路管理中心的揭惠高速公路A1标段后，成立了项目部。2016年3月10日，该项目部与原告签订《土方购买及运输协议》，原告承揽了工程的土方运载等工程项目，依照运输协议起诉人履行了相关运输工程量。双方于2018年6月3日签订了《物资采购合同最终结算书》《结算协议》《张立新运费最终结算书》，确认总欠款人民币（下同）5139435.75元。原告请求中铁十五局付还欠款4659435.75元，揭惠高速公路管理中心作为发包方对于工程款承担连带偿付的义务。

【案件焦点】

买卖合同纠纷案件管辖权如何确定。

【法院裁判要旨】

广东省普宁市人民法院认为：起诉人明鑫公司与中铁十五局签订《土方购买及运输协议》，被起诉人中铁十五局结欠货款，起诉人请求被起诉人付还欠款，该案为明鑫公司与中铁十五局之间的买卖合同纠纷，应由被告住所地或合同履行地法院管辖。根据《最高人民法院关于适用〈中华人民共和国民事诉讼法〉的解释》规定，合同对履行地点没有约定或者约定不明确，争议标的为给付货币的，接收货币一方所在地为合同履行地。本案中，当事人对合同履行地没有约定，起诉人即接收货币一方所在地不在法院管辖范围内，中铁十五局的住所地亦不在法院管辖范围内，故法院对该案没有管辖权。依据《中华人民共和国民事诉讼法》第一百一十九条、第一百二十三条的规定，作出如下裁定：

对起诉人明鑫公司的起诉，法院不予受理。

【法官后语】

随着当前经济的发展，市场繁荣的同时伴随衍生的还有各种类型的合同及经济纠纷。面对此类纠纷，当事人对案件的管辖法院难以确定。以本案为例，浅谈关于买卖合同纠纷案件管辖法院的确定。

1. 合同有约定从约定

在确定买卖合同纠纷案件的管辖时，首先应当看双方当事人之间有无约定管辖以及该管辖约定是否有效。《中华人民共和国民事诉讼法》第三十四条规定："合同或者其他财产权益纠纷的当事人可以书面协议选择被告住所地、合同履行地、合同签订地、原告住所地、标的物所在地等与争议有实际联系的地点的人民法院管辖，但不得违反本法对级别管辖和专属管辖的规定。"《最高人民法院关于适用〈中华人民共和国民事诉讼法〉的解释》第三十条第一款规定："根据管辖协议，起诉时能够确定管辖法院的，从其约定；不能确定的，依照民事诉讼法的相关规定确定管辖。"由此可见，约定管辖有以下限制：(1) 约定管辖只适用于合同或者其他财产权益纠纷；(2) 须以书面形式进行协议；(3) 约定管辖法院必须是与争议有实际联系的地点的人民法院；(4) 管辖协议约定的管辖法院须在起诉时能够明确；(5) 约定管辖不得违反级别管辖和专属管辖。

2. 合同没约定或约定无效的，由被告住所地或合同履行地法院管辖

《中华人民共和国民事诉讼法》第二十三条规定："因合同纠纷提起的诉讼，由被告住所地或者合同履行地人民法院管辖。"被告住所地系法定管辖，在日常生活中，当事人常常对合同履行地的确定理解上存在困难。关于买卖合同履行地的确定：(1) 双方当事人在合同中对交货地点有约定的，以约定的交货地点为合同履行地；(2) 双方当事人在合同中对交货地点没有约定的，但法律可以确定的，以法律所确定的交货地点为合同履行地；(3) 买卖合同的实际履行地点与合同中约定的交货地点不一致的，以实际履行地点为合同履行地；(4) 依上述方法对买卖合同的履行地点尚不能确定的，根据《中华人民共和国合同法》第六十二条的规定，履行地点不明确，给付货币的，在接受货币一方所在地履行；交付不动产的，在不动产所在地履行；其他标的，在履行义务一方所在地履行。其中，"接收货币一方"的"接收货币"，当事人常常简单地认为是起诉请求中简单的给付金钱请求中指向的对象，在处理案件实务中，我们应认定是指实体内容的合同权利义务。因此，应当以合同约定具有接收到货币权利的一方当事人来确定谁是"接收货币一方"。

编写人：广东省普宁市人民法院　邓惠敏

63

配偶在送货单上签收货物对夫妻债务的认定

——杜某松诉陈某金、陈某东买卖合同案

【案件基本信息】

1. 裁判书字号

广东省普宁市人民法院（2019）粤5281民初1616号民事判决书

2. 案由：买卖合同纠纷

3. 当事人

原告：杜某松

被告：陈某金、陈某东

【基本案情】

陈某金和陈某东系夫妻，两人共同经营睡衣作坊生意，2017年6月，陈某金向杜某松购买布料，杜某松按陈某金的需求向其提供布料。2018年7月31日经杜某松、陈某金结算，陈某金签名确认累计结欠布料货款409475元，陈某金在欠条中签名确认了该笔欠款。2018年7月31日对账后，被告陈某金、陈某东已还款合计5.2万元，尚欠货款357475元。后杜某松多次催讨，但陈某金总是以资金周转困难为借口拖欠不还款，甚至故意避开杜某松。故杜某松起诉至法院，请求法院判令陈某金、陈某东共同支付货款357475元及逾期付款损失（以欠款357475元为基数，按中国人民银行同期同类人民币贷款利率计算，从2018年8月1日起计至偿还全部欠款之日止）。

【案件焦点】

1. 本债务是否应该属于夫妻共同债务；2. 债务存续期间中国人民银行取消贷款基准利率，逾期付款损失该如何计算。

【法院裁判要旨】

广东省普宁市人民法院经审理认为：陈某金、陈某东自2017年开始向杜某松购买布料，截至2018年7月31日，结欠杜某松货款409475元，有《欠条》及华盛布行《送货单》为证，华盛布行《送货单》上提货人处的“陈某”字迹，经鉴定该字迹系陈某东所写，上述债务发生在陈某金、陈某东婚姻关系存续期间，用于共同生产经营，应认定为夫妻共同债务，杜某松主张陈某金、陈某东共同偿还，理由充分，法院予以支持。《欠条》出具后，杜某松自认陈某金、陈某东已还款合计5.2万元，法院予以确认。现杜某松请求陈某金、陈某东偿还货款357475元及逾期付款损失，理由充分，予以支持，但自2019年8月20日起，中国人民银行已经授权全国银行间同业拆借中心于每月20日（遇节假日顺延）9时30分公布贷款市场报价利率（LPR），中国人民银行贷款基准利率这一标准已经取消，故逾期付款损失计算方式改为：以欠款357475元为基数，自2018年8月1日起至2019年8月19日止按中国人民银行贷款基准利率计，自2019年8月20日起至偿还全部欠款之日止按全国银行间同业拆借中心贷款市场报价利率计。

综上，广东省普宁市人民法院依照《中华人民共和国合同法》第一百零七条、第一百五十九条、第一百六十一条，《最高人民法院关于审理买卖合同纠纷案件适用法律问题的解释》第一条、第二十四条第四款，《最高人民法院关于审理涉及夫妻债务纠纷案件适用法律有关问题的解释》第三条之规定，作出如下判决：

陈某金、陈某东付还杜某松货款 357475 元及逾期付款损失（以欠款 357475 元为基数，自 2018 年 8 月 1 日起至 2019 年 8 月 19 日止按中国人民银行贷款基准利率计，自 2019 年 8 月 20 日起至还清之日止按全国银行间同业拆借中心贷款市场报价利率计）。

【法官后语】

本案系买卖合同纠纷，债务的《欠条》由陈某金签名确认，《送货单》则由陈某金的配偶陈某东签收，综合全案能够证明该债务用于夫妻共同生活、共同生产经营，亦是夫妻双方共同意思表示。而对于逾期付款损失，2019 年 8 月 16 日中国人民银行公告〔2019〕第 15 号规定，自 2019 年 8 月 20 日起，中国人民银行授权全国银行间同业拆借中心于每月 20 日（遇节假日顺延）9 时 30 分公布贷款报价利率。中国人民银行贷款基准利率这一标准已由 LPR（贷款市场报价利率）替代，本债务发生在 2019 年 8 月 20 日前后，则 2019 年 8 月 20 日前按其同期的人民银行公布的利率（即中国人民银行贷款基准利率），2019 年 8 月 20 日后按其同期的中国人民银行公布的利率（LPR）分段计算。

编写人：广东省普宁市人民法院　张少利

图书在版编目（CIP）数据

中国法院2021年度案例．买卖合同纠纷／国家法官学院，最高人民法院司法案例研究院编．—北京：中国法制出版社，2021.4

ISBN 978－7－5216－1708－5

Ⅰ.①中… Ⅱ.①国…②最… Ⅲ.①买卖合同－合同纠纷－案例－汇编－中国 Ⅳ.①D920.5

中国版本图书馆CIP数据核字（2021）第045816号

策划编辑：李小草（lixiaocao2008@sina.cn）

责任编辑：韩璐玮　孙静

封面设计：温培英　李宁

中国法院2021年度案例．买卖合同纠纷

ZHONGGUO FAYUAN 2021 NIANDU ANLI. MAIMAI HETONG JIUFEN

编者/国家法官学院，最高人民法院司法案例研究院

经销/新华书店

印刷/三河市紫恒印装有限公司

开本/730毫米×1030毫米　16开

印张/16.5　字数/220千

版次/2021年4月第1版

2021年4月第1次印刷

中国法制出版社出版

书号ISBN 978－7－5216－1708－5

定价：65.00元

北京西单横二条2号

邮政编码100031

传真：010－66031119

网址：http：//www.zgfzs.com

编辑部电话：010－66070046

市场营销部电话：010－66033393

邮购部电话：010－66033288

（如有印装质量问题，请与本社印务部联系调换。电话：010－66032926）

最高人民法院指导性案例裁判规则理解与适用系列

公司卷二	98 元	物权卷	88 元
公司卷（第三版）（上下册）	139 元	婚姻家庭卷（第二版）	68 元
民事诉讼卷（第二版）（上下册）	145 元	合同卷四（第二版）	98 元
侵权赔偿卷二	69 元	合同卷三（第二版）	98 元
侵权赔偿卷一	69 元	合同卷二（第二版）	108 元
房地产卷	98 元	合同卷一（第二版）	108 元
劳动争议卷	58 元	担保卷（第二版）（上下册）	139 元

民法典时代

民法典新规则案例适用	108 元
中华人民共和国民法典释义与案例评注：总则编	125 元
中华人民共和国民法典释义与案例评注：物权编	156 元
中华人民共和国民法典释义与案例评注：人格权编	65 元
中华人民共和国民法典释义与案例评注：婚姻家庭编	68 元
中华人民共和国民法典释义与案例评注：继承编	65 元
中华人民共和国民法典释义与案例评注：侵权责任编	108 元
中华人民共和国民法典释义与案例评注：合同编	246 元
中华人民共和国民法典总则编释义	158 元
中华人民共和国民法典合同编释义	228 元
中华人民共和国民法典人格权与侵权责任编释义	158 元
中华人民共和国民法典婚姻家庭编与继承释义	98 元
中华人民共和国民法典物权编释义	138 元（估）

最高人民法院知识产权要案典丛

最高人民法院知识产权要案典丛·综合卷	258 元
最高人民法院知识产权要案典丛·著作权卷	78 元
最高人民法院知识产权要案典丛·专利卷	405 元
最高人民法院知识产权要案典丛·商标卷	239 元